Révélé par le Prix du Jeune Ecrivain 1999, **Fabrice Anfosso** écrit pour voyager à travers l'espace et le temps. Refusant de s'enfermer dans un genre littéraire, il a publié deux romans de Fantasy aux éditions Nestiveqnen, un recueil de poèmes aux éditions l'Amourier, trois romans historiques aux éditions Mémoires Millénaires, ainsi que de nombreuses nouvelles.

Il vit actuellement sur les hauteurs de Nice, où il partage son temps entre son métier de professeur de français, l'écriture et quelques passions moins cérébrales telles que l'alpinisme ou l'enseignement du Sambo, forme de combat libre d'origine soviétique.

On raconte également qu'il travaillerait dans le secret de son garage à un prototype de machine à voyager dans le temps.

Du même auteur, aux éditions Lokomodo :

— *Le Chemin des Fées*, 2011

FABRICE ANFOSSO

LE BORD DU MONDE
Mémoires d'un trouvère

Livre I

ÉDITIONS
LOKOMODO

Collection dirigée par Peggy Van Peteghem

Le Bord du Monde a été publié aux éditions
Nestiveqnen en 2003.
La présente édition a été corrigée et scindée en deux
parties

Couverture réalisée par :
Michel Borderie

Mise en page intérieure :
Thomas Riquet

4 impasse du Nord 78510 Triel-sur-Seine

ISBN : 978-2-35900-094-8
Dépôt légal : Avril 2012

Chapitre 1

Où le destin d'Aplecraf le trouvère est changé par l'amour.

A l'heure où Oniriad abaisse ses tentures, de blanches chauves-souris prennent leur envol, et c'est spectacle merveilleux que d'observer leurs vives arabesques au-dessus des toits. Les habitants de cette splendide cité y sont accoutumés, et ne prennent guère le temps de contempler leur danse, sinon quelques noctambules dont l'âme de poète fut réveillée par force chopes et force chansons. Pourtant, les voyageurs ne manquent jamais d'admirer ce ballet dont la grâce est célèbre aux confins du Monde Jaune. Ainsi peut-on voir d'attentives silhouettes, visages tournés vers les cieux, aux fenestres des auberges et des palais jusqu'à ce que résonnent les tambours de l'aube. Les tentures sont alors retroussées sur le sommet du chapiteau, comme jupons de fille légère.

Puis le jour se déverse et les chauves-souris disparaissent. Mais elles reviendront, croyez-le, car elles ne s'enfuient nullement. Pendant les quarts montants où le soleil baigne les rues, elles se cachent seulement sous les toits ou sous les poutres de la coupole.

Connaissez-vous Oniriad ? Je ne vous en parle pas par hasard, car c'est ici que mon récit prend source. Il n'est point de plus belle cité. Bien sûr, elle n'est pas seule à se trouver ainsi juchée entre les immémoriales branches d'un arbre-pierre. Son histoire ne diffère guère non plus ; qui se souvient seulement du temps où les plus glorieuses cités du Monde Jaune furent bâties au sommet de ces troncs titanesques, aussi indestructibles que dépourvus de vie ? Qui se souvient du nom de ceux qui scellèrent les pierres fondatrices dans le creux des branchages austères après les avoir hissées (grâce à quelle science oubliée ?) sur ces hauteurs vertigineuses ? Personne, en vérité. Quelqu'un peut-il même affirmer que son arrière-grand-père garde mémoire du temps où l'on décida, aux quatre coins du Monde Jaune, de pourvoir nos célestes cités de vastes chapiteaux afin d'aider au sommeil de leurs habitants ? Il semblerait que tout ait été construit en même temps, et que les fondateurs de nos capitales aient eu ensemble cette idée que de faire choir un rideau par-dessus les toits pour offrir à leur création un semblant de nuit noire. C'est en même temps un piège, me direz-vous, car qui vit quelque temps en ces lieux où le jour et la nuit se succèdent éprouve de grandes difficultés à dormir de nouveau en plus normales circonstances. Quoiqu'il en soit, nous connaissons tous le caractère immuable et ô combien rassurant de ces villes. Les ponts de corde eux-mêmes, qui descendent en pente douce jusqu'à terre, sont d'un tissage si résistant qu'ils n'ont jamais été changés. Rien ne paraît les entamer : ni le soleil, de son feu continu, ni la neige, ni les tempêtes qui, dans le pire des cas, les font tanguer au point de les rendre impraticables pour les chevaux, chariots et autres transports. Nul ne me contredira, sans doute, si j'affirme qu'un homme normalement constitué parvient toujours à les emprunter, s'il se cramponne fermement, et que les vents, dans ce pays, ne sont pas assez puissants pour vaincre une poigne solide exempte de vertige.

Rien, donc, ne différencie Oniriad de ses sœurs, sinon le sentiment de quiétude rêveuse qu'elle inspire à ceux qui l'approchent. On aperçoit de loin sa silhouette immense, et l'on sait aussitôt qu'il y a grande chance que le bonheur attende derrière ses murailles fleuries. Car, au contraire de ses sœurs dont le socle n'affiche qu'un gris sale veiné du sillage des eaux usées, Oniriad est une femme en robe. Une part de sa renommée tient à ceci que ses remparts furent de longue date transformés en jardins, dont les plantes, sélectionnées à cet effet, retombent sur les murailles extérieures jusqu'à les rendre invisibles. Cette corolle est constituée d'un subtil assortiment de variétés qui lui assure un nombre de fleurs raisonnable en toute saison. En Printance, vous concevrez aisément les myriades de couleurs qui peuvent s'y côtoyer. Songez à ce que vous vîtes de plus chatoyant en pleine nature, cette fois assemblé en un seul tableau. Pendant la Brume, les syphletaes bleues et ocres prédominent. En Froidure, Oniriad est couleur sang, car les roses de neige écarlates recouvrent les murailles.

Oniriad est la cité de l'art et de l'amour. Je me consacrais aux deux avec une égale assiduité. Je vivais seul depuis deux années. Mon père, lui-même trouvère, m'avait initié aux secrets de son art, puis, me jugeant prêt à voler de mes propres ailes, m'avait placé, grâce à ses relations, auprès de la famille royale. Je n'y étais certes pas le seul représentant de ma profession, car le palais, comme la cité dans son entier, regorgeait d'artistes en tous genres : musiciens, jongleurs, joueurs de flajol, montreurs de brohons, acrobates, danseurs, et même quelques dresseurs de cinorius, arpentaient les rues tout au long de l'année. Combien de trouvères se pressaient-ils dans le seul palais royal ? J'en connaissais bien une vingtaine. Ma place avait pourtant de quoi faire des envieux, puisque j'étais le favori de la princesse en personne, à peine âgée de quinze ans. C'était à moi que revenait l'insigne honneur de lui fabler quelque récit épique, choisi avec soin dans mes magies-de-papier, tandis que ses femmes la déshabillaient, juste après que les tentures fussent tombées, nous protégeant du soleil éternel. Nous autres artistes jouissons de n'être point considérés comme vulgaires mâles ; les hommes et les femmes de noble éducation n'éprouvent pas le besoin de nous cacher leur nudité, car notre regard transcende toute chose. Nous ne connaissons pas le vice. La Beauté est notre seule maîstresse.

Dans le feu de mes dix-huit ans, je profitais bien entendu de cette plaisante superstition pour contempler à loisir les formes fraîches et délicieuses de l'infante. Elle dut surprendre mes regards, mais ne voulut y voir malice. Rappelons, néanmoins, que je faisais assez cas de ma profession pour ne pas me troubler dans mon débit quand, au détour de quelqu'une de mes phrases, un tissu glissait devant moi, révélant la blancheur d'un sein ou d'une hanche délicate.

La princesse Déléïsse – car tel était son nom – ne riait jamais. Si l'une de mes histoires comprenait un épisode amusant, elle conservait une moue sévère témoignant de son incompréhension. Par contre, dès que mon récit faisait état de sentiments amoureux, ses yeux se levaient vers moi avec avidité, et il n'était pas rare qu'elle m'interrompît pour me demander plus amples précisions sur le visage de mes héros ou sur les mots exacts prononcés par eux. Je les lui improvisais d'autant plus volontiers que je jouissais du bonheur de la voir s'abraser tout entière, corps et âme, à chacune de mes paroles. C'est grande joie pour un conteur que d'entendre son histoire se ponctuer de murmures et de soupirs songeurs. Après avoir terrassé l'ennemi, le chevalier suppliait-il sa belle de lui accorder un baiser ? Ma princesse penchait le chef et dessinait sur ses lèvres le sourire de ceux à qui le rêve vient de donner des ailes invisibles. La pucelle offrait-elle à son prétendant un rendez-vous secret ? Elle s'inquiétait de connaître l'heure et la disposition des lieux, pour être certaine qu'ils ne fussent point surpris. Les amants étaient-ils trahis ? Son souffle s'amplifiait, elle ne tenait plus en place, si bien que ses suivantes avaient grande peine à continuer de préparer son corps au sommeil. Parfois même, Déléïsse leur demandait sèchement de cesser le temps que s'achève tel épisode captivant de mon récit.

Lorsque j'en avais terminé, elle laissait s'écouler un long silence, dont elle n'avait peut-être pas conscience. Cela n'était pas pour me déplaire, car mon père m'avait appris que la puissance de notre magie était proportionnelle à la stupeur qu'elle suscitait. Un public ébahi était un public conquis. Le silence est gage de notre savoir-faire, plus que les tonnerres d'applaudissements que nous récoltons parfois.

« Ta magie est si douce, Aplecraf…, me disait souvent la princesse. Tu as encor su me guider sur les chemins du rêve. Je vais m'endormir tard, à nouveau, et ce sera par ta faute… »

Et je lui répondais :

« Je suis comblé, princesse, si mes enchanteries changent quelques heures de votre sommeil en agréables songes. Vos émotions sont ma récompense. »

Puis je ramassais mon grimoire et me retirais sans me douter une seconde que je m'étais mépris sur ses paroles…

Imaginez de larges vallées, sans arbres ni ruisseaux, pleines d'un sable ocre et d'un grain si épais que le vent ne suffit pas à le soulever. Imaginez de brusques rochers abrupts, parfois même des montagnes, surgissant de l'horizon d'inexplicable façon. A quel caprice divin devons-nous les falaises qui se dressent parmi ces étendues désertiques ? Des egles y bâtissent leurs nids, et il semblerait que ce soient les seules créatures vivantes en ces lieux.

Imaginez des souffles puissants et glacés, contraignant le malheureux voyageur à marcher courbé, les doigts gourds, la barbe pétrifiée de gel. Pourtant, la neige ignore ces contrées, comme si le sable aux couleurs du métal suffisait à leur nudité.

Imaginez des routes que nul ne prend qu'à contre-cœur, tant on sait que d'estranges folies y sont nées. Certains ne sont jamais rentrés de pareille traversée. On parle à voix basse de goules des sables, rôdant autour des caravanes, se mêlant aux buissons d'épineux. Mais il faut dire que ces lieux inspirent des songes très frappants et que les outres des voyageurs n'ont pas toujours contenu que de l'eau pure. Il est encor question de bien d'autres créatures, et d'histoires à faire dresser, de terreur, les cheveux sur le crâne. Les seuls à s'y rendre par goût sont les artistes et trouvères en queste d'inspiration, et il est vrai que leur désir de neuves magies s'y voit souvent satisfait.

Ainsi sont les Terres Rêvées de Shepelard, qui s'étendent au nort d'Oniriad. Et ne peut-on imaginer que la cité elle-même naquît en son temps du délire d'un homme au sortir de ces territoires ?

Je reconnais bien volontiers que je me plaisais grandement à quelques excursions dans ces vallées redoutées. Je m'y promenais des heures durant, et je crains de vous décevoir en avouant que je n'y rencontrai jamais les magiques créatures que je viens d'évoquer. Cependant, derrière les horizons épurés, mes yeux voyaient des choses…comment expliquer ? Les Mystiques parleraient du Grand

Faiseor. Je ne l'appelais pas ainsi. Seulement, mes sortilèges y prenaient une autre dimension. Je les répétais sans cesser de marcher. Je perdais toute notion du temps. En est-il ainsi pour chacun ? Les Terres Rêvées de Shepelard rompaient mon rythme biologique. Je ne savais plus si les quarts descendants étaient proches, où il me faudrait me reposer. Je craignais même quelquefois de mourir d'épuisement sans m'en rendre compte. Car, comment songer à dormir dans pareille splendeur ? Comment espérer seulement fermer l'œil au cœur de cette aveuglante lumière baignant le paysage ? Celui qui est accoutumé à dormir sous les tentures protectrices de la ville est plus que tout autre incapable de se livrer au sommeil. Il m'est arrivé de passer jusqu'à six quarts consécutifs à errer en ce merveilleux pays, oui, presque deux jours sans éprouver une seule fois le besoin de m'allonger.

Lorsque je rentrais, je commençais par me reposer longuement, que ce fût l'heure ou non. Oniriad jouissait d'une fraîcheur bienfaisante portée par le vent depuis les fameuses vallées, si bien que le sommeil y était réparateur, quelque soit le quart. Enfin, je me vêtissais avec impatience, et choisissais mes nouveaux récits en vue de les offrir à la princesse, lorsque la fausse nuit urbaine serait tombée.

Les trouvères, bien souvent – et en cela les coutumes n'ont point changé – sont libres de leurs journées. L'heure d'exercer leurs talents approche avec celle du sommeil. Le rêve est notre vocation, car il n'est pas de meilleur passeur pour les rivages où règnent les trois sœurs immuables : l'Envie, la Souvenance et la Folie. Nous savons lire les signes, trouver notre chemin dans les brumes de l'esprit. Le halo de nos paroles protège celui qui s'y aventure.

Oncques disposais-je de l'intégralité des deux quarts montants pour mes occupations personnelles. J'étais un artiste, voué à la beauté ; de sorte, on ne me surveillait pas. Je n'allais certes pas baguenauder tous les jours sur les Terres Rêvées de Shepelard, et je n'avais que peu d'amis dans cette ville où je n'avais pas grandi. Lorsqu'on découvre la vie à Oniriad, les habitants ne sont pas le principal attrait. La cité en elle-même, ses jardins, ses palais, ses rues animées, sont si fascinants que l'on a d'abord le sentiment de ne pouvoir en épuiser les plaisirs en toute une vie de temps.

Nous nous trouvions à trois jours de marche de la côte nort, et, cependant, dès la levée des tentures, des aqueux investissaient le marché avec leurs étalages de poissons frais. Comme je m'en étais étonné, on m'avait expliqué que ce commerce était ici si rentable que nos cousins aquatiques à la peau écailleuse élevaient des races de chevaux assez rapides pour traverser les Terres Rêvées de Sheperlard en seulement deux quarts. Les nobles animaux, chargés de la précieuse denrée, mouraient souvent d'épuisement avant les ponts de corde d'Oniriad, mais cela importait peu aux impassibles aqueux dont les sacoches étaient pleines de l'aliment le plus couru de notre ville. Le plus pauvre d'entre eux était sûr, dès lors, de récolter assez de broms pour acheter un troupeau entier, si tel était son plaisir. Mais les aqueux ne sont pas idiots et, sauf spécimen pouvant enrichir les lignées de leurs propres élevages, ils se satisfaisaient en général d'un paisible mulet pour effectuer leur retour vers la mer. Certains racontaient que les tranquilles montures à usage unique étaient ensuite abattues et dégustées par ces familles aux crânes lisses et aux yeux blancs. Mais on ne pouvait vérifier ces rumeurs, et les aqueux étaient trop inquiétants pour que nul ne songeât à leur demander la vérité sur ce sujet. On se contentait d'acheter leur poisson en évitant de croiser leurs regards dont l'absence de pupille mettait mal à l'aise. Du reste, sachant ce que leur morphologie singulière inspirait, il était très rare que l'un des leurs quittât plus d'une journée son village natal. Contrairement aux autres races du Monde Jaune, les aqueux vivaient toujours entre eux, regroupés en communautés sur les rives nort de l'océan.

La beauté était partout, à Oniriad. Même les

ruelles souterraines creusant l'immense socle étaient agencées de fort belle manière, sous de si puissants flambeaux que l'on aurait pu se croire en pleine surface. Les joailliers, dont les marchandises gagnent à être vendues sous de scintillantes lumières, ne dédaignaient pas s'y installer. Des spectacles étaient donnés jusque sur les places publiques les plus profondes. Du reste, les rondes de soldats y étaient aussi régulières qu'en surface.

L'attraction principale, à l'évidence, restait cependant le tour des remparts. On s'y promenait à toute heure, même lorsque les tentures tombaient jusque par-dessus les haies, et les amoureux affectionnaient les bancs de pierre sous les sigamors.

Moi-même, je m'y étais plus d'une fois attardé, goûtant la fraîcheur de leurs ombres en douce compagnie lorsque le soleil était roi, ou profitant de l'obscurité propice lorsque les lumières célestes étaient condamnées à taper sur les épais tissus de la coupole.

Car, riche de temps libre, je m'adonnais sans compter aux joies légères de l'amour. Mon jeune âge me portait naturellement vers la douceur de ces mots et de ces caresses échangés sans témoins, de ces promesses aussi convaincues qu'éphémères. D'assez jolie figure, de carrure honorable pour un trouvère, j'étais par ailleurs fort de quelques tours propres à ma profession. J'étais rarement en manque de partenaires pour ces étreintes peu sérieuses.

Jusqu'alors, je n'avais ainsi badiné qu'avec de jeunes humaines, et il ne m'était jamais venu à l'esprit de m'intéresser à une autre race que la mienne. Si tout le monde savait qu'il se trouvait des amateurs, il n'en restait pas moins que c'était là une pratique proscrite par la loi. Aucun mélange entre humains et solaires ne devait avoir lieu. A l'époque, les écarts étaient sévèrement punis, presque toujours par la mort des deux coupables.

Depuis des temps immémoriaux, les deux races vivaient ensemble entre les murs fleuris d'Oniriad. Les humains détenaient les clés du pouvoir, mais, au fil des dynasties, bien peu d'abus raciaux étaient venus rompre l'harmonie de la paisible cité. L'entente, dans l'ensemble, avait toujours été cordiale. Les solaires ne se trouvaient point malheureux et vivaient sans se plaindre de plus modeste façon. Noblesse et bourgeoisie étaient humaines, quand les solaires constituaient la plus grande part de la plèbe. Etait-ce la faute de leur proverbial manque d'ambition ? Sans doute, car cet état était commun à la majorance des grandes cités. Les solaires, également surnommés les « papillons » ou les « passagers », n'étaient au pouvoir que dans les royaumes où nul n'était là pour le leur disputer.

Les affaires d'ordre matériel ne retiennent jamais leur attention. Ils sont estrangers aux notions de propriété, d'avarice ou de vol. A l'époque, ils étaient beaucoup plus nombreux que maintenant, et auraient pu tenter quelque action ou revendication. Au lieu de cela, ils ne songeaient qu'à vivre intensément les émotions que leur offrirait leur courte vie. Car les solaires doivent payer le prix de leur beauté : adultes au même âge que nous, rares sont ceux à dépasser les quarante années de vie. A peine ont-ils fêté leurs trente ans que leur vieillesse débute, pour les emporter sans tarder. Il est bien vrai de dire qu'ils ne sont que « passagers ».

Vous le savez, ils ont fort belle allure. La taille fine, la peau cuivrée, le visage anguleux, le regard intense et une chevelure presque toujours blanche les caractérisent. Ils sont les plus proches parents des hommes, et, cependant, nous les méconnaissons. Moi-même, ils ne m'intéressaient guère avant de rencontrer Quadrilba.

Elle faisait partie des suivantes de la princesse. Quand débuta-t-elle dans ses fonctions ? Je l'ignore, mais je ne puis me résoudre à penser qu'elle fût là depuis le premier jour. Comment aurais-je pu manquer de la remarquer ? Une Déléïsse entièrement nue, je le confesse sans rougir, était bien fade aux côtés d'une Quadrilba vêtue de la sobre tunique réservée aux domestiques. De la seconde où je surpris la beauté de son visage, tandis qu'elle coiffait avec lenteur la princesse attentive, je n'eus plus le moindre regard pour les formes autrefois appréciées de l'infante.

La première fois qu'il me fut donné de la voir, frappé par la lumière de ces traits et de ces pupilles aussi douces que mystérieuses, je manquai me troubler dans le fil de mon récit. Le sortilège par lequel je domestiquais les songes de Déléïsse fut sur le point de se rompre, et je ne dus mon salut qu'à une connaissance instinctive des incantations auxquelles je me livrais. J'avais juste assez de métier pour ne pas me trahir. Je retins de justesse le soupir qui effleura mes lèvres lorsque vint l'heure de se retirer pour Quadrilba et les autres suivantes. Je fus même tenté de cesser de fabler, contre mon habitude, le temps que les quatre jeunes filles se retirent. Je continuai de parler mais ne pus m'empêcher de les suivre des yeux. C'est à grande peine que je terminai le travail pour lequel la princesse m'employait, et je ne serais pas étonné que les songes que je lui offris aient été de médiocre qualité.

J'étais tout juste sorti de la suite de l'infante que j'interrogeais discrètement un domestique sur le nom porté par la splendide suivante de Déléïsse. Je mis dans ma question assez de désinvolture pour que nul ne songeât à y voir malice, et c'est muni des trois précieuses syllabes que je partis m'abandonner à ma rêverie sur les remparts d'Oniriad. Quadrilba…

Je n'ignorais pas que le sommeil me serait interdit, tout au moins pour le premier quart descendant. On dit parfois que deux sortes de gens échappent à cette loi de la nature qui voudrait que l'on goûte au repos pendant les quarts descendants : les artistes et les amoureux. J'étais les deux à la fois. Tous les êtres vivants de la création dormaient déjà, ou s'apprêtaient à le faire mais j'étais occupé à trier ce que me suggéraient ma raison et mes sens.

Bien sûr, devant ce flot soudain d'émotions, je m'attachais à me raisonner, habitué que j'étais à gérer pour le mieux les plaisirs qui se présentaient à ma porte. Les inclinations premières du corps ne sont pas toujours les meilleurs chemins vers la satisfaction des sens. Il y avait grand danger à faire fleurir dans mon cœur de troubles espérances ayant pour objet une solaire attachée à la princesse.

Que n'aurais-je donné pour me convaincre que ces pensées étaient vulgaires foucades ! Hélas, elles n'étaient que trop véritables, et rien ne semblait les vouer à l'éphémèrité qui aurait grandement arrangé mes affaires. Pour la première fois de ma vie, je me voyais incapable de lutter contre un penchant de mon âme. Je pressentais qu'il me mènerait à ma perte, et, cependant, ne pouvais me contraindre à le bannir de mes pensées.

J'avais pris soin de me placer à l'écart du passage pour débattre en silence de cet impérieux coup du sort. Pour quelque observateur caché dans les ombres des plantations, j'aurais en tout point ressemblé à ces jeunes gens venus muser sous la fraîcheur des tentures, ou à ces aventuriers arpentant les remparts en queste de douceurs fugitives, sinon illégitimes. Malheureusement, si mon visage, par habitude, n'en trahissait rien, un terrible combat se livrait en moi, où la peur et l'excitation se le disputaient.

Tout à cette cuisance, je perdis la notion du temps, et grande fut ma surprise de voir les tentures remonter le long des poutres et arceaux, laissant tomber sur les remparts puis sur les toits les rayons de vive lumière. Prenant conscience de ma trop longue rêverie, je m'en retournai à contrecœur vers mes appartements où je me forçai à quelques heures d'un repos malaisé.

Je vis venir les soirs suivants avec une anxiété croissante. Je redoutais de plus en plus l'instant où mon regard embrasserait la beauté de la solaire. En conséquence, je me mis en peine de ne jamais poser les yeux sur elle. Je me concentrais de toutes mes forces sur la personne de l'infante à qui s'adressaient mes magies, mais, immanquablement, la main de mon aimée passait devant Déléïsse, esquissant une danse d'oisel couleur de sable avant de disparaître dans les cheveux de la princesse. Aussi fugace que fût cette interruption, je me prenais à trembler et devais lutter avec violence contre le désir de m'interrompre et de me plonger dans la contemplation de Quadrilba que je devinais, rayonnante, dans l'angle de ma vision.

La princesse remarqua-t-elle les efforts manifestes que je faisais pour conserver le fil de mon récit et pour attacher mes regards à sa seule personne ? J'étais bien trop occupé à domestiquer mes passions pour m'apercevoir de changements dans son comportement. Si j'avais su ce qui m'attendait, j'aurais certes été plus attentif.

Ces séances étaient devenues de tels cauchemars que je songeai presque à abandonner ma confortable position dans le palais d'Oniriad. Un seul obstacle, qui n'avait rien à voir avec les avantages inhérents à mon état de trouvère royal, me retenait véritablement de le faire : l'idée de m'ôter ainsi tout espoir de poser les yeux sur la splendeur de Quadrilba, si le désir en devenait trop pressant. La torture qui m'attendait loin d'elle n'était-elle pas plus terrible ?

Il était clair que je n'avais pas droit à l'erreur devant Déléïsse ; aussi commençai-je à fomenter des plans pour m'entretenir seul avec celle qui faisait battre mon cœur comme nulle autre avant elle. Oublieux des lois et des risques encourus, je me mis à rêver d'une entrevue avec Quadrilba.

C'est alors, tandis que le tiède mois de Noke touchait à sa fin, qu'apparut au palais cet estranger qui devait changer ma vie.

Je sus qu'il était arrivé bien avant de le croiser moi-même, car on parlait beaucoup de lui, aussi bien parmi les nobles que les petites gens et toutes sortes de domestiques. Il ne passait pas inaperçu, accompagné de son ami montorin et de ses deux énormes chiens jaunes.

Les montorins n'étaient pas fréquents à Oniriad. Ces derniers vivaient pour une bonne majorance dans de hautes montagnes dont ils n'aimaient guère s'éloigner. Pour leur force colossale, bien des hommes peu scrupuleux avaient abusé de leur gentillesse et de leur naïveté de montagnards sans soucis. De mauvaises rencontres avaient scellé le destin d'un grand nombre de ces douces créatures, et c'était toujours avec répugnance que les mères voyaient s'éloigner les plus hardis de leurs enfants vers la cruauté du monde extérieur.

De fait, on les connaissait peu dans bien des contrées du Monde Jaune. Tout comme les aqueux, il n'était pas rare qu'on vît en eux un mélange impur entre l'humain et l'animal. Ce sont à présent des idées beaucoup moins répandues, mais, à l'époque, leur très grande hauteur (le plus petit d'entre eux mesurait bien deux galops), leurs mains à trois doigts et leurs larges sabots avaient de quoi frapper les imaginations. Ainsi traitait-on souvent comme des monstres ces créatures pour la plupart si paisibles.

Cependant, on murmurait au palais que ce spécimen était fort bien armé et paraissait tout disposé à user de sa force si quelqu'un s'avisait de s'en prendre à lui ou à son énigmatique compagnon. Il veillait sur ce dernier avec autant de zèle que les deux chiens jaunes. Nul n'avait jamais aperçu dans la région animaux de pareille stature. Bien que dépourvues d'écailles comme leur cousin à sang froid, les deux bêtes atteignaient presque la taille d'un authentique cinorius. Entre autres différences, leurs gueules étaient plus larges, et leurs queues, très courtes, n'étaient pas ornées de dangereux piquants. Leur maîstre les promenait sans vergogne à travers le palais, les menant partout avec lui, fort d'un ascendant sur eux qui faisait dire à certains qu'il usait de magie pour se faire pareillement obéir. C'était là une petite équipée qui ne laissait pas indifférent, et son originalité amusait les uns quand elle effrayait les autres. Il ne se trouvait pas, en tout cas, d'âme assez déraisonnable pour venir importuner ces nouveaux venus.

Je connaissais déjà tous ces détails à leur propos quand, à ma grande surprise, la princesse Déléïsse en personne émit le souhait de m'entretenir des raisons de leur visite, après que j'eusse terminé de lui conter une légende particulièrement pieuse. Je me souviens que je venais d'achever mon récit par ces mots :

« ...Et c'est ainsi, princesse, que naquirent les pluies. Car aujourd'hui encor, lorsque Soleil est convoqué par le Grand Faiseor, les fées de l'eau profitent de son absence pour s'amuser dans le ciel, et le monde reçoit leurs éclats de rire mouillés. »

Comme à son habitude, l'infante laissa s'écouler un long silence pensif. Je me taisais, sondant la profondeur de mon effet, comme celui qui jette une pierre dans un puits et guette l'instant où elle rencontrera l'eau tapie sous l'obscurité. Quadrilba, à mon grand soulagement, avait quitté la pièce quelques minutes plus tôt, me laissant libre de mes regards.

Enfin, la princesse me posa cette question :

« Aplecraf, crois-tu de tout ton cœur au Grand Faiseor ? »

Je me savais en terrain dangereux. Un trouvère ne doit jamais détacher ostensiblement sa magie de la foi. Plusieurs d'entre nous avaient été sanctionnés ou martyrisés pour les trop grandes libertés qu'ils avaient prises avec la religion de leurs protecteurs. Oncques m'empressai-je de répondre :

« De tout mon cœur, princesse, il est vrai.

— Fais-tu tiens ses sept préceptes sacrés ?

— Je les fais miens, princesse.

— Tu penses, comme moi, qu'il est bien Celui-qui-nous-a-donné-la-lumière-pour-vivre.

— Il est celui-là, en effet. Il est Celui-qui-a-mis-chaque-chose-où-elle-devait-être. »

La princesse se tut, satisfaite de ma réponse. Par bonheur, j'avais assez fréquenté les Temples pour connaître les phrases clés de la religion dominante du Monde Jaune. Cela était prudent de ma part, car en ces temps-là, la liberté de culte était une idée parmi les moins partagées.

Déléïsse daigna enfin me montrer où nous menaient ses questions :

« Nous savons que les choses sont ainsi, et que cela est bien, n'est-ce pas ? Sache qu'il y a dans ce palais un homme, un voyageur du nom de Théodulf de Sapre, qui prétend aller voir ce que recèle le Monde Obscur. Crois-tu, Aplecraf, qu'un homme a le droit de mettre à nu ce que cache la Grande Ténèbre ? Crois-tu que le Grand Faiseor ne fera pas rugir sa colère s'il apprend que ses créatures entendent dépasser la frange crépusculaire ?

— Votre Altesse, pardonnez-moi, mais je ne comprends pas. On dit pourtant que certains aventuriers se sont déjà rendus dans le Monde Obscur, même si la plupart n'en sont jamais revenus. On raconte par ailleurs que les Sentinelles y font de régulières excursions. Le Grand Faiseor n'en a jamais retourné son mécontentement contre le monde entier. Cet estranger est-il différent ?

— Il l'est. Son intention, en vérité, est de dresser une carte complète du pays de la nuit, d'identifier et de répertorier tout ce qui peut y vivre. Il demande à mon père de lui apporter son concours pour cette expédition qui durera de longues années. Il avance en retour que de grandes richesses pourraient bien y être cachées, et appartenir à celui qui aura l'audace de les aller quester. Le roi hésite sur la marche à suivre, et m'a demandé conseil alors qu'il me laisse d'ordinaire à l'écart de toute décision politique. Je ne sais que lui répondre. Qu'en penses-tu, Aplecraf ? Ce projet tient-il du blasphème ? »

Je me l'avouai assez vite : je trouvais l'idée séduisante, peut-être à cause de l'état de sensibilité extrême qui était le mien depuis ces derniers jours. Cependant, il me fallait être prudent, et préserver mes intérêts. C'est ainsi que je répondis :

« Je pense que cet homme n'est pas raisonnable. Je pense que si le Monde Obscur recèle des richesses, celles-ci ne nous appartiennent pas. Le Grand Faiseor les a données à la nuit pour qu'elles y demeurent en attendant peut-être le jour annoncé où l'homme, lavé de ses pêchés, verra le soleil étendre le royaume du vivant. Mais avant ce jour, toute tentative est vouée à l'échec. Je pense que le roi votre père perdrait son temps et son argent en voulant apporter son soutien à pareille entreprise. »

La princesse soupira :

« Tu as raison, Aplecraf, et je tiens ton conseil pour plus objectif que celui des Mystiques avec lesquels je me suis déjà entretenue du sujet. Ta vision est celle d'un sage. Nous avons d'autres priorités. Il convient de ne pas se prêter à ces enfantillages. Les chasses au trésor ne concernent pas ceux qui ont à charge un royaume et ses habitants. »

Enfin, je me retirai, flatté de la considération que me prêtait la princesse. Si mon cœur avait été moins tourmenté, je me serais félicité de savoir ma position sociale si confortablement assise.

Un autre sentiment encor me barrait le chemin vers cette allégresse : le sourd regret d'avoir contribué à mettre fin aux rêves de l'estranger.

Mais aucune pensée ne s'attardait dans mon esprit sinon celles que m'inspirait la douce Quadrilba. Toute autre préoccupation s'effaçait en quelques minutes à peine. Je cessai donc très vite de m'inquiéter des conséquences malheureuses de mes paroles sur le destin de cet homme que je ne connaissais pas.

Pourtant, il était dit qu'il se rappellerait sans tarder à mon souvenir.

Le lendemain, alors que je venais de présenter à la princesse quelques songes rendus maladroits par la présence de sa délicieuse suivante, je restai plusieurs heures étendu sur mon lit, dans l'incapacité de trouver le sommeil. Je refusais pourtant de m'aller promener encor sur les remparts de la ville. Mes peines, loin de s'y apaiser, s'exaltaient davantage. En outre, je risquais de rencontrer là quelque ancienne conquête à qui parler eût été au-dessus de mes forces.

Dans mon tourment, je décidai d'aller goûter sur ma terrasse la tiédeur de cette fausse nuit.

Mes appartements étaient clairs, et bien afenestrés. Je disposais de plusieurs balcons, donnant sur les jardins intérieurs du palais.

Comme toujours, par le fait des lourds tissus qui recouvraient la ville, l'air était immobile, et le parfum des roses qui ornaient les allées restait comme suspendu, incapable de fuir sur le dos d'aucun souffle de vent. Parfois, l'odeur en devenait presque écœurante tant elle était concentrée.

Je m'accoudai à la balustrade, non sans un long soupir, et plongeai mon regard dans la pénombre. Hélas ! Il n'y avait là nulle délivrance pour mon cœur qui s'empressait de dessiner sur ce paysage obscur les traits adorés de Quadrilba. Et les fontaines qui, plus loin, luisaient du faible éclat de l'eau, devenaient les pupilles de celle que je chérissais, tandis que les voûtes de feuillages tombant de la terrasse voisine figuraient son abondante chevelure.

Je fus tiré de ma rêverie par des pas qui, juste sous ma fenestre, sonnèrent sur les dalles d'une petite allée. Presque malgré moi, je tendis l'oreille, et entendis des voix qui devisaient avec prudence. Cerné d'une obscurité favorable, ne craignais-je pas d'être surpris dans mon indiscrétion. Je me penchai un peu plus afin de mieux saisir le sens des mots qui montaient jusqu'à moi.

Je pensai tout d'abord à quelque rendez-vous amoureux, mais fus très vite tenté d'écarter cette hypothèse en constatant les mâles intonations des deux voix. Voici ce que les deux invisibles personnages se disaient :

« Eh bien, crois-tu vraiment que nous ayons la moindre chance ?

— Non, mon ami. Trop de dévots hantent cette ville. Je sens qu'ici encor, de lourds soupçons pèsent sur nous…

— Il est vrai, et je crains ces magies qui peuvent lire dans les cœurs. Le roi n'a-t-il pas dans son entourage un magicien qui ait pu lui révéler la vérité sur notre compte ?

— Ne dis pas de bêtises, Trémégor.

— Je sais ce que tu penses. Tu es aveugle dès qu'il s'agit de cela. Moi, je te dis que notre secret a peut-être déjà été percé à jour.

— Bien, mon ami. Dans ce cas, il t'appartient de redoubler de vigilance. Pour ma part, et bien que ma bouche soit remplie de mensonges, je m'en vais continuer de quester ce dont nous avons besoin.

— Et si j'ai raison ? Si nous sommes découverts ?

— Si cela puit te rassurer, vas-t'en prévenir les autres que nous devrons peut-être fuir la ville. Mais sois sans crainte. Le roi est plein d'hésitation, mais je ne crois pas qu'il soit dangereux. Tu connais mon impatience, Trémégor. Tu sais depuis combien de temps j'attends cela. Je veux qu'Oniriad soit notre dernière étape. Lorsque nous aurons tout, nous nous mettrons enfin en route, et rien ne pourra plus nous arrêter. Entends-tu ?

— Qu'il en soit ainsi, Théodulf, mais n'oublie pas d'être prudent. »

Les deux silhouettes, qui avaient stationné prés de moi sans une seconde soupçonner ma présence, disparurent derrière un immense buisson, me laissant à mes interrogations. Je n'avais rien compris à ces paroles, et me demandais bien ce qui venait de se tramer devant moi. Quel était ce secret que partageaient les deux compères ?

Ils m'avaient en tout cas distrait quelques instants de ma peine. A ce titre, je leur savais gré d'avoir choisi pour converser ce lieu qu'ils avaient cru tranquille.

Je m'en retournai sur ma couche, satisfait d'avoir enfin approché le fameux estranger, ce Théodulf de Sapre dont j'avais malgré moi contrarié les obscures espérances.

Déléïsse possédait de très charmants atours, et tous les jouvenceaux du palais se seraient damnés pour se trouver à ma place, ne fût-ce qu'une seule fois, lorsqu'on la déshabillait devant moi, au fil des magies dont je berçais son imagination. Cependant, mes yeux passaient au travers d'elle pour s'attacher aux fugaces visions de Quadrilba que je m'autorisais de plus en plus. Car j'avais appris à me contrôler lorsque, d'aventure, mon regard était capturé par son indescriptible beauté.

Elle était, parmi les suivantes de la princesse, la seule solaire. Cela n'avait rien d'extravagant. Ce rôle ne pouvait être tenu que par des pucelles, et les solaires étaient toujours si pressées de vivre qu'il était rare que leur virginité fût conservée jusqu'à cet âge. Savoir que Quadrilba n'avait pas connu d'homme, je dois l'avouer, contribuait à accroître mon trouble.

Depuis ma conversation avec la princesse, je prenais garde de ne lui servir que magies-de-papier louant le Grand Faiseor. Ainsi lui fablai-je comment Il avait déposé la Lumière de ce côté-ci de la terre, afin que les hommes puissent vivre, et la Grande Ténèbre de l'autre côté, afin que les hommes n'oublient jamais que le Mal existe et peut à tout moment déferler sur eux s'ils ont le malheur d'ouvrir leur cœur à l'obscurité. Une autre fois, je lui racontai pourquoi Il avait voulu que la terre soit plate et cernée de l'Océan Terrible, où nul ne pouvait s'aventurer sans périr noyé ou dévoré par des monstres. La princesse n'avait jamais vu la mer, et il lui plut que je lui fisse le récit de ce roi qui, jadis, avait eu la prétention de bâtir un pont par-dessus l'Océan Terrible afin de découvrir ce qui se trouvait au-delà. Les travaux avaient déjà progressé sur deux cents galops lorsque le roi, présumant de son succès, avait fait donner une grande fête sur les premières longueurs du pont ; mais, alors que les réjouissances battaient leur plein, les piliers soutenant l'édifice, heurtés par d'invisibles créatures, s'étaient effondrés, si bien que tout ce beau monde avait fini au fond de l'eau. Peu de temps après, le pays avait subi d'interminables pluies, et l'océan en crue avait inondé les terres de ce roi qui avait défié l'œuvre du Grand Faiseor.

La leçon de cette légende était belle et fort à propos. Pourtant, la princesse s'en trouva moins émue que de celle du jeune aqueux qui, afin d'apporter la richesse à ses parents, leur avait désobéi en s'éloignant trop des côtes sur sa frêle embarcation. Le Grand Faiseor, prenant pitié, avait daigné l'épargner jusqu'à un îlot inaccessible, même pour la nef la plus solide. Il avait alors contraint l'enfant d'y accoster, et ne l'en avait jamais plus laissé repartir. Les pescheors aqueux racontent que ceux qui, au mépris du danger, s'aventurent assez loin en mer perçoivent encor les appels déchirants de l'enfant naufragé auquel nul, jamais, ne pourra porter secours. On dit aussi que ses parents, depuis lors, remontèrent toujours assez de poissons dans leurs filets pour s'assurer une vie confortable jusqu'à la fin de leurs jours. Le Grand Faiseor, dans sa bonté, avait accepté que l'enfant ne se fût pas sacrifié pour rien.

Je venais de terminer ce récit lorsque, certain que la princesse était entière sous le charme, je m'offris l'immense joie d'un regard pour Quadrilba. Je fus bouleversé : pour la première fois, elle semblait prêter attention à ma présence et à mes mots.

Je la surpris en train de m'observer, et ses yeux étaient emplis de songes.

Je ne pouvais plus attendre. Il me fallait voir Quadrilba seul à seul. Qu'elle pût refuser de m'aimer ne m'inquiétait pas. Il me semblait que le seul fait de lui parler me soulagerait de mon fardeau le plus pesant. Rien ne pouvait m'être pire que l'incertitude dans laquelle je me trouvais.

Mais pour cela, j'avais besoin de complicités, car il n'était pas question de me montrer en compagnie d'une solaire.

Je descendis en ville, de la façon la plus discrète, dès que les tentures furent tombées jusqu'aux remparts. Les rues n'étaient plus éclairées que de quelques flambeaux, et je me rendis en hâte à une auberge de ma connaissance, profitant que presque tous ceux que je croisais avaient l'attention tournée vers les premiers vols de chauves-souris blanches qui ornaient le ciel.

Je ne perdis pas de temps en discours inutiles. J'exposai sans détour mes intentions à l'aubergiste, dont la discrétion était connue, et payai grassement son silence. Son rôle se limitait à ne pas s'étonner qu'une solaire exprimât le désir de monter dans la chambre où je me tiendrais déjà. L'aubergiste ne se permit pas le sourire entendu auquel je m'attendais. Visiblement, il était accoutumé à ce genre de services et devait savoir que ses clients n'appréciaient guère de se sentir jugés par le regard de celui qu'ils enrichissaient. Je m'en trouvai un peu plus à l'aise. Je songeai que je n'étais certainement pas seul dans ma situation, et que les mélanges de race avaient des amateurs, même parmi des personnages infiniment plus importants que moi. Je n'étais qu'un modeste trouvère. Qui prêterait attention à moi ?

Je m'en retournais par les ruelles souterraines les moins fréquentées lorsque j'avisai devant moi trois marauds qui me tournaient le dos. Les gaillards, vêtus de longs mantels gris dépenaillés, complotaient quelque mauvais coup, car ils prenaient garde de se dissimuler à la vue de ceux qui pouvaient arriver face à moi. A la façon dont ils se tenaient tous trois, il paraissait évident qu'ils dissimulaient des armes et s'apprêtaient à s'en servir.

J'allais rebrousser chemin, comme me le conseillait la sagesse, lorsque l'un d'eux remarqua ma présence. Je me mis en peine de conserver une démarche naturelle et, faisant mine de ne leur prêter aucune attention, poursuivis ma route d'un air dégagé. Leur cible devait être proche, et, sans nul doute, s'ils n'avaient craint que mes cris n'éveillent les soupçons de celui qu'ils attendaient, ils m'auraient volontiers détroussé. Au lieu de cela, ils me laissèrent aller.

Je retins ma respiration jusqu'à ce que j'eusse tourné à l'angle de la rue. C'est alors que je me trouvai nez-à-nez avec deux individus, de bien plus noble allure, qui venaient face à moi. J'eus tôt fait de les reconnaître. L'un d'eux était un montorin, et deux énormes mâtins jaunes les suivaient en trottinant. Celui qui menait la marche était de belle stature, convenablement armé, et vêtu de tissus qui pouvaient fort bien présager d'une bourse bien garnie.

La petite embuscade que j'avais devinée leur était destinée. Théodulf de Sapre et son compagnon allaient se faire trancher la gorge, car la surprise de l'attaque leur ôtait tout espoir de se défendre, si seulement ils en étaient capables.

En d'autres temps, fidèle à la devise des artistes qui est de ne jamais se mêler d'affaires risquant de les placer en fâcheuse posture, je les aurais abandonnés à leur destin. Cependant, j'avais assez approché les deux personnages pour m'en trouver intrigué, et je me sentais une dette envers eux après les conseils peu généreux que j'avais soufflés à la princesse. Je me dis, à tort, qu'il suffisait de leur glisser un mot pour les prévenir, qu'ils m'en remercieraient, et que nous serions quittes.

Je m'arrêtai à leur hauteur, et m'adressai à eux en ces termes :

« Messires, je vous prie de m'excuser, je ne vous importunerai pas longtemps. Je souhaite seulement vous dire de bien vous garder de marcher plus avant, car il y a très prés d'ici un certain groupe de personnes qui vous veulent du mal, ainsi sans doute qu'à vos bourses. Je les ai surpris qui, se tenant à couvert, s'apprêtaient à fondre sur le malheureux qui croiserait leur chemin. »

Les deux hommes m'écoutèrent sans mot dire puis le montorin, à ma grande surprise, me saisit par le col et me souleva de terre. De l'autre main, il me plaquait contre le mur. Alors, celui qui se nommait Théodulf s'avança et me dit :

« Merci pour tes conseils, mon ami, mais n'es-tu pas un artiste ? »

Pour toute réponse, autant étouffé par la poigne du géant que par la stupeur, je balbutiai :

« Si...si,...j'en suis un...

— Et depuis quand les artistes se mêlent-ils des affaires d'hommes en armes ? » demanda-t-il, soupçonneux.

« Je…Je voulais seulement vous prévenir… Il ne devait rien m'en coûter… »

Mais le montorin ne desserrait pas sa prise, et me fixait de son regard placide. L'humain, nullement pressé par le mauvais voisinage dont je l'avais averti, poursuivait son interrogatoire avec arrogance :

« Mon ami et moi avons beaucoup voyagé. Or nous n'avons rencontré, parmi les gens de ta profession, que vils personnages, parfois mauvais et hypocrites, toujours couards et égoïstes. Pourquoi donc un trouvère, dans la ville la plus confortable de toutes, voudrait-il nous apporter son aide ? Je vais te dire ce que pense intimement mon ami montorin qui te serre en cet instant affectueusement la gorge ; il pense que tu n'es pas sincère, et que, pour une raison que nous ignorons, tu veux nous tendre un piège. Vois-tu, je vais avoir beaucoup de mal à le convaincre du contraire, parce qu'il est d'une race très douce, certes, mais aussi très têtue… »

Je n'avais jamais de ma vie été menacé de mort aussi directement. Mon existence, comme tous ceux de mon métier, n'avait guère l'occasion de se trouver traversée de pareils périls. Si je l'avais souhaité, j'aurais même pu ne jamais sortir de l'enceinte du palais, ne me mêler à aucune foule. J'aurais pu vivre éternellement à l'abri, fort de la vénération portée par les grands aux magies en ma possession. Or me voilà au fond d'une noire ruelle, à quelques pas d'assassins à l'affût, prêt à me faire arracher le chef par un montorin sans pitié. Je regrettais alors l'imprudence que j'avais commise en m'adressant aux deux estrangers !

Persuadé d'être sous peu mis à mort, je décidai dans ma panique d'avouer la vérité. Peut-être ses accents me sauveraient-ils ? Voici ce que j'expliquai en hâte à mes agresseurs :

« Je vais tout vous dire, Seigneur... Vous avez raison, je ne suis pas complètement innocent, mais je ne suis pas coupable des crimes dont vous m'accablez. Je sais qui vous êtes, car je travaille au palais. Je suis le trouvère favori de l'infante Déléïsse en personne. Vous êtes Théodulf de Sapre, et vous êtes venu demander de l'aide pour une expédition que vous envisagez de mener dans le Monde Obscur... »

Cette fois, l'étreinte du montorin se relâcha quelque peu. Il était aussi étonné que son compagnon. Fort de ce progrès, je continuai:

« Il y a deux jours de cela, la princesse, qui me tient en grande estime, a sollicité mon conseil au sujet de ce qu'il convenait de répondre à vos attentes, son propre père le roi ne sachant quelle conduite adopter devant votre proposition. Je vous l'avoue à regret : je n'ai envisagé que mon intérêt et lui ai soufflé de ne point porter de crédit à ce projet insensé. Cependant, je n'ai pas ajouté qu'il s'agissait d'un blasphème, comme elle aurait peut-être aimé l'entendre, car, au fond de moi, votre idée me plaisait. Hélas, je suis responsable du refus qui vous a été opposé ou qui ne manquera pas de l'être. Voilà pourquoi, voyant que vous étiez l'objet d'une félonie, je me suis senti assez redevable envers vous pour vous en avertir. Ceci est la plus stricte vérité, je vous le jure sur ma vie. »

Théodulf de Sapre et son compagnon se regardèrent, puis le montorin me déposa à terre sans toutefois me lâcher. Théodulf sortit de son fourreau une courte épée au manche incrusté de pierres, et me la glissa sous la gorge. Je crus mon heure venue et adressai ma dernière pensée à la divine Quadrilba qu'il ne me serait jamais donné de serrer dans mes bras. Mais au lieu de me tuer, Théodulf dit à son compagnon :

« Va donc voir s'il dit vrai ! »

Le montorin ôta sa main de mon col qui, définitivement froissé, garda la forme grossière de ses trois doigts puissants. Avant de s'éloigner, il m'interrogea sur le nombre de ceux qui se tenaient au bout de la rue.

« Trois ! » répondis-je sans hésiter.

Le montorin siffla les deux chiens, leur intima un ordre incompréhensible dans sa langue natale, et se dirigea avec eux vers l'angle de la rue.

Ni Théodulf ni moi-même ne vîmes rien de ce qui se déroula ensuite, mais nous étions tout ouïs. Il y eut un cri, puis de féroces grognements, et encor d'autres cris, pleins de douleur et d'épouvante. Des métaux s'entrechoquèrent. Assurément, le montorin usait du mail de guerre qu'il portait à la ceinture. Ceci ne dura qu'une minute, et le montorin revint vers nous d'un pas tranquille, toujours suivi de ses frères d'arme canins. Son mail était rangé, mais les gueules des chiens étaient rouges de sang.

« Il disait la vérité ! » lança-il simplement. Ces paroles m'apportèrent un grand soulagement, car j'y entrevoyais peut-être mon salut.

« Tu avais raison, Trémégor, répondit l'humain en rangeant son épée. Nous nous sommes déjà faits des ennemis. Nous devons prendre garde. »

Enfin, Théodulf se tourna vers moi et me présenta un sourire courtois, comme si rien ne s'était passé :

« Désolé, mon ami. Nous sommes toujours quelque peu soupçonneux. J'espère que vous le comprenez. Nous n'avons guère l'habitude d'être secourus, encor moins par les gens de votre espèce. Je suis bien aise, croyez-le, que vous ayez commencé par nous nuire. Cependant, je n'en suis pas moins étonné que votre conscience ait été assez forte pour vous mettre dans cet embarras. Encor étiez-vous loin de vous douter de ce qui vous attendait. Quoiqu'il en soit, je suis ravi de notre rencontre. Vous avez voulu nous apporter une aide dont nous aurions certes pu nous passer, mais vous nous avez livré de précieux renseignements sur les intentions des monarques de cette cité. Nous voilà quittes. Adieu donc, et que le soleil vous soit clément...sire ?

— Aplecraf, Seigneur...Aplecraf.

— Au revoir, Aplecraf ! »

Ils disparurent dans la pénombre, me laissant les jambes tremblantes et le front couvert de sueur, après m'avoir infligé la plus grande peur de ma vie, et qui n'était rien, croyez-le, en comparaison de celles qui m'attendaient encor.

Lorsque je fus pour la dernière fois en présence de la princesse, je ne remarquai rien de changé dans son attitude. Pourtant, si j'y avais pris garde, je n'aurais sans doute point manqué de déceler sur son visage et dans ses gestes les signes de l'état qui allait sceller mon destin.

Elle me laissa m'en retourner, et je la supposais, comme à son habitude, tout entière possédée par les songes que j'avais déposés à ses pieds.

Hélas, elle ne les avait pas goûtés comme d'ordinaire, car son cœur était plein de funestes pensées.

J'avais certes commis une grave imprudence. Craignant d'être aperçu en me rendant en personne auprès de Quadrilba pour la convier à une entrevue, je mis dans la confidence son amie Jaliâhe, suivante humaine de la princesse, avec qui j'entretenais d'amicales relations depuis que, par le passé, je l'avais séduite le temps d'une saison de Printance à Oniriad. La jugeant digne de confiance, je lui demandai d'intercéder en ma faveur afin que Quadrilba acceptât tout au moins le rendez-vous secret que je projetais.

Je ne m'étais point trompé sur les intentions de Jaliâhe ; elle ne me voulait aucun mal, et ne me tenait en rien rigueur de mes baisers sans lendemain. C'est malgré elle qu'elle fut cause de ma perte.

Le cœur de Jaliâhe appartenait à un jeune chevalier de la cour qui, bien que n'ayant pas encor accompli d'exploits, entretenait pour lui-même de hautes espérances. En attendant la gloire, il aimait à se divertir dans les bras de la belle suivante. Bien entendu, tous au palais ignoraient ce manège, car la princesse, si elle en avait été informée, n'eut pas une seconde toléré de se trouver en si proche compagnie d'une jeune fille dépourvue de sa vertu.

Je ne sus jamais comment Jaliâhe se laissa aller à porter notre affaire à la connaissance de ce jeune homme avide. Fut-ce distraction de sa part ? Crut-elle se faire valoir à ses yeux ? Voulut-elle le rassurer en lui montrant qu'ils n'étaient pas les seuls à s'étreindre en secret ? Le fait est que, par malaventure, elle céda à l'élan qui la poussait à révéler à son bon ami l'heure et le lieu de mon rendez-vous. Le chevalier sans scrupule comprit l'avantage qu'il pourrait tirer de cette information. Il courut prévenir le roi, dans l'espoir de s'en bien faire voir, assez peut-être pour gagner quelque récompense ou quelque faveur. Ce dernier, aussitôt, convoqua la princesse et fit répéter au jeune homme ce qu'il savait. Cette scène n'eut d'autre témoin, et il m'est impossible de vous conter les propos que le Seigneur d'Oniriad, sa fille et l'ambitieux chevalier échangèrent alors. Ce que j'en puis dire, c'est qu'à l'heure où je me présentai auprès de Déléïsse pour lui procurer son doux voyage de l'avant-sommeil, elle n'ignorait rien de mes desseins. Elle garda le silence. Si elle s'efforça de déceler des signes de complicité entre sa suivante et moi-même, elle dut être déçue, car je pris garde de ne pas une seule fois lever les yeux sur l'objet de mon désir. Pourtant, la tentation était grande, car Jaliâhe s'était fort bien acquittée de sa mission et, sur cela, n'avait point démérité : elle avait aisément convaincu Quadrilba de me rejoindre dans cette chambre d'auberge où je me flattais de la retrouver. Elle avait juste eu le temps de m'avertir du succès de sa requête avant de s'engouffrer devant moi dans les appartements de la princesse. Si j'avais su qu'étant découvert, il ne servirait à rien de faire ainsi semblant, je ne me serais certes pas fait pareille violence, et j'aurais joui sans compter de la vision de mon aimée.

Je me rendis à l'auberge très en avance. Une fois sur place, je m'attachai à arranger la triste chambre de telle sorte que mon invitée pût s'y sentir à son aise. Je fis monter moult lampes et bougies, poussai le lit dans un coin et agençai le mobilier du mieux que je pus pour donner à la pièce les dispositions d'un boudoir propice à la conversation. Qu'aurait pensé la jeune solaire qui, répondant à mon invitation, déjà contrainte de traverser les artères les plus souterraines de la cité, avait trouvé pour unique décor à notre rendez-vous une chambre sordide ? N'aurait-elle pas déduit, à juste titre, que mes intentions étaient aussi noires que ce lugubre endroit ?

On comprendra sans mal l'impatience dans laquelle je me consumais. Mon cœur était à ce point abrasé que la seule idée de m'asseoir eût été une torture. J'allais et venais à travers la pièce, me penchais à l'étroite lucarne, échafaudais quantité d'hypothèses sur ce qui risquait de retenir Quadrilba, ou de la rendre hostile à mes paroles. Je surchargeais ma mémoire de discours élaborés dont je savais pertinemment qu'ils me seraient inutiles dès lors qu'elle apparaîtrait. De même, je n'ignorais pas que, dans un tel état de trouble, mes enchanteries ne me seraient pas davantage secourables. Jamais encor je n'avais abordé rencontre en un dénuement si complet.

Tandis que l'heure passait, ma résolution faiblissait. Je me disais : « Aplecraf, mon pauvre Aplecraf, quels espoirs te crois-tu donc en droit de former ? Elle est une solaire. Elle a, de plus, la chance d'être au service de l'Infante. Imagines-tu qu'elle sera assez folle pour accepter de tout risquer ? Aplecraf, raisonne-toi. Elle ne viendra peut-être même pas... »

J'en étais là du sermon que je m'adressais lorsque des pas aussi légers que vifs firent grincer le vieil escalier qui montait à la chambre. Ce fut comme si un griffon lunaire fondait sur mon cœur. Trois coups discrets furent frappés à la porte. Je me précipitai pour ouvrir.

Quadrilba se tenait devant moi.

Incapable de prononcer une parole, je m'écartai pour la laisser entrer. Elle fit quelques pas dans la pièce, sans audace ni timidité, avant d'ôter la grande chape sombre dont elle s'était enveloppée pour traverser la ville. Sa longue chevelure blanche se déversa autour d'elle. On eût dit que les neiges éternelles baignaient ses épaules et son dos. Les solaires sont les enfants que le soleil eut avec la Froidure.

Elle se tourna vers moi. Son visage était or et lumière. Sa peau était le sable des Terres Rêvées de Shepelard.

Elle avait les paupières baissées, et malgré cela, je devinais que ses pupilles brillaient du même éclat que les sombres issélites, telles qu'on les voit parfois aux doigts des Mystiques de la cour.

Quadrilba joignait ses mains sur son ventre. Elle ne tremblait pas, ne prenait point d'air indigné. Elle attendait mes mots, toute droite dans sa robe de taffetas mauve. Avant même de m'expliquer, je sus qu'elle avait compris.

Je me suis approché d'elle et, si j'avais osé, je lui aurais pris les mains. Je n'ai pas eu cette audace, et j'ai laissé mes bras pendre le long de mon corps tandis que je m'adressais à elle en ces termes, la gorge nouée d'émotion :

« Quadrilba, douce et radieuse Quadribla, vous ne pouvez vous figurer combien j'ai rêvé de vous voir ainsi et de pouvoir vous entretenir enfin librement ! Et maintenant que vous voilà, je m'aperçois à quel point je suis malheureux, car je ne sais plus par quels mots vous toucher, vous convaincre de ma sincérité. Recevez enfin cet aveu : ma vie ne m'appartient plus depuis que je vous ai pour la première fois aperçue. Tout m'indiffère, jusqu'à la princesse elle-même. L'or et l'argent de votre visage rayonnent sur chacune de mes pensées, sur chacun de mes songes. Je sais, hélas, que les usages sont contre nous, et comme vous devez m'en vouloir de vous avoir fait venir si loin du palais pour ouïr pareilles balivernes… »

Lors la jeune solaire leva les yeux sur moi. Ses cils s'effacèrent, qui avaient la même blancheur immaculée que ses cheveux, pour laisser filtrer un regard grave et vertigineux. Ses pupilles étaient sombres, mais de cette pénombre favorable où les amants se plaisent à se glisser, à se murmurer sans crainte les serments les plus doux. Quadrilba n'avait l'air ni furieuse, ni étonnée. Et voici ce qu'elle m'a répondu :

« Je ne vous en veux pas, Aplecraf... »

Eussé-je souhaité profiter de l'avantage que me donnait cette révélation, que j'en aurais été incapable. M'entendre prononcer mon nom par ces lèvres adorées m'avait imposé le silence. Quadrilba continua de m'ouvrir son cœur :

« Comment pourrais-je vous en vouloir ? Bien au contraire, et ce voyage n'est rien en comparaison de ceux que vous m'avez déjà offerts et de ceux que je rêve de faire à vos côtés. Si vous saviez en quelle liesse me mit votre rendez-vous ! Jamais je n'aurais pensé qu'un jour, le magicien que vous êtes pût lever les yeux sur une misérable suivante. J'étais même certaine que vous ignoriez jusqu'à mon existence. Rien dans votre attitude ne me laissait présager cet attachement. Ah ! Comme je goûtais vos paroles, bien qu'elles ne me fussent pas adressées...Comme je me plaisais à imaginer que vous contiez ces légendes pour moi seule ! Sans cesser de coiffer la princesse, je laissais mon esprit vagabonder avec votre voix. Je vous suivais dans ces contrées lointaines dont vous vantiez les splendeurs, je rencontrais ces créatures dont vous dressiez les portraits, j'admirais les merveilles que vous nous dévoiliez. Confiante, je marchais derrière vous dans les royaumes du songe et de l'imaginaire. Vous étiez mon guide, vous étiez là pour veiller sur moi. Je rêvais que ce passage, il vous importait de l'ouvrir pour moi, par amour pour moi...Seule l'absence de vos regards venait me rappeler que je n'étais pas le tendre et unique objet de vos enchanteries. »

Quadrilba se tut.

Comment ? Elle m'aimait donc aussi ? Mes sens ne me trompaient-ils pas tant mon âme était enfiévrée ?

Non, rien de ce que je venais d'ouïr n'était délire né de mon imagination. La force de mes émotions n'avait pas altéré mon entendement. Elle m'aimait, et mon sentiment était plus récent que le sien.

Transporté de bonheur, je ne sus si je devais me jeter à ses pieds ou la prendre dans mes bras. Elle me délivra de cette hésitation en venant se blottir contre moi, murmurant :

« Aplecraf, mon magicien, veux-tu bien m'emmener avec toi dans ces pays que tu me contes ? »

Je respirais les parfums montant de sa chevelure comme ceux d'une forêt fraîchement visitée par la pluie. Je sentais battre son cœur qui, comme tout solaire, aurait dû aller meilleur train que le mien ; pourtant, leurs courses s'accordaient. La douceur de sa joue s'était logée dans mon cou. En cette seconde, je serais mort pour elle. Je lui soufflai avec tendresse :

« Quadrilba, je vous aime tant qu'aucun voyage ne m'effraie. Pour vous, j'irais sans peur jusqu'au Royaume des Morts. Mais, rassurez-vous, c'est vers de plus douces contrées que je me propose de vous guider. Vous les rêverez avec moi ou les foulerez de votre pied véritable, selon votre préférence. Peu m'importe, tant que vous me permettez de rester à vos côtés. »

Comme elle levait son visage vers moi, illuminé du sourire le plus tendre, je la pressai de mille baisers, auxquels elle répondit avec une égale ferveur. Mon bonheur était si grand que je le concevais à peine. Hélas, je ne devais pas jouir longtemps de cette félicité. Combien de fois allais-je regretter, lorsque tout semblerait m'en éloigner à jamais, cet instant qui avait ébloui mon existence ?

Car je ne la serrais pas dans mes bras depuis plus de quelques minutes qu'on frappait avec violence à la porte de la chambre, tandis qu'un grand vacarme résonnait dans l'auberge.

« Ouvrez ! cria une voix. Par ordre du roi, ouvrez cette porte ! »

Nous étions découverts. Plein de frayeur, j'avisai la lucarne. Elle était trop étroite pour qu'aucun de nous deux ne pût songer à fuir par son moyen. La porte céda aux coups de botte d'un soldat. Les brutes pénétrèrent dans la chambre et se saisirent de nous, m'arrachant une Quadrilba affolée et tremblante.

Nous fûmes attachés, et séparés l'un de l'autre. Avant de disparaître de ma vue, la belle solaire me lança un regard où ne se lisait nulle rancune, mais tout le chagrin de voir notre amour fauché dès ses premières espérances. Je lui rendis son regard, en y plaçant toute la passion et le courage que je tenais en ma possession. Je voulus lui crier un serment de fidélité éternelle, mais le cheval qui me traînait derrière lui fut lancé au trot, et je manquai perdre l'équilibre. Lorsque je me retournai, la femme que j'aimais avait été emmenée de son côté.

Réalisant que je venais peut-être de la voir pour la dernière fois, je m'effondrai, et ma face racla les pavés. Des larmes de douleur et de désespoir me débordèrent. Un soldat me força à me redresser, en me traitant de pucelle geignarde. Je subis l'humiliation sans répondre. Que connaissent les rustres à l'amour ?

Lorsque je fus un peu calmé, je considérai ma situation et en retirai de l'irritation. Je blêmis de honte en confessant ceci : je fus presque tenté, alors, de regretter mes actes.

Chapitre 2

Où Aplecraf s'en va pour un très long voyage.

Dans la pénombre de ma cellule, tenu dans l'ignorance des raisons de mon emprisonnement comme des auteurs de ma perte, je faisais mille réflexions sur ma mésaventure. Qu'allait-il advenir de moi et, surtout, de la douce et pure Quadrilba ? Nous n'avions fait qu'échanger quelques tendres paroles. La loi nous l'interdisait-elle ? Mais je pressentais que la race de ma bien-aimée me serait moins reprochée que son appartenance à l'infante.

Si seulement la princesse était venue me trouver dans ma geôle ! Je me serais flatté de pouvoir l'attendrir, d'user des mots justes pour obtenir son pardon, ou, tout au moins, celui de Quadrilba. Si l'infante avait accepté de m'entendre, mon éloquence, assurément, aurait innocenté ma bien-aimée, et m'aurait peut-être moi-même tiré d'affaire. Mais – redoutait-elle mes enchanteries ? – Déléïsse ne daigna pas m'entretenir derrière mes barreaux.

Aucune chance ne me fut donnée de me justifier. Deux jours après mon arrestation, je reçus la visite du Sénéchal Blié de Mortefer, venu m'informer de la sentence prononcée par l'infante. Le roi son père, m'expliqua-t-il, lui ayant laissé toute liberté sur le sujet, la princesse avait ordonné que ma vie et celle de sa suivante solaire nous soient enlevées au quatrième jour de notre emprisonnement. Oncques serions-nous exécutés le lendemain, pour lèse-majesté et trahison, à l'intérieur de nos cellules respectives. La princesse, dans sa bonté, nous avait fait grâce de la hache ou du glaive. Comme les coupables de noble naissance, nous péririons par sang de goule, versé en notre bouche. La mort ne s'y prendrait pas à deux fois avec nous. Aucun poison n'était plus violent.

Je vous laisse à penser la stupeur dans laquelle j'entendis ces paroles. Nous allions mourir pour quelques mots d'amour échangés en secret ? En vérité, je ne m'expliquais pas la vindicte de l'infante. Pour quel mystère nous poursuivait-elle ainsi de sa haine ?

Je fis part de ma détresse au Sénéchal, mais ce dernier me répéta d'un ton compassé :

« Vous mourrez demain. Employez-vous dès maintenant à rendre votre âme lumineuse afin que le Grand Faiseor reconnaisse en vous son sujet. Puissiez-vous trépasser avec courage, et laver vos pêchés dans l'éclat de Sa force. »

Il s'éloigna enfin avec précipitation du sombre corridor qu'emplissaient les cris et gémissements des autres détenus.

Rendu à ma solitude, je tombai à genoux. Qu'avais-je fait pour mériter pareil châtiment ? Je l'avoue : dans l'instant, je songeai plus à mon malheur qu'à celui de la jeune fille que j'avais entraînée dans cette sombre affaire. Mais je me repris bien vite.

« Eh là ! me dis-je. Tu te lamentes sur ton sort, pleures toutes les larmes de ton corps pour ta propre mort, et tu cesses de penser à celle qui va périr par ta faute ? Ne perds donc pas de vue que cette buvée de sang de goule, Quadrilba te la doit ! Aplecraf, par tous les dieux et démoignes, emploie tes dernières heures à lui demander pardon en ton âme, au lieu de te répandre en vaines lamentations ! »

Je ne sais depuis combien de temps je me désolais ainsi lorsque mon geôlier me vint prévenir qu'une demoiselle était là pour moi. Je caressai une seconde l'espoir qu'il s'agît de la princesse. Bien sûr, il n'en était rien, car le gardien ne l'aurait pas annoncée en ces termes. J'ai attendu avec impatience que la dite jeune fille apparaisse devant la grille de ma cellule. Mais elle portait un capuchon qui m'empêchait de distinguer son visage. Devant moi, elle a glissé quelques broms dans la main du geôlier qui s'est retiré aussitôt. Puis elle m'a laissé découvrir ses traits. C'était Jaliâhe.

Comme je commençais de me plaindre et qu'elle gardait le silence, je la priai très instamment de me dire les raisons de sa présence en ce lieu. Son visage se baigna de pleurs.

« Oh, Aplecraf, sanglota-t-elle, mon ami, comme je regrette ce que j'ai fait, et comme je voudrais réparer les malheurs que j'ai causés ! »

N'y comprenant goutte, je m'efforçai, par quelques mots d'encouragement, d'en apprendre un peu plus. Dominant avec peine son émotion, la jeune fille reprit :

« Si vous saviez comme il me coûte de vous faire cet aveu, Aplecraf ! Et pourtant je vous le dois. Apprenez que je suis responsable de votre perte. J'ai trahi votre secret dans les bras d'un chevalier dont je ne pensais pas devoir me défier. Je vous jure que j'ignorais ses desseins. Le vil personnage a aussitôt demandé une audience au roi, et lui a tout répété. Dès que je l'ai su, j'ai tâché de vous prévenir, mais il était trop tard. Aussi, lorsque j'ai appris tantôt la condamnation dont vous fîtes l'objet, je m'en suis allé trouver la princesse afin de faire ce qui était en mon pouvoir pour la dissuader de sa terrible intention. Toute à sa ragerie, elle ne m'a pas entendue. Je n'ai pourtant rien épargné pour tenter de sauver votre vie et celle de Quadrilba. Elle m'en a cependant assez dit pour qu'il me fût possible de comprendre son attitude. Il m'est apparu que l'infante se sentait bafouée de bien plus vive manière qu'elle ne l'aurait dû. A deux ou trois reprises, ses paroles et ses gestes l'ont trahie. Feignant de ne pas voir, je l'ai poussée à se révéler davantage encor. Je puis vous le dire avec certitude, Aplecraf : la princesse entretenait pour vous des sentiments plus forts que vous ne le soupçonniez. Cela explique son emportement. J'ai appris que le roi lui-même s'était étonné de son impitoyable décision. La princesse vous aimait, et son amour était sans doute à la hauteur de cette haine qu'elle vous porte désormais d'irrémédiable façon. Imaginez son humiliation en se voyant préférer sa suivante ! Je suis désolée, Aplecraf, j'ai tout tenté, en vain : rien ne peut plus l'émouvoir. Pourrez-vous jamais me pardonner ? »

Ayant achevé son récit, Jaliâhe se laissa de nouveau submerger par les larmes. Touché par la sincérité de sa tristesse, je voulus apaiser ses remords. Lui prenant les mains au travers des barreaux, je lui dis :

« Jaliâhe, mon amie, je vous supplie de ne plus vous laisser aller à votre chagrin. Ces larmes que vous versez redoublent ma peine de mourir demain. Vous n'êtes pour rien à mon malheur, et je sais maintenant que vous avez fait tout ce que vous pouviez pour y remédier. Je ne vous tiens nullement rancune de votre imprudence, puisqu'aucune mauvaise intention ne l'a guidée, et vous suis reconnaissant de vos efforts pour nous secourir. Mais j'entends bien que nul ne peut plus rien pour nous. Ne vous en accusez pas. Vous m'avez au moins apporté quelque lumière sur la conduite de la princesse. Je vous donne volontiers mon pardon. Puis-je vous demander encor un service ?

— Tout ce que vous voudrez ! » assura Jaliâhe, qui ne parvenait pas à contenir ses pleurs malgré mes bonnes paroles.

« Allez trouver Quadrilba, et faites-lui ce même récit, afin qu'elle connaisse les raisons de notre défaite. Dites-lui que vous m'avez vu, et que je suis heureux, parce que nous allons nous retrouver. Dites-lui que nous ne devons pas avoir peur, et que rien ne pourra me faire regretter de l'avoir tenue quelques secondes dans mes bras.

— Je lui dirai, vous avez ma parole » répartit Jaliâhe.

Je la remerciai chaudement, et insistai sur le soulagement qu'elle m'avait apporté en venant me trouver. Elle embrassa mes mains et, toujours aussi bouleversée, rendit à son visage la pudeur de son capuchon avant de remonter vers la lumière.

Je me jetai sur ma paillasse avec désespoir et me laissai aller à mon tour à quelques larmes amères.

Quelle tristesse était la mienne ! Enfermé loin de ma bien-aimée, ignorant de son état, je passai des heures très pénibles, plein de la peur de ma prochaine mort, formant des vœux pour que Jaliâhe ait pu s'entretenir avec Quadrilba et lui apporter quelque réconfort.

Mon corps, en même temps que toutes les créatures vivantes du Monde Jaune, me signifia par sa lassitude que la journée entrait dans ses quarts descendants et qu'il était temps de prendre du repos. Mais bien sûr, quoique généreusement pourvu en pénombre, il était hors de question pour moi de goûter au moindre sommeil. Je n'étais pas seul dans cette situation, car, des profondeces humides de la prison continuaient de monter de sourdes plaintes. Je songeai avec horreur que des malheureux vivaient peut-être dans cette obscurité et cet inconfort depuis de longues années. Certains d'entre eux ne subissaient-ils pas tortures bien pires encor ? Comment conserver sa raison en telle situation ? Il me semblait déjà que la mienne s'égarait, et j'éprouvais le plus grand mal à ne pas me laisser aller aux délires inspirés par ma peur.

Soudain, des pas emplirent les couloirs. Quelqu'un approchait. Mais j'avais beau me tordre le cou, j'étais incapable de l'apercevoir. Il y eut quelques mots échangés à voix basse. Je ne pus reconnaître que les accents de mon geôlier. La voix de son visiteur restait un imperceptible murmure.

C'est alors qu'une silhouette se présenta devant ma cellule. La lumière des maigres torches était trop faible pour me laisser discerner les traits de celui qui se tenait là, mais je reconnus sa voix dès qu'il s'adressa à moi.

« Ma foi, Aplecraf, vous voilà en fâcheuse posture, dirait-on… »

Je ne sus plus que dire tant était grande ma surprise ; pourquoi donc Théodulf de Sapre venait-il me rendre visite quelques heures avant ma mort ? Mais il reprit :

« Je suis certain que vous vous demandez ce que je viens faire à cette heure tardive dans des cachots où je risque bien de me trouver moi-même enfermé sous peu tant je me suis déjà fait d'ennemis en cette ville…

— Je m'interroge, en effet, sur les raisons de votre présence. Nous ne nous sommes vus qu'une fois, et vous voilà parti pour être ma dernière visite avant qu'on ne me tue. De proches amis n'ont pas pris ce risque. Que me vaut cet honneur ?

— Eh bien, si nous parvenons à nous entendre, vous pourrez vous estimer heureux d'avoir un jour croisé mon chemin, même si, sur l'instant, vous en fûtes sans doute repentant.

— Que voulez-vous dire ? Etes-vous venu pour me sauver ? » m'écriai-je, rempli de l'espérance que ces paroles me faisaient concevoir.

Il me sembla que Théodulf souriait dans la pénombre quand il me répondit :

« D'une certaine façon, je pense que l'on peut dire cela, en effet… »

L'espoir, qui venait de renaître dans mon cœur, me poussa à lui prendre les mains dans un élan de reconnaissance ; mais il se déroba.

« Eh là ! dit-il, nous n'en sommes pas là, car j'entends obtenir une contrepartie, sans quoi je ne ferai rien pour vous aider à revoir la lumière du jour !

— Je vous ai apporté mon aide, tantôt… » tentai-je avec timidité.

« En effet, après nous avoir brisé les ailes, selon votre propre aveu, mon ami », repartit Théodulf.

« Qu'attendez-vous de moi ? »

Mon visiteur se rapprocha et baissa la voix.

« Vous savez déjà que je projette d'accomplir un voyage dans le Monde Obscur, à toutes fins scientifiques et expérimentales, et que c'est pour cette raison que je m'en suis venu trouver le roi de ce royaume, comme bien d'autres avant lui, afin de solliciter son aide. Celle-ci vient de m'être refusée, en partie grâce à vous, et je dois quitter la ville au plus tôt, avant que les Mystiques de cette cité ne proclament que mon projet même est une hérésie. Je suis sur le départ. J'ai amassé assez de broms et d'équipement. Vous êtes la dernière personne que je viens voir, car il ne me manque qu'une seule chose, des plus difficiles à trouver.

— Quelle est-elle, Seigneur ? Si je puis vous la procurer, croyez bien que je m'y emploierai de toutes mes forces !

— C'est un trouvère qu'il me faut, Aplecraf, un trouvère comme vous !

— Moi, Seigneur ? »

Je me trouvai plongé dans une grande stupeur. Qu'avait-il besoin d'un artiste pour une telle expédition ? Voulait-il sérieusement que je l'accompagne ? Un tel voyage n'était pas sûr, et nous avions peu de chances de survivre à ses périls. Mais je n'étais pas en situation de m'en effrayer, et entendais bien profiter de cette bonne fortune. Je demandai :

« En quoi pourrai-je vous être utile, Seigneur ? »

Théodulf n'eut pas à quester longtemps des arguments qu'il avait manifestement préparés :

« Un jour, nous rentrerons de ce voyage, et il faudra que quelqu'un sache narrer ce que nous aurons découvert. La plupart des trouvères sont chétifs, et ne pourraient pas y survivre. En outre, ils sont peu aventureux et ont coutume d'être payés bien plus cher que je ne le puis. Vous m'avez l'air solide, et vous n'avez d'autre choix que de m'offrir vos services. Votre vie est le prix que je me propose de vous payer. »

Ces perspectives ne m'enchantaient pas outre mesure. Cependant, conscient que cette proposition était déjà un miracle, je m'empressai d'accepter.

« Ce n'est pas tout, ajouta Théodulf. J'attends autre chose de vous. J'ai de bonnes raisons de penser que nous rencontrerons en chemin divers signes et symboles tels que ceux dont vous maîtrisez la science. J'aurai besoin que vous les déchiffriez pour moi. Plus encor : je veux que vous m'appreniez à faire comme vous ! »

Je n'aimais guère le tournant que prenait notre conversation, car il me semblait que Théodulf approchait dangereusement certaines vérités de ma profession. Je mimai l'étonnement.

« Je ne comprends pas ce que vous voulez dire, Seigneur…

— Je me doutais que vous le prendriez ainsi, ricana Théodulf. Regardez-moi bien, mon ami, et dites-moi si vous avez le sentiment que je suis aussi ignorant que tous ces gens à qui vous contez vos balivernes ! »

Pris au dépourvu, je m'écriai :

« Tenez-vous mes magies pour si peu de choses ? C'est là une insulte qu'il ne me plaît pas d'entendre, et vous avez beaucoup de chance que ma présente situation me soumette de force à vos sarcasmes… »

La voix de Théodulf se fit plus douce :

« Ne vous fâchez donc pas, mon bon ami. Je connais le poids du secret qui vous lie, et je n'ignore pas combien il est délicat pour vous de l'admettre. La vérité, pourtant, est celle que je vous dis : vous autres trouvères n'êtes pas plus magiciens que moi. Vos soit disant magies-de-papier sont des livres, et les symboles fabuleux qui les ornent sont des mots comme ceux que je prononce en ce moment. Votre pouvoir est seulement celui-là, Aplecraf : vous savez lire !

— Mais, enfin, Seigneur, vous…

— Laissez-moi poursuivre ! Je n'ai jamais révélé ce que je savais, parce que je veux apprendre cette science…

— Elle est magie héréditaire ! Nul ne peut la comprendre que par la force du sang qui coule dans ses veines !

— Ne vous acharnez pas ! Vous voyez bien que je ne suis pas dupe ! Mais je savais que vous trouveriez le prix trop élevé, et que vous feriez des difficultés. Je vous propose donc un marché. Enseignez-moi cette prétendue magie, et je vous montrerai les secrets d'une science qui lui ressemble comme une sœur !

— Que me dites-vous ? Il n'y a rien de semblable par tout le Monde Jaune !

— Et pourtant, Aplecraf, il existe encor un autre langage qui permet, à sa façon, de décrire l'univers. Comme d'autres hommes, je connais ces symboles, mais contrairement à ceux de votre espèce, nous n'en avons jamais fait le commerce.

— Et comment se nomme cette magie ?

— Ce n'est pas une magie, c'est une science. Son nom est Mathématiques. »

J'avais beau me réfugier derrière le discours

que j'avais toujours tenu, comme mon père et le père de mon père, je n'étais pas sans savoir qu'il avait raison et que, même si je n'avais jamais entendu parler de ces mathématiques, rien ne s'opposait à leur existence. Je ne pensais pas qu'il y eut une traîtrise là-dessous. Quel intérêt Théodulf aurait-il eu de me rouler sur ce point ? Je ne lui avais encor rien appris, et pouvais me rétracter par la suite si je m'apercevais qu'il m'avait mençongié. J'étais certain qu'il disait la vérité, et celle-ci éveillait ma curiosité.

A l'époque, soyez-en sûr, il m'en coûta beaucoup, mais je finis par baisser ma garde :

« Et vous seriez prêt à m'enseigner les secrets de cette science ? » demandai-je.

« Absolument, assura Théodulf, à condition que vous fassiez de même. »

J'eus une pensée fugitive pour la buvée de sang de goule qui m'attendait quelques heures plus tard, et ma décision, en un instant, fut prise. Cependant, je n'oubliais pas celle que j'aimais et qui, par ma faute, souffrait dans sa cellule pareillement à moi. J'annonçai à mon sauveur :

« C'est entendu. Je ferai ce que vous voudrez, mais je veux vous demander encor une chose sans laquelle je ne bougerai d'ici par aucune prière ni menace.

— Je vous écoute.

— La femme que j'aime est enfermée quelque part et, comme moi, doit mourir demain. Sauvez-la avec moi, ou laissez-moi périr. »

Le visage de Théodulf se ferma, me laissant présager du pire. Alors il m'expliqua dans un soupir :

« Vous parlez de Quadrilba la solaire. Je suis au courant de votre affaire. J'avais prévu de la faire évader aussi. Je me suis donc rendu dans l'aile où elle était retenue. Hélas ! j'y ai appris que la pauvre n'a pas eu le courage d'attendre demain. Se voyant perdue, elle a mis fin à ses jours en passant son cou dans une corde attachée au plafond de sa cellule, il y a quelques heures seulement. Vous m'en voyez navré... »

Cette nouvelle me plongea dans une si grande affliction que je sentis mes jambes fléchir sous moi et mon cœur s'arrêter. Comment ? Quadrilba, morte ? Notre amour n'avait pas suffi à lui donner la force d'endurer ces quelques heures ? Quelle vie serait la mienne, désormais, sans espoir de la revoir jamais ? J'étais effondré, et toutes les promesses de liberté de Théodulf ne m'inspiraient plus qu'indifférence. Sans Quadrilba, je ne me connaissais plus de raison de vivre. Quand j'eus quelque peu repris mes esprits, je fis part à mon visiteur de ma résolution de demeurer ici en attendant mon trépas. Mais ce dernier s'y opposa :

« Je comprends votre douleur, mais ne croyez pas que je vais renoncer si vite à notre accord. Que vous servirait de mourir à présent ? Vous aurez bien le temps de rejoindre votre amie au Royaume des Morts. Je sais tout l'amour que vous aviez pour elle, et suis d'avis que vous serez bien plus fidèle à ce sentiment en restant en vie…

— Que dites-vous ? Je n'entends rien à vos paroles !

— Si vous mourez, votre solaire ne sera jamais vengée de la perfidie dont vous fîtes l'objet. Le désespoir qui la poussa à cet acte, vous n'en êtes pas responsable. Aplecraf, apprenez-moi si je me trompe, mais l'auteur de votre perte court toujours. Voulez-vous qu'il continue de vivre sans jamais recevoir son châtiment ? Voilà le conseil que je vous donne, mon ami : vivez, suivez-moi dans cette aventure et, à votre retour, vous pourrez venger la mémoire de votre bien-aimée. »

Ces phrases, prononcées avec beaucoup d'habileté, produisirent sur mon âme un curieux effet. Ce devait être un sentiment semblable à celui qui avait avenimé, tantôt, le cœur de la princesse : une soudaine noirceur puisant sa force dans les cendres encor tièdes de l'amour. Toute la tendresse que je portais à Quadrilba se changea en quelques secondes en un besoin impérieux de rendre le mal que l'on nous avait fait. Théodulf avait parlé sagement : avant de trépasser, je devais faire payer le chevalier cupide et l'impitoyable Déléïsse. Je ne connaîtrais aucun repos avant cela. En mon for intérieur, je le jurai à Quadrilba.

« C'est entendu, dis-je enfin à Théodulf. Si vous avez bien le pouvoir de me libérer, je vous suivrai où vous le souhaitez, et vous enseignerai ce que vous désirez savoir. Nous en restons à notre premier arrangement. A mon retour, je m'occuperai de cette affaire qui me tient à cœur !

— Voilà qui est bien parlé ! » conclut Théodulf.

Il me laissa seul un instant, pour s'entretenir avec le geôlier. Ces deux-là avaient déjà dû composer les termes de leur accord, car la conversation ne fut pas longue. Une quantité raisonnable de broms trébuchants changea de propriétaire, et ma cellule fut ouverte sans autre commentaire. Pressé de quitter ce lieu, je ne demandai pas la version que l'on comptait donner à l'infante de cette évasion.

Nous n'étions pas encor dehors que Théodulf me faisait enfiler une longue cape et sa capuche, pareilles à celles qu'il portait lui-même. Nous désertâmes les prisons sans être inquiétés et, bientôt, le palais fut loin derrière nous. Profitant de l'ombre procurée par les tentures de la coupole, mon compagnon me guida au travers des ruelles les plus étroites et les moins fréquentées. J'aperçus bien des gens à leurs fenestres, mais ils avaient le regard tourné vers les vols de chauves-souris blanches, et ceux qu'il nous arrivait de croiser n'essayaient pas de percer le secret de nos capuchons rabattus.

Enfin, Théodulf siffla quelques notes entre ses dents. Dans l'ombre d'un porche, un son identique lui répondit, et le colosse montorin apparut devant nous, suivi des deux chiens jaunes.

« Nous voilà, lança mon guide. Quittons la ville sans tarder ! »

Le montorin opina et se mit en marche. Je remarquai qu'il avait enveloppé ses épais sabots de tissus afin de rendre plus discret le son qu'ils produisaient sur les pavés. Nul ne prononça un mot avant que nous ne soyons parvenus à la porte ouest de la ville. Lorsque cette dernière fut en vue, Théodulf et son compagnon se postèrent derrière un angle de maison afin d'évaluer les obstacles qu'il nous restait à franchir. Dans la pénombre, ils éprouvaient le plus grand mal à déterminer le nombre de gardes.

« Combien, Trémégor ? Tu as meilleure vue que moi. »

Le montorin tendit le cou avant de répondre.

« Un seul en bas, il me semble. Mais au moins quatre dans la tour de guet… »

Pressentant que le passage risquait d'être difficile, je voulus faire profiter mes nouveaux compagnons d'une idée qui m'avait traversé l'esprit :

« Ne pourrions-nous pas trouver une corde pour nous permettre de descendre depuis les remparts de la ville ? »

Trémégor haussa les épaules.

« Penses-tu que nous ayons le temps de nous mettre en queste d'une corde aussi longue, si seulement elle existe ? »

Je me sentis un peu ridicule.

« Je conviens que ce n'est pas une mince affaire, et je n'avais pas pensé à cela. Mais alors, comment comptez-vous vous y prendre ? Car assurément, ce garde est là pour contrôler les allées et venues. Il va demander qui nous sommes et ce que nous faisons.

— Nous allons marcher doucement jusqu'à lui, expliqua Théodulf. Lorsque nous serons sous la tour de guet, les autres ne pourront plus nous voir. Si nous sommes assez rapides, ils ne devraient rien entendre non plus…

— Vous allez l'occire ? » demandai-je, horrifié.

L'humain et le montorin échangèrent un sourire entendu. Cependant Théodulf fit mine de me rassurer :

« L'occire ? Allons ! Nous ne sommes pas des barbares des montagnes blêmes ! Nous nous contenterons de l'endormir, et vous voudrez bien nous pardonner si ceci est un domaine qui vous est d'ordinaire réservé. Suivez-nous, à présent, et faites preuve d'un grand sang-froid ! »

Trémégor ouvrit la marche, parce qu'il était celui qui avait le poing le plus leste. Nous ne devions pas inspirer confiance, avec nos capuchons rabattus sur nos yeux, et les deux molosses qui nous suivaient docilement.

Pourtant, le garde nous laissa approcher sans sortir son épée de son fourreau. Lorsque nous fûmes à sa hauteur, il nous héla dans l'intention de vérifier nos laissez-passer. Trémégor fit un pas vers lui et, profitant qu'il ne portait qu'une armure de cuir, lui appliqua le plat de la main au milieu de la poitrine, avec une vigueur qui laissa l'autre sans souffle. Incapable de se défendre, et encor moins de crier, il tomba à genoux, et le montorin abattit son poing sur la nuque de sa victime impuissante. Je ne m'attardai pas pour vérifier mais, quoiqu'il m'ait été dit précédemment, je doutais qu'il fût possible de survivre à une telle frappe.

La scène, conformément aux instructions de Théodulf, s'était déroulée sans bruit. J'écartai des deux mains les lourds rideaux de la porte ouest, et la lumière déferla sur les pavés qui s'étendaient derrière moi. Clignant des yeux sous les assauts du soleil, nous nous engageâmes sur le long pont de corde qui descendait en pente douce jusqu'à terre. Comme chaque fois que je l'avais emprunté, les planches gémissaient sous mes pas ; pourtant, de mémoire d'homme, aucune d'elles n'avait jamais cédé. Pour ma part, je ne pouvais résister au besoin de me tenir, car notre hauteur m'infligeait un vertige contre lequel je ne pouvais rien. Je tâchais de ne pas regarder en bas, de garder les yeux fixés sur les crêtes de la Chair Noire qui se profilaient au loin, baignées dans la lumière de Printance, mais j'étais irrésistiblement attiré par les vastes pâturages qui s'étendaient sous mes pieds, à quelques deux cents galops. La vue d'un arbre ou d'un animal, rendu minuscule par la distance, pouvait me donner la nausée.

Je me cramponnais donc jusqu'à ce que nous fûmes à même de poser le pied sur la terre ferme. Comme l'avait prédit Théodulf, les gardes dans la tour de guet ne s'étaient rendus compte de rien, et ne nous avaient pas interpellés.

Les capuchons tombèrent enfin sur les épaules, et nous pûmes découvrir à loisir le paysage riant qui nous entourait. Il y avait, non loin de la grand route qui menait à Oniriad, quelques hectares de bois. Avant que nous ne disparussions dans ses bosquets, je me retournai une dernière fois vers la cité que j'avais tant aimée. Elle rayonnait, glorieuse, perchée sur son arbre-pierre, au milieu des plaines verdoyantes. Je songeai que je ne goûterais sans doute plus jamais la douceur de ses plaisirs, la fraîcheur de ses remparts, la beauté de ses jardins. Je ne m'y promènerais plus, le cœur léger. Le spectacle unique de ses chauves-souris blanches me serait interdit. Quelle douce vie j'abandonnais ! Lorsque je reviendrais, s'il m'était donné de vivre assez longtemps pour mettre ce dernier projet à exécution, ce serait le cœur froid, et la main armée du coutel de la vengeance. Peut-être alors déciderais-je de mourir ici plutôt qu'ailleurs, et de mettre fin à mes jours au plus prés du tombeau de Quadrilba.

En attendant ce jour lointain, il me fallait remplir certaines obligations. Je jurai à ma bien-aimée de revenir, puis m'enfonçai dans la forêt.

Chapitre 3

Où Aplecraf fait plus ample connaissance avec Théodulf et les siens avant de traverser Shabalzède Itra, la Grande Forêt de Larmes

Je ne connaissais pas les sentiers par lesquels me menèrent mes compagnons, pas plus, d'ailleurs, que l'étape qu'ils avaient prévue pour nous. La nature était plongée dans le silence. Pendant les quarts descendants, même les insectes se taisent. Les oisels ne chantent pas. Toute vie se replie sous les plus épais feuillages, au fond des terriers les plus profonds. Je songeai que la chaleur n'était pas écrasante à l'abri de ces ombrages, et qu'il m'eut été agréable, en d'autres circonstances, de m'y allonger. Mais nous marchions bon train, et mon cœur était plein de chagrin. Je ne pouvais me résoudre à la perte de celle que je chérissais de toute mon âme. Ah ! Que n'aurais-je donné pour revivre l'instant où je l'avais tenue dans mes bras…

Je profitai de certaines clairières où nous pouvions marcher de front pour examiner avec plus d'attention l'aspect de mes compagnons. Jusqu'alors, je les avais toujours approchés dans des conditions telles, de pénombre ou d'émotion, que je n'avais guère été en mesure de les détailler.

Théodulf m'apparut plus jeune que je ne l'avais pensé. Trente années n'étaient pas passées sur ce visage dont les traits étaient gommés par une barbe noire et proprement taillée ; sa voix, aux accents graves et résolus, m'avait trompé. Le personnage, dans son ensemble, était assez soigné. Les cheveux, qu'il portait mi longs, étaient coiffés. Un mantel sombre me cachait ses vêtements, mais le col qui en dépassait était immaculé. Les ongles de ses mains étaient propres. Il était manifeste que cet homme était doué de certaines manières. A n'en point douter, il tenait cette élégance d'une éducation reçue dans quelque milieu aisé. Cette hypothèse se voyait confirmée par la mine fière qu'il arborait en toutes circonstances. Théodulf de Sapre avait visiblement coutume de dominer, et son regard, lorsqu'il croisait le vôtre, le fixait avec intensité. Vous sentiez alors qu'il vous étudiait, vous jaugeait, à tel point qu'il devenait légitime de se sentir mal à l'aise. Ces yeux-là étaient empreints d'une hauteur qui pouvait déplaire.

Il formait avec son montorin un duo qui, s'il s'était un peu départi de son sérieux, aurait pu être drôle. Trémégor mesurait deux galops et, malgré la démarche princière de Théodulf, l'écrasait de sa stature. Lorsqu'ils marchaient côte à côte, on eût dit un petit garçon tenant la main de son père. Du reste, le gabarit du montorin se voyait amplifié par le port de diverses armes et pièces d'armure. Car, au contraire de son compagnon qui gardait son mantel soigneusement fermé, Trémégor avait largement ouvert le sien, exhibant tout son harnois. Outre le mail de guerre que je lui connaissais, je remarquai entre autres choses un lourd plastron de plates, ainsi que des brassards de la même matière. Le mantel couvrait ses épaules, mais la forme de ces dernières laissait deviner qu'elles étaient pareillement munies de solides spallières en dessous du tissu. Ses jambes, que ce fût par erreur ou par stratégie militaire, n'étaient pas protégées. Des braies de toile grossière les couvraient, se resserrant juste au-dessus des sabots velus du colosse. Il m'est par contre difficile de décrire son visage. Ceux d'entre vous qui, d'aventure, ont croisé quelque montorin, savent ce qui me retient : leurs traits sont si épais qu'à nos yeux, ils se ressemblent tous. Leurs faciès, toujours, font penser à ces nœuds que l'on voit sur les troncs les plus vieux. Ils ont le front bombé, les sourcils broussailleux, le nez épais et la bouche incolore. Leurs peaux ont la rugosité de la roche. Certains possèdent des cheveux, mais les rasent toujours. Il n'est pas rare, en revanche, de leur voir une barbe aux couleurs parfois surprenantes. Celui-ci en portait une, si longue et si fournie qu'elle cachait le tiers de son plastron, plus rousse qu'une fourrure de goupil. De nous trois, j'étais donc le seul à ne point porter de poils sur les joues ; néanmoins, je songeais que je ne tarderais sans doute pas à leur ressembler, car je n'avais aucun bagage. Si ce voyage devait être long et écarté de la civilisation, je serais bientôt aussi velu que mes compagnons. Je me voyais déjà, hirsute et pouilleux, et cette idée me procurait une vive appréhension.

Lorsque Théodulf jugea que nous étions suffisamment éloignés de la cité, il nous accorda quelque repos, à l'orée de ce bois que nous venions de traverser. Les arbres, pour majorance des bouleaux ou de petits ormes, y étaient frêles, et sa végétation bien peu luxuriante, mais son étendue n'était pas négligeable, car nous marchions depuis plusieurs heures déjà lorsque nous débouchâmes sur la lande qui s'étend jusqu'aux montagnes de la Chair Noire. A l'abri des ultimes branchages, tandis que la nature était encor plongée dans un parfait mutisme, nous nous étendîmes pour dormir une poignée d'heures. J'aurais certes souhaité profiter de la halte pour quester des précisions sur les projets immédiats de Théodulf mais, à peine avaient-ils calé leurs nuques sur leurs escarcelles que mes compagnons me faisaient profiter de leurs ronflements. Ils n'étaient pas aussi tendus que moi. Car, pour ma part, je fus bien incapable de fermer l'œil. Mon extrême fébrilité, associée à l'écrasante lumière du soleil, m'ôtaient tout espoir de goûter un peu de repos. J'étais un citadin, accoutumé à l'obscurité régulière. Le confort présente cet inconvénient que, lorsqu'on vient à en être privé, les choses les plus simples semblent insurmontables. Comment dormir à même la terre lorsqu'on n'a toujours connu qu'une couche baignée de pénombre et la douceur de draps de soie ? Je pressentais que j'éprouverais le même genre de désagréments lorsque viendrait le moment de manger avec les doigts.

Pour l'heure, surtout, mes pensées étaient tournées vers les événements les plus récents de ma vie, et je tentais vainement de mettre un peu d'ordre dans la souvenance que j'en gardais. Tout avait été si vite. Etait-il vrai que le destin m'avait dépossédé de ce qui faisait ma félicité ? Je ne pouvais croire que Quadrilba était morte, que je ne la reverrais jamais plus. Je conservais le sentiment très vif que je ne tarderais pas à me réveiller dans mes appartements, au cœur du palais d'Oniriad, et que je serais de nouveau appelé à venir conter mes enchanteries à la personne de l'infante. Mais je ne savais que trop que c'était là un tour que me jouait mon esprit. La vérité était celle-là : j'avais tout perdu.

Je songeai subitement que je pouvais profiter de l'occasion qui m'était donnée pour fausser compagnie aux deux estranges personnages qui m'accompagnaient. Ils semblaient plongés dans un profond sommeil, et je pensais m'y connaître assez en la matière pour être certain que ce dernier n'était pas feint. Les chiens, qui avaient la réputation d'être d'oreille fine, me trahiraient peut-être, mais comment savoir si je ne tentais rien ? Je me mis sur mon séant. Pourquoi ne pas retourner dès à présent à Oniriad afin d'y accomplir ma vengeance ? Je ne me sentirais certes pas coupable envers ce Théodulf dont le secours n'avait rien eu que de très intéressé, et je ne lui avais pas prêté serment. Un autre sentiment m'empêcha de me lever pour m'enfoncer à nouveau dans les bois : la crainte d'échouer par manque de préparation. Comment approcher Déléïsse assez prés pour lui faire sentir le fer de ma colère ? Comment terrasser le perfide chevalier ? Mes magies, en cela, ne me seraient d'aucune aide. Je devais apprendre d'autres tours, ou devenir expert dans le maniement des armes. J'étais également novice dans ces deux domaines ; le voyage que me proposait Théodulf de Sapre m'apparut comme une excellente occasion de m'endurcir et de faire miennes les compétences nécessaires à l'exécution de mon projet. Je restai donc et m'assignai comme première mission de m'accoutumer à la rudesse de la terre. Dans ces conditions, l'apprentissage du sommeil ne serait certes pas le plus aisé.

Le chant des oisels salua le retour des quarts montants. Le montorin ouvrit l'œil dès les premiers frémissements de la nature alentour. Il se dressa avec une étonnante souplesse, huma les parfums portés par le vent en se lissant grossièrement la barbe, puis donna un léger coup de pied à Théodulf pour qu'il se réveille à son tour. Ce dernier fut plus long pour se décider à abandonner les songes qu'il poursuivait. Il se tourna, se retourna et accepta, au terme de quelques étirements, de se lever. Pour ma part, j'étais déjà debout, face à la lande, les yeux lourds de fatigue, et attendais avec résignation les souffrances de la marche prochaine. Avant de nous mettre en route, Trémégor sortit de son escarcelle un morceau de pain très présentable et un fromage dont il avait vraisemblablement fait l'acquisition la veille sur le marché d'Oniriad. Sans dire mot, il me donna ma part et, bien que n'éprouvant pas encor la faim, je m'en saisis sans discuter. Je savais que j'aurais besoin de forces si je voulais survivre à ce voyage. Tandis que nous mangions, Théodulf m'adressa ses premières paroles en me demandant si j'avais mis à profit cette halte pour me reposer. Et je lui répondis :

« Par ma foi, non ! Le sommeil ne m'a pas même effleuré. Et l'ombre de ces arbres ne me fut pas d'un grand secours ! Je crains de ne jamais pouvoir dormir sur de pareilles couches !

— Tu aurais dû te fabler à toi-même l'un de tes sortilèges, trouvère ! » lança le montorin avec un grand éclat de rire qui lui permit d'exhiber une solide rangée de dents couvertes de fromage frais.

« Tu t'habitueras, assura Théodulf, tu t'habitueras… », et, s'essuyant la bouche d'un revers de manche, il se mit en marche sans nous attendre.

Je ne m'étais jamais aventuré aussi loin, et cette verte lande que nous parcourions m'était parfaitement inconnue. Je ne savourais certes pas le paysage, et j'étais tout à la cuisance de mon cœur. La lassitude aidant, je me prenais parfois à tituber, et n'eût été la monotonie du sol qui se déroulait sous mes pas, je me serais écroulé à plus d'une reprise. Toute la journée durant, mes compagnons se comportèrent comme si je n'étais pas là, et ne m'adressaient la parole que si je les interrogeais. Ainsi me portai-je à la hauteur de Théodulf pour lui demander :

« Peut-être pourriez-vous me révéler où nous allons de si bon train. Je ne me plains pas, mais j'aimerais connaître le but de pas qui me coûtent tant de peine… »

Théodulf, qui transpirait abondamment sous l'effort et la chaleur, profita de mon intervention pour s'arrêter quelques secondes et porter à sa bouche l'outre qui pendait à sa ceinture. Il absorba trois buvées, me la tendit et m'expliqua tandis que je l'imitais:

« Nous ne sommes plus très loin. Nous allons retrouver les autres membres de notre expédition à l'orée de Shabalzède Itra, la Grande Forêt de Larmes. »

Je lui rendis son outre.

« Et qui sont-ils ?

— Patience. Vous ne tarderez pas à les rencontrer.

— Pourquoi ne pas les avoir retrouvés plus tôt?

— Ils devaient s'acquitter d'une autre mission avant de venir avec nous. Mais patience, vous dis-je, et vos efforts seront récompensés. Ils ont avec eux nos chevaux. Dès lors, vous souffrirez moins.

— Devrons-nous traverser Shabalzède Itra ?

— Telle est mon intention, en effet.

— On raconte beaucoup de choses sur cette forêt ; votre idée ne me séduit guère… »

— Sachez, Aplecraf, que je ne crois pas à ce que l'on raconte. »

Et il me laissa sur ces mots.

Nous poursuivions l'ouest depuis plusieurs heures, et les montagnes de la Chair Noire se rapprochaient à vue d'œil, lorsque se leva une tempête de brume. Je n'en avais jamais traversée, mais n'en sous-estimais pas le danger. J'avais entendu parler de brouillards si violents qu'ils pouvaient arracher des cavaliers en armes à leurs montures. Les premières volutes blanchâtres nous furent dissimulées par les broussailles dans lesquelles nous progressions alors. Mais, bientôt, le montorin releva le chef et renifla le vent avec inquiétude. Il n'eut pas besoin d'expliquer à Théodulf ce qu'il redoutait. Ce dernier lança à mon intention :

« Pressons le pas, ou nous ne tarderons pas à nous trouver en vilaine posture ! »

Il pointa l'index en direction des montagnes de la Chair Noire sur les sommets desquels déferlaient déjà de curieux brouillards, glissant sur les versants comme de rapides et légères avalanches.

Les premières bourrasques de brume ne me déstabilisèrent pas plus que les vents marins qui s'aventuraient parfois jusque sur les Terres Rêvées de Shepelard. Elles nous enveloppaient brusquement, gonflaient nos vêtements et repartaient après les avoir gorgés d'humidité. La plupart de ces assauts se portaient sur nos jambes, et l'on voyait encor clair au-dessus de la taille. Nous étions enfoncés jusqu'au bassin dans un lac de blancheur, et nos braies vite détrempées renforçaient cette impression. Les chiens semblaient s'y être noyés. Théodulf, pour ne pas qu'ils s'égarent, leur avait passé une ficelle par le cou.

Mais le niveau des brumes monta, ainsi que la violence de leurs attaques. Théodulf luttait autant que moi pour conserver son équilibre. Seul le montorin ne paraissait pas déstabilisé. Il se retourna vers nous, et, constatant la peine avec laquelle nous avancions, proposa que nous passions une corde commune à nos ceintures. Mais Théodulf rétorqua, en criant pour couvrir les hurlements de la tempête :

« Rien ne sert de nous obstiner ! Nous ne trouverons jamais d'abri dans ces landes, et les montagnes sont trop loin ! Bientôt, nous ne verrons même plus nos silhouettes, et les brumes ne se calmeront pas ! J'ai l'impression qu'elles nous donneront plus de peine que celles que, naguère, nous avons déjà traversées. Attachons-nous, en effet, mais pour unir nos poids et ne pas être emportés ! Nous allons nous asseoir ensemble, et nous lester du mieux que nous pourrons ! »

Ainsi fut fait. Nous nous serrâmes les uns contre les autres et, solidement arrimés, nous alourdîmes de toutes les pierres qu'il fut possible de trouver. Les souffles chargés d'eau étaient si rapprochés que nous éprouvions parfois quelques difficultés à trouver notre air. Pour nous y aider, nous fûmes contraints d'enfouir nos visages sous nos mantels.

Théodulf avait été bien inspiré car, bientôt, il fut impossible de seulement voir nos propres mains lorsque nous les tenions devant nous. Les chiens, attachés au plus près de leur maîstre, hurlaient à la mort. La tempête redoubla de violence et nous sentions, aux frôlements, gifles ou griffures qu'ils nous infligeaient par moments, que bien des buissons et autres maigres plantes arrachées à la lande voltigeaient autour de nous. Nous nous trouvions au cœur d'un ressac dément, et les vagues successives nous frappaient avec acharnement. A deux ou trois reprises, je manquai m'en trouver assommé. Pourtant, je restai lucide, et je n'avais pas peur : je pensais à ma bien-aimée. Que m'importait de mourir en si splendide tempête ? Les bourrasques de brume ne m'en porteraient que plus prestement auprès d'elle.

Mais les tornades, après nous avoir vertement secoués, commencèrent à faiblir. Nous étions encor étourdis lorsque la brume retomba au ras du sol. Débarrassés de la corde et des pierres, il nous fut possible d'étirer nos membres engourdis. Nous pouvions marcher à nouveau, bien que des flots de brouillards inoffensifs continuassent de sillonner la lande à diverses hauteurs, nous masquant l'horizon et l'éclat du soleil. Théodulf connaissait assez bien la route à suivre pour ne pas s'inquiéter de ce manque de visibilité.

Nous n'étions pas très loin de Shabalzède Itra, la Grande Forêt de Larmes. Moins d'une heure suffit à en gagner l'orée, et il ne nous aurait pas fallu plus de temps pour arriver au pied des montagnes de la Chair Noire qui s'élevaient à notre destre ; mais, bien que leur traversée fût moins risquée que celle de la Grande Forêt, il était prévu que nous ne gaspillerions pas notre temps sur les détours de leurs sentiers. Telle était la volonté de Théodulf, qu'une secrète raison poussait à se dépêcher plus qu'il ne paraissait nécessaire.

Au lieu de nous mener sans attendre entre les arbres gigantals, il nous fit longer la forêt vers le Sud, en direction de certaine colline où nous devions retrouver ses compagnons. Soyez sûrs que je me félicitais de ce contretemps, car je n'étais guère pressé de pénétrer dans la noirceur sylvestre. La pénombre qui régnait sous les feuillages était pour le moins effrayante et exhalait un parfum de moisissure peu encourageant. A cela s'ajoutaient nombre d'histoires abominables qui circulaient sur ce lieu et dont je m'étais souvent moi-même fait le conteur, bien qu'ayant toujours répugné à cette sorte de magies-de-papier dont les frissons ne sont pas d'extase mais de terreur.

Je m'attendais à ce que nous montions au sommet du tertre où nous avions rendez-vous, mais Théodulf s'assit à son pied, le visage tourné vers l'horizon.

« Assurément, nous verrons mieux d'en haut, dis-je. Pourquoi ne pas attendre au sommet ? »

Trémégor m'expliqua que cette colline était un ancien cimetière montorin. Les rochers que nous y apercevions étaient les restes de très vieilles sépultures, et cette terre était sacrée. J'en fus vivement intrigué :

« Allons bon ! Je croyais que les montorins n'avaient jamais vécu que dans les montagnes. Seraient-ils descendus jusqu'ici pour enterrer leurs morts ? »

Trémégor secoua le chef et reprit doctement :

« Cela n'a pas toujours été vrai. Fut un temps où des clans élurent domicile en de plus plates terres. Ce fut le cas ici, où des montorins s'installèrent dans la Grande Forêt de Larmes. Mais c'était bien avant qu'elle ne se nomme ainsi, et que les arbres ne fussent gigantals. A cette époque, la vie y était encor possible, car il n'y faisait ni si noir, ni si humide. En souvenir de leurs origines, les montorins enterraient leurs défunts sur cette colline, qui leur rappelait la Sainte Montagne qui nous enfanta tous. Mais les arbres grandirent, et nul ne sait ce que devinrent les montorins de la forêt. Certains prétendent qu'ils ont fui vers de plus accueillantes terres, d'autres qu'ils ont été dévorés par les créatures qui commencèrent de hanter ces bois, d'autres encor qu'ils sont toujours là, cachés dans la pénombre, et que celle-ci les a rendus fous. Quoiqu'il en soit, nous n'avons pas le droit de souiller de nos pas la dernière demeure de leurs morts.»

Je n'insistai pas, car je n'éprouvais en vérité nulle envie de me lancer dans une nouvelle ascension. L'idée de violer une sépulture acheva de me dissuader.

La brume planait toujours à un galop du sol. Elle rôdait, comme à la recherche des survivants de la bataille qu'elle avait menée. Elle était semblable à la piétaille qui, après les combats, fouille le théâtre de la guerre, armée de longs coutels, pour égorger blessés et rescapés.

Soudain résonnèrent au loin les échos d'une chevauchée. Le grondement des sabots frappant le sol rocailleux de la lande nous parvint bien avant que ne se dessine la moindre silhouette dans le brouillard. Craignaient-ils encor d'avoir été poursuivis ? Mes compagnons portèrent la main à la garde de leurs armes. Mais ils se détendirent en voyant apparaître le petit groupe de cavaliers qui déboucha alors, harmonieusement cerné par les arabesques de brume que leur course faisait jaillir du sol.

Ils étaient trois, et le dernier d'entre eux était suivi de deux chevaux sellés sans propriétaire. En nous apercevant, ils ralentirent.

Comprenez mon étonnement : je m'attendais à voir surgir un grand nombre d'hommes, car je n'imaginais pas qu'on puisse s'enfoncer dans le Monde Obscur sans une petite armée. Mais ils n'étaient que trois, dont une femme qui fut la première à retenir mon attention, car je reconnus à son allure une authentique dragues, sans aucun doute possible. J'avais assisté dans le temps à l'exécution publique de l'une de ses semblables, et je n'avais pas ressenti de pitié pour elle. Je partageais l'opinion générale que ces femmes n'étaient que viles sorcières aux pouvoirs maléfiques. Que faisait-elle parmi les compagnons de Théodulf ? Ce dernier avait-il de plus sombres projets qu'il ne me l'avait laissé entendre ?

La drague descendit de cheval et se porta à notre rencontre. Je ne pus m'empêcher de noter la dureté de son expression et la résolution de son regard. Elle était belle, sans doute, mais d'une beauté froide et anguleuse. Un camail de velours mauve peinait à couvrir une chevelure plus sombre que le plumage des corbs planant sur la lande. Elle n'était vêtue que d'une longue robe de laine noire dont les mailles étaient si larges qu'elles laissaient entrevoir en multiples endroits la pâleur de sa peau, ainsi que ses formes les plus intimes. Cette indécence me troubla, moins cependant que les insectes gros comme l'index qui allaient et venaient librement sur elle. A leurs corps jaunes striés de rayures noires, je reconnus de venimeuses eï, réputées pour leur redoutable piqûre. Je savais que ces créatures pouvaient être apprivoisées, mais je n'en avais jamais vues d'aussi près, ni en si grand nombre. J'en comptai sept qui, du ventre aux épaules de cette estrange femme, grouillaient sans que nul ne s'en inquiétât. Mal à l'aise, je détournai mon regard.

Théodulf l'accueillit par ces mots :

« Il est bien que nous n'ayons pas eu à nous attendre plus longtemps. Nous n'en serons que plus vite rendus. Tout s'est-il bien passé ? »

La dragne eut un sourire énigmatique.

« Tout s'est déroulé de la meilleur façon qui soit, seigneur Théodulf… »

Théodulf prit l'air agacé.

« Ne m'appelle pas ainsi, Descordia. Tes sarcasmes ne m'amusent aucunement. »

Les autres cavaliers descendirent de selle à leur tour et demandèrent à m'être présentés.

Le plus petit des deux était un souriant solaire, aux cheveux courts et argentés. Il se nommait Percegarde, et la délicatesse de ses traits ne fut pas sans me rappeler la beauté de Quadrilba. En outre, il était vêtu avec élégance : sous l'aumusse de fourrure grise qui lui descendait jusqu'à la taille, on apercevait un pourpoint de cuir finement travaillé, orné de torsades du plus bel effet. Le solaire était chaussé de heuses de cuir fauve qui lui couvraient si bien les jambes qu'il n'avait plus besoin de braies. Il n'était alors armé que d'une longue et fine épée, mais j'aperçus dans les bagages portés par son destrier de bien plus conséquents équipements, dont un arc de belle envergure qui dépassait des deux côtés de la selle. Percegarde me fut aussitôt sympathique, autant par sa race que par son air avenant. Je me flattai de trouver en lui un plaisant compagnon de route, et un possible allié.

Le plus grand était humain, mais il portait les marques d'un peuple qui m'était inconnu. Ses pommettes saillantes, son visage imberbe, ses yeux d'un bleu excessivement clair et ses longs cheveux trop gris pour son âge me laissaient pensif sur ses origines. De même son nom : Irquebraân. De tous, il était le plus lourdement équipé. Sa cape de fourrure sombre et sa surcotte de simple bure dissimulaient mal une armure de plates presque complète. Pourtant, cette dernière ne produisait pas les sons métalliques attendus lorsque son propriétaire, qui se déplaçait avec une anormale aisance, se prêtait à certains mouvements. Des chausses de fourrures grossièrement lacées couvraient ses jambes, que je soupçonnais d'être en-dessous pareillement équipées. Pendait à sa ceinture un redoutable fléau d'armes, à la boule hérissée de solides pointes, mais, comme pour le solaire, je notai que sa monture était fort chargée et qu'Irquebraân ne s'était sans doute présenté devant moi qu'en une tenue légère qui convient pour les promenades. Je n'osai me figurer l'ensemble de son harnois de guerre. Il devait être un redoutable combattant, et je me demandais où Théodulf avait pu en faire la rencontre. Je ne devais pas en savoir plus sur le moment, car Irquebraân me salua sans prononcer un mot.

Pour ma part, je fus présenté comme Aplecraf le trouvère, nouveau compagnon de voyage, à traiter avec les égards dus à sa science. Quelques sourires furent échangés, que je ne compris pas.

Shabalzède Itra, la Grande Forêt de Larmes, nous attendait. Théodulf prit place sur son cheval, un pur sang élancé comme on en trouve sur les rives sud du Monde Jaune, et ouvrit la marche, suivi de Trémégor, dont la monture, un roncin de grande force mais dépourvu d'élégance, était dotée d'étriers spécialement conçus pour embrasser la forme de ses propres sabots. Nul n'avait projeté de me munir d'un coursier, et, comme elle était la plus légère, je dus monter derrière Descordia. Cette idée ne me séduisait guère, car je ne me distinguais pas par l'excellence de mon assise équestre. Il me faudrait sans nul doute me retenir parfois à celle qui tenait les rênes ; je craignais de poser les mains sur l'une de ses eï et de m'en trouver empoisonné. Je me hissai donc sur la croupe de l'animal, aussi sombre que sa propriétaire, et me cramponnai au rebord de la selle.

C'est dans cet appareil que nous traversâmes les premières rangées d'arbres de Shabalzède Itra. Je remarquai avec satisfaction que je n'étais pas seul à redouter ce lieu : Percegarde le solaire guettait avec appréhension autour de lui, et nos montures étaient secouées de tremblements nerveux. Leurs naseaux se dilataient, leurs regards se révulsaient. La main des cavaliers dut se montrer ferme pour contraindre les pauvres bêtes à pénétrer dans la profonde pénombre.

Les deux mâtins eux-mêmes, levant la truffe au vent, firent quelques difficultés pour suivre Théodulf.

Bientôt, il n'y eut plus d'autre végétation que quelques mousses et lichens, répandus au pied des arbres gigantals. Ils avaient tout étouffé. Depuis bien longtemps, aucun rayon de soleil ne filtrait plus au travers de leurs épais feuillages.

Je sentis sur ma nuque et dans mes cheveux les premières gouttes d'eau. Car Shabalzède Itra est la Grande Forêt de Larmes : jamais il ne cesse d'y pleuvoir. Les arbres y sont si démesurés que leurs sommets drainent l'humidité des nuages. Même les pluies les plus violentes ne sont pas en mesure de percer la toile serrée des branchages. Les feuilles retiennent l'eau, la font glisser de nervures en nervures, d'écorces en écorces, jusqu'à la rendre enfin à la terre, par gouttes éparses et régulières.

Ceci, du reste, n'était pas le plus fâcheux inconvénient. Bien plus pénible était l'absence presque totale de lumière. Encor étais-je peut-être le plus accoutumé d'entre nous à cet inhabituel état. Les chevaux trébuchaient, et les cavaliers forçaient leurs yeux pour trouver leur chemin. Les torches flambaient mal en pareil endroit, luisant d'un éclat maladif qui n'était pas de grand secours.

Lorsqu'on évoque une forêt, on songe d'ordinaire à de vertes ramures bordant de longs sentiers où chaque pas débusque un être vivant. Mais ici : nulle verdure, nul sentier, nul goupil ou petit lapin. La terre n'était que boue, et les écorces en revêtaient la couleur. Sur ce sol spongieux, les racines s'emmêlaient, se tordaient tels des nids de serpents, si bien qu'on se prenait parfois à les voir bouger. Aucune feuille n'était visible. Les troncs s'élançaient, droits et obscurs, vers le ciel, au cœur d'un silence impénétrable.

Même la brume, bien qu'encor abondante aux alentours, avait fui cet endroit maudit, comme si elle craignait de s'y aventurer autant que nos chevaux.

Soudain, alors que Descordia avait mené notre monture en troisième position, derrière Théodulf et Trémégor, elle émit un léger sifflement en levant la main destre pour ordonner une halte à la caravane. Comme nul ne s'expliquait les raisons de son acte, tous les visages se tournèrent vers nous. Cependant, aucune question ne fut prononcée car, d'un geste, elle nous intima de nous taire. Enfin, elle pointa l'index sur notre destre.

Tout d'abord, je n'aperçus rien d'autre qu'un buisson allongé, à sept ou huit galops de nous, coulé entre deux arbres, et je m'étonnai que Descordia en fît un si grand cas. Puis je réalisai tout le mystère de la chose : comment plante aurait-elle pu survivre dans pareille pénombre ? Il y avait là quelque magie.

Je crus que le vent en faisait frémir les feuillages, et pourtant, aucun souffle n'habitait la forêt. Quel était ce miracle ? Le buisson s'anima lentement, parut se déployer, puis, à ma grande stupeur, glissa derrière un tronc énorme.

Je me retournai vers mes compagnons pour quester une explication, mais je me tus devant leur apparence tendue et effrayée. Tous retenaient leur souffle et faisaient de leur mieux pour contenir sans bruit les chevaux trépignant d'angoisse. Les chiens, au lieu de gronder, gémissaient doucement, visiblement terrifiés. Je scrutai à nouveau les ténèbres. A présent, la créature s'éloignait sans hâte. Avant qu'elle ne disparût tout à fait, elle se tourna vers nous, et je jurerais avoir aperçu, au milieu de cette silhouette confuse, un visage d'écorce qui me procura une si vive frayeur que je me pris à trembler de tous mes membres.

Bien après que cette apparition se fût évanouie, je n'étais pas encor revenu de ma peur. Personne ne se risqua à prononcer une parole pendant un long moment. Je pensais que mes guides me feraient quelque commentaire sur l'abomination que nous venions de croiser. Au lieu de cela, Théodulf rompit le silence pour s'exclamer :

« En route ! Nous n'avons pas de temps à perdre ! »

Mais Descordia ne l'entendait pas ainsi.

« Et alors, Théodulf ? La peur te noue-t-elle la langue et l'esprit ? Tu l'as vu aussi bien que nous ! »

Théodulf ne se retourna pas pour répondre.

« J'ai vu bouger un buisson. Il y a pour ce phénomène quantité d'explications. »

Descordia partit d'un rire moqueur dont les échos évoquaient les grincements d'une porte mal huilée.

« Il m'a pourtant semblé que tu craignais autant que nous une attaque de ce simple buisson. Mes sens m'auront trompée... »

Théodulf haussa les épaules.

« Sans doute. Je voulais étudier au mieux le phénomène, et je n'ai jamais prétendu que nous ne courions aucun danger.

— C'était une végétale ! laissa éclater Descordia. Et tu le sais aussi bien que nous ! »

Mais il faisait bien peu de cas de ce que lui disait la drague, et ne se risqua pas à ralentir sa marche pour confronter ses idées aux siennes. Il conclut simplement en s'enfonçant davantage dans la forêt:

« Les végétales ne sont que des légendes pour bonnes femmes. Tu sais ce que j'en pense. Ne me fais pas perdre mon temps ! »

Je surpris un frisson d'exaspération sur les épaules de Descordia, mais elle n'insista pas. Intrigué, j'attendis quelque temps puis, lorsque nous ne pouvions être entendus, je me penchai vers elle pour lui demander à voix basse :

« J’ignore tout de ces végétales dont vous parliez tantôt. Pourriez-vous m’en dire un peu plus ? »

La drague me renseigna sans se faire prier :

« Une végétale est une succube d’écorce et de feuillage, un démoigne habitant des forêts. Je m’étonne que vous n’en sachiez pas davantage. Cette créature n’apparaît-elle dans aucune de vos magies-de-papier? Il est même une route, tout près d’Oniriad, qui porte le nom de ces êtres maléfiques...

— Mes sortilèges offrent un sommeil heureux, répondis-je, et les végétales ne semblent pas faites pour inspirer les songes radieux dont je me veux l’artisan. J’ai emprunté bien des fois la route à laquelle vous faites allusion, mais je n’avais pas connaissance de la réalité de ces êtres. Assurément, il en fut mieux ainsi, car j’aurais été terrifié si j’avais su que ces créatures existaient. »

Descordia tourna son visage vers moi, et quelques mèches de cheveux s’échappèrent de son camail mauve.

« C’est bien là le problème, souffla-t-elle. Les végétales ne sont pas censées exister... »

Nous nous étions alors trop rapprochés du cheval de Théodulf, et je n’en appris pas davantage.

Les chevaux peinaient tant dans la boue qu'il fut décidé que nous nous arrêterions pour nous reposer dès le premier quart descendant. J'eus la naïveté de commencer par m'en féliciter, car j'étais épuisé, et l'ombre qui baignait la forêt me semblait propice au sommeil. Mais je n'avais pas sitôt mis pied à terre que je pesais mon erreur : tout était détrempé. Où pourrais-je m'allonger ? M'accommoder d'une pluie fine et constante était envisageable, mais je répugnais à m'étendre sur un lit de boue.

Irquebraân fut bien avisé, lui qui, le premier, sortit une lourde épée pour trancher des racines et arracher aux arbres de grands lambeaux d'écorce. Chacun se munit d'une lame et, comprenant l'intention du grand guerrier aux cheveux gris, fit de son mieux pour l'aider. Le solaire eut beau me fournir un dagon effilé, je me révélai peu habile à ce jeu. Mes mains glissaient sur le manche de l'arme, et je ne prenais aux arbres que des morceaux ridiculement petits. Par chance, mes compagnons firent preuve d'une plus grande dextérité et assemblèrent assez de matériau pour composer quelques couches rudimentaires. On eut même l'élégance de me réserver, pour faciliter mon adaptation à la rudesse de ces conditions, une conque d'écorce grosse comme un pavois, dans laquelle je tenais tout entier en repliant les jambes. Trémégor était celui qui l'avait décollée, et un cri de fierté avait salué cette victoire.

Ce qui restait de bois fut amassé sur une grosse pierre affleurante, et Percegarde s'efforça d'y allumer un feu. Comme il éprouvait quelques difficultés, Descordia s'avança pour lui proposer son aide:

« Laisse-moi donc faire. J'en ai pour une seconde.»

Déjà, elle avançait une main armée de magie. Une lumière rougeoyante filtrait entre les phalanges de ses longs doigts nerveux. Mais Percegarde la repoussa.

« Non ! dit-il. Je n'ai nul besoin de tes sorts. Je sais allumer un feu. »

De fait, le bois prit peu de temps après. Je pensais que le solaire avait refusé par fierté cette aide peu naturelle. Je pouvais concevoir cette réaction. Mais, tandis que chacun se réchauffait, debout devant la flambée, je compris la vérité. Il semblait en effet que nul n'acceptât de se tenir auprès de Descordia. Le groupe était rassemblé de l'autre côté du feu et, lorsqu'elle faisait mine de s'approcher de quelqu'un, celui-ci invoquait quelque prétexte pour s'éloigner. Je m'attachai alors à saisir les regards qui lui étaient lancés. J'y lus plus de méfiance que d'animosité. Seul Théodulf semblait ne pas se défier d'elle.

Cette hostilité n'était pas étonnante. Les dragues traînent une si fâcheuse réputation qu'il est fort rare d'en rencontrer quelque spécimen isolé tel que Descordia. Elles vivent d'ordinaire en communautés, restreintes mais puissantes, cachées dans diverses montagnes et forêts. J'avais même ouï dire à leur sujet qu'elles assuraient leur descendance en se livrant à des accouplements rituels dans le Monde Obscur qui s'étend derrière la frange crépusculaire. On prétendait que de nombreux hommes des environs, dans la force de l'âge, avaient été séduits par le pouvoir de sortilèges vénéneux, puis entraînés de force pour cette ultime et mortelle étreinte. Ils n'en revenaient jamais. Il n'était pas un village où une disparition ne leur fût attribuée. Etaient-elles vraiment responsables de tous ces enlèvements ? Je soupçonnais quelques couards d'en avoir profité pour fuir leurs responsabilités, ou se débarrasser de trop lourds passés. Quoi qu'il en soit, je m'expliquais mal la présence de Descordia dans une telle équipée qui, de surcroît, ne paraissait pas la tenir en très haute estime.

Enfin, une escarcelle passa de mains en mains, où chacun piocha un peu de pain et de lard. Descordia se saisit de sa part et s'éloigna pour manger. A la chaleur du feu, elle préféra celle de son cheval. Elle s'appuya contre son encolure et se défit de son camail, laissant ruisseler ses cheveux dont la noirceur se mêla à la crinière de l'animal. Je la voyais mal ; pourtant, il me semblait que, quoiqu'ayant l'air perdue dans ses pensées, elle murmurait pour un autre qu'elle-même. Mais seule sa monture se tenait près d'elle. Lui tenait-elle conversation ? Je chassai de mon esprit cette idée ridicule.

Lorsque nous fûmes un peu réchauffés, mes compagnons se sentirent plus d'humeur à bavarder. Trémégor conta aux autres, avec force détails, la tempête de brume que nous avions essuyée, et Théodulf se contentait d'intervenir de temps à autre pour ramener l'affaire à de plus justes proportions. Il faut avouer que le montorin ne craignait pas d'exagérer, souvent au point de provoquer la moquerie. Percegarde se délectait de son récit ô combien épique, et ses rires montaient, clairs et spontanés, vers la voûte de feuillage qui nous cachait le soleil. Irquebraân lui-même, dont le visage, de toute évidence, était fort peu accoutumé à exprimer la gaieté, semblait s'en amuser. De réguliers sourires firent ployer les lignes dures de sa bouche, bien qu'il s'abstînt d'intervenir. En ce qui me concerne, je me tenais en retrait, non que la soudaine verve de Trémégor me fût déplaisante, mais j'étais privé de mes forces, et cette compagnie ne m'était pas assez familière.

Ils restèrent ainsi un long moment à deviser, accroupis autour du feu, mais nul ne fit allusion à la créature que nous avions croisée en chemin, comme s'il s'agissait là d'un sujet trop sensible. J'aurais pourtant aimé en apprendre un peu plus.

Soudain, Percegarde se tourna vers moi et dit :

« Par ma parole, Aplecraf, vous êtes désormais notre trouvère ! Puisque nous avons l'heur de vous compter parmi nous, pourquoi ne pas mettre vos pouvoirs à profit ? Faites-nous donc l'un de vos tours. Je n'ai jamais goûté aux magies-de-papier. »

Je me raidis. Trop d'événements venaient de secouer ma vie ; bien que d'un excellent naturel, je n'étais pas de très belle humeur. Je répondis sèchement :

« Je ne crois pas que Théodulf de Sapre m'ait contraint à vous accompagner pour vous aider à trouver le sommeil. Mes tours, comme vous dites, ne sont point marchandises destinées à votre amusement. Vous auriez dû pour cela enrôler de force un bouffon. Pour ma part, je me refuse à satisfaire ainsi votre curiosité. De plus, vous n'ignorez pas que je n'ai pu emporter aucun de mes grimoires. »

Le solaire émit un sifflement contrarié. Mais, au lieu de se lever pour faire front à mon impolitesse, il dit:

« Votre humeur est fâchée, sans doute, par vos récents tourments. Je vous trouve bien prompt à l'emportement. Alors oublions cela ! Je n'avais pas l'intention de vous froisser. Je suis surpris par la violence de votre verbe, mais vous prie cependant d'accepter mes excuses. »

Je ne sus que répondre à cela, car je voyais bien comme il avait raison.

Plus tard seulement, quand tout le monde eut rejoint sa couche de fortune, bâtie sur quelque nœud de racines, je m'approchai de lui et, rendu à plus d'humilité, murmurai :

« C'est à moi qu'il appartient de vous faire des excuses. Je suis calme à présent, et m'en viens vous trouver pour vous supplier de pardonner ma brutalité. Vous ne me questiez pas querelle, mais ma vie a changé en si peu de temps... »

Percegarde, qui ne dormait pas encor, se redressa sur le tas d'écorces qu'il avait assemblées et qui, déjà, s'enfonçaient un peu trop dans la boue.

« Ne vous en faites pas pour cela, mon bon ami. C'est tout oublié. J'ai moi-même, en mon temps, éprouvé le plus grand mal à troquer ma vie passée contre celle-ci... »

Comme je sentais qu'il allait parler, je trouvai à m'asseoir sur une pierre, et l'encourageai à poursuivre d'un regard interrogateur.

« S'il ne vous en coûte pas de perdre un peu plus du maigre repos que cette halte nous propose, je m'en vais vous conter ce que fut mon destin. J'étais le fils bien-aimé d'un des plus riches marchands solaires du royaume des Brise-Lances. C'est une chance que partagent bien peu de ceux de ma race, car les métiers de l'argent ne nous conviennent guère. Pourtant, il est vrai que les broms offrent moult plaisirs. Mais la patience nous manque pour les acquérir. Mon père se distinguait par une extrême habileté en affaires qui lui fit amasser fortune en peu de temps. Je naquis dans cette opulence. Je n'en fus que plus corrompu. On nous surnomme les papillons, et papillon j'étais depuis ma plus tendre enfance. On m'éleva selon certaines manières humaines, car mon père caressait l'espoir de me voir prendre sa suite. En vain, hélas, car, ne manquant de rien, je me montrai très vite d'une insouciance telle que rien ne pouvait me toucher. Je voulais profiter de ma poignée d'années pour prendre à la vie tout ce qu'elle pouvait donner. Je fis le chagrin de mes parents en devenant le plus immature et le plus inconstant de tous les solaires de mon âge. Les pucelles, bien sûr, tenaient bonne place dans mes impératifs de plaisirs. Je les courtisais sans relâche, et me divertissais également de chacune de mes conquêtes. Cependant, bon nombre de solaires, redoutant la mort plus que tout, prétendent s'y mieux préparer en observant dans leur vie une grise rigueur. Selon eux, ne pas prendre goût aux jouissances permet de ne les point regretter. Ce phénomène, peu courant dans les autres cités du Monde Jaune, était si présent au royaume des Brise-Lances qu'il faisait presque office de loi. Nous les nommons les « ternes », et, à Gadwin l'Immortelle où je vivais alors, ils étaient très nombreux. Le forgeron Herbur en faisait partie. C'était un homme respecté qui se faisait fierté de transmettre son austérité aux trois enfants qu'il élevait. Hélas, il apprit un jour la vérité, que j'avais fauté avec sa fille aînée. De cette étreinte, pourtant, j'aurais fort pu me passer : la jeune fille était épaisse, de corps comme d'esprit. Je ne l'avais pas courtisée, mais l'avais prise par désœuvrement lorsqu'elle s'était proposée à moi. Tout ce que le destin plaçait sur ma route, je m'en saisissais sans remords, et la drôlesse avait de copieux tétons entre lesquels il m'avait plu de m'enivrer. Comprenez-moi : cette nature généreuse était assez peu courante chez les pucelles de ma race pour mériter ma curiosité. Mais cet amusement un peu cruel devait me donner la première leçon de ma vie. Le père Herbur, en effet, eut vent de mes agissements, et exigea qu'en réparation je prenne sa fille pour épouse. Il fit pression sur mes parents, et ces derniers redoutaient assez l'influence du forgeron pour se ranger à son avis de tout leur pouvoir. Ils renoncèrent volontiers à l'avenir de turpitudes que je me préparais, et firent de leur mieux pour me convaincre de me soumettre. Mais je restais d'avis que trop d'amantes m'attendaient à travers le monde, et que femme ne se prend pas au poids. Me voyant perdu, je fis en hâte mon bagage et pris mon cul parmi l'oreille. Je ne m'arrêtai de courir que lorsque l'immense silhouette de notre cité eut tout à fait disparu.

« Si, à présent, je ne regrette rien, il en fut autrement dans les jours qui suivirent. Bientôt la faim me tordit le ventre, et je ne possédais ni argent, ni talent de chasseur. J'avais très vite dépensé le peu de broms emportés. Je l'ai dit : je n'avais point l'habitude de me montrer prudent.

Quelques fruits trouvés sur mon chemin me sauvèrent la vie. Il me fallait trouver un moyen de subsistance. Lors je parvins à la ville de Lanf, riche cité entre toutes. Le premier jour, je m'employai à quester un travail. Hélas, je ne savais rien faire, et vous aurez sans doute constaté que la force de mes bras n'est pas suffisante pour m'octroyer quelque valeur. Le lendemain, n'y tenant plus, je volai un jambon sur le marché, en pleine rue. Par malaventure, des soldats m'aperçurent et se lancèrent à ma poursuite. Ils étaient trop lourdement armés et furent incapables de me rattraper. Mais ils m'avaient fait une telle frayeur que je n'osai plus quitter les ruelles les plus profondes, dans lesquelles j'errai avec l'objet de mon larcin caché sous mon mantel et diminuant de jour en jour. Enfin, je rencontrai, aux abords d'une taverne mal famée, un curieux personnage du nom de Beltraklone qui m'invita spontanément à vider une chope en sa compagnie. Ce n'est qu'après avoir trinqué avec moi qu'il m'avoua avoir assisté à ma poursuite sur le marché. Comme, pris de méfiance, j'essayais de me défendre en prétextant qu'il faisait erreur, il m'assura que je ne devais pas avoir honte, et qu'il pouvait m'aider. Aucune autre solution ne se présentait à moi : je lui prêtai l'oreille, déjà gagné à ses arguments.

« Beltraklone faisait partie d'une guilde de voleurs qui opérait par tout le royaume. Il me présenta à ses supérieurs, qui acceptèrent de se charger de mon éducation. Celle-ci devait durer deux années. J'acquis cette habileté particulière qu'un larron se doit de posséder. Je fis de mes doigts de redoutables gagne-pain, capables de dérober la plus surveillée des bourses. Mais on m'enseigna également l'art de manier les armes, car notre guilde devait une partie de sa puissance à la réputation de ses glaives et de ses poisons. Contre toute attente, je m'y distinguai par mon adresse, et c'est la raison pour laquelle mes compagnons d'alors me surnommèrent Percegarde, dont je fis avec joie ma seule identité.

« Tout allait bien jusqu'au jour où je fus chargé par mon chevetaigne de section d'une certaine mission. Nous venions d'apprendre qu'un voyageur de belle allure avait obtenu du Seigneur de la ville une raisonnable somme d'argent pour quelque raison inconnue, et s'apprêtait à repartir. Il était accompagné de deux solides gaillards. Je devais rassembler une douzaine de brigands et détrousser les malheureux dès qu'ils se trouveraient à bonne distance de la cité et de ses garnisons. J'avais déjà mené à bien nombre de ces expéditions, et j'y puisais de fortes émotions. Je n'avais jamais ressenti la peur, et participais aux combats avec exaltation, toujours porté par cette inconscience qui refusait de me quitter en dépit des leçons de la vie. Je m'empressai donc de réunir les hommes en qui j'avais le plus confiance et de les mener au lieu de l'embuscade.

« Rien ne se déroula comme prévu. Les trois cavaliers apparurent au détour du chemin et, conformément à mes ordres, chacun attendait que je lance le signal. Je me saisis de ma fronde. Je me flatte d'être un bon eslingur, et ma pierre rate rarement sa cible. Le voyageur portait un capuchon rabattu sur les yeux. J'exécutai un beau lancer grâce auquel je le touchai en plein milieu du crâne. Mais il y eut un bruit de métal et le cavalier, loin de s'écrouler, releva le visage, dévoilant ainsi le chapel de fer que dissimulait sa capuche. Nous sachant découverts, mes hommes se lancèrent à l'assaut, craignant qu'en trois coups d'éperons, nos victimes fussent hors de portée. Cependant, nulle fuite ne fut esquissée. Les trois cavaliers firent corps, sortirent de belles armes d'en-dessous leurs mantels, et mirent en déroute ma troupe de larrons. Nous n'avions pas l'habitude de nous heurter à des voyageurs aussi coriaces, et la surprise joua en leur faveur. Ils assénaient de tels coups, et se protégeaient si bien, que je restai bientôt seul parmi les cadavres de mes compagnons, et sans espoir de salut. Je m'apprêtais à trépasser lorsque le voyageur, baissant la garde de son épée, me demanda du haut de sa monture ce qu'un solaire faisait en si mauvaise compagnie. Comme je rétorquais crânement que j'étais le chevetaigne de ces hommes, mon adversaire s'étonna qu'un garçon de ma race pût se trouver corrompu par le goût de l'argent. « Je n'ai pas goût aux richesses, répondis-je, mais à l'aventure que me procure sa queste ! ». « Tu aimes l'aventure ! tonna le voyageur. Je te donnerai de l'aventure ! Je te propose un marché : ta vie contre ta fidélité. Viens avec nous, tu éprouveras tous les frissons que tu désires. Refuse, et je te fends le crâne en deux. Sinon, prête serment sans plus attendre ! » Que pouvais-je faire d'autre ? Je me mis à genou, et prêtai allégeance.

« C'était il y a un an. Ce voyageur se nommait Théodulf de Sapre, et ses deux compagnons Irquebraân et Trémégor. Je les suis depuis lors, et leur cause est la mienne. J'aime cette vie, mon bon Aplecraf, comme vous l'aimerez peut-être un jour. Vous savez ce que fut mon passé, et je vous donne matière à me juger. Vous voyez ainsi que je puis comprendre les raisons de votre trouble. »

Percegarde se tut. Vivement intéressé par le récit qu'il venait de me faire, je l'assurai de ma compassion :

« Je suis touché de la confiance que vous me témoignez en me contant cette histoire, et soyez certain que je reçois ce présent conscient de sa valeur. J'ai vite ressenti une inclination naturelle pour votre caractère, car, sur bien des points, en vérité je vous ressemble. Je veux vous apprendre en retour que si je suis là à présent, c'est également par la faute d'une femme. Mais je la chérissais et la chéris encor. Et, comme vous, elle était solaire, plus belle qu'aucune humaine ne le fut jamais. Vous plairait-il que je vous narre, tout sortilège mis à part, ce que fut ma vie d'antan ? »

Percegarde se montra très curieux d'entendre mon histoire et, sans recours à aucune de mes magies, poussé par une soudaine et chaleureuse amitié, je lui fablai à mon tour les péripéties que vous connaissez. Je ne fis sans doute pas honneur à ma profession, car j'oubliais tous les principes de ma science lorsqu'il s'agissait de décrire Quadilba. Mon auditeur me prêta une attention très soutenue, et lorsque j'en eus terminé, son visage reflétait toute l'émotion qu'il ressentait. Mes propres yeux me brûlaient à l'évocation de la mort de mon aimée, et j'avais dû m'interrompre à plusieurs reprises quand le chagrin m'étranglait. Percegarde ne devait pas être accoutumé à de tels épanchements, car il paraissait aussi gêné que navré. Enfin, il dit:

« Je vois bien à présent toutes les raisons que vous avez de ressentir du dépit et de la ragerie. Mais vous ne devez pas perdre espoir. Vous êtes lié à Théodulf par le même serment que nous tous, et le destin, à ses côtés, réserve bien des surprises...

— Par le même serment que vous tous ? Que voulez vous dire ?

— Nous sommes tous venus à lui de la même façon. Fut un jour où il tint nos vies entre ses mains. Théodulf n'est pas homme à rester sans réclamer son dû. Il sait nous rappeler que nous lui devons la vie, et s'assure par cela notre loyauté.

— Tous ses compagnons sont donc dans le même cas que moi ?

— Absolument. Nous nous trouvons en pareille situation. Il nous retient de force, pourrait-on dire s'il ne s'y entendait pas aussi bien dans l'art de se faire aimer. On prend goût à l'homme et aux voyages qu'il entreprend. Je vous ferai à l'occasion récit de ce que je sais du passé de chacun. Mais il est tard, à présent, et nous ferions mieux de dormir un peu. »

Je remerciai Percegarde pour sa sollicitude. Lui parler m'avait fait grand bien, et j'y voyais plus clair dans mon propre cœur. Je le laissai se reposer et retournai m'allonger tant bien que mal dans mon berceau d'écorce. Ce dernier sentait la moisissure, des insectes et des larves y logeaient déjà, mais je ne m'en souciai guère. Je rabattis sur mon visage le capuchon de mon mantel pour ne pas être importuné par la fine pluie qui, bien sûr, continuait de tomber. Je m'endormis sans peine, car ma tristesse venait d'être adolciée par la bienveillance de ce solaire que je considérai dès lors comme mon indéfectible ami.

Je fus premier à me lever. La forêt était un peu plus claire : sans doute les nuages ne redoublaient-ils plus l'opacité des rangées d'arbres. J'eus désir d'effectuer quelques pas autour du campement en attendant que les autres fussent éveillés à leur tour. Je me sentais bien, et les dangers de la forêt me semblaient moins redoutables. Je ne comptais pas m'éloigner, mais j'aperçus soudain un arc-en-ciel, se déversant du ciel comme une cascade de couleurs. Je me merveillai de cette apparition. Comment telle beauté avait-elle pu se frayer passage à travers les croisillons de branches et de feuilles ? Un halo de lumière blanche et fascinante montait du sol, en l'endroit précis où s'achevait le chatoyant miracle. Je m'approchai sans méfiance. Une clairière s'ouvrait devant moi.

Les couleurs captivaient mon regard. L'arc-en-ciel paraissait si proche à présent que je crus le pouvoir effleurer en m'avançant un peu. J'aurais voulu me fondre à cet éclat. N'indiquait-il pas un passage vers un monde meilleur, où il me serait permis d'aimer sans souffrir ? Je ne raisonnais plus. J'étais comme absent de mon corps.

Subjugué, j'ai fait un pas vers la clairière, puis un autre. J'allais y pénétrer tout à fait lorsqu'une main résolue m'a attrapé par l'épaule et rejeté en arrière. Soudain l'arc-en-ciel disparut. Le paysage replongea dans la pénombre. Je me tournai, plein de ragerie, m'écriant :

« Par le Grand Faiseor, qu'avez-vous fait ? Vous avez...vous avez fermé le passage... »

Descordia était celle qui m'avait retenu. Elle rétorqua calmement:

« Le passage vers votre mort, mon jeune ami. Ni plus ni moins. Cet arc-en-ciel est un appât. Une illusion destinée à vous envoûter. »

Ma raison revenait. Je bredouillai:

« Un appât...je ne comprends pas. »

La drague sortit de son escarcelle un morceau de lard.

« Il est heureux que je me sois inquiété de votre absence au campement. Sans cela, vous ne seriez plus de ce monde. Vous ne vous tenez pas au bord d'une clairière, mais de ce que l'on nomme un ventre-de-songes. C'est un être vivant, une immense bouche ouverte, et ces rochers que vous voyez ne sont que dents couvertes de lichens. Mais observez par vous même! »

Elle me prit par la main pour m'écarter encor un peu et jeta le morceau de lard à l'endroit exact où s'était tenu l'arc-en-ciel. Aussitôt, un frémissement titanesque agita la clairière, qui se referma brusquement sur elle-même avec un bruit visqueux. On eût dit un effondrement de terrain. Puis le mouvement s'inversa, et tout fut comme avant. Le lard avait été englouti.

Je frissonnai d'horreur.

« Quelle monstruosité !... On ne m'a jamais parlé d'une chose pareille... »

Descordia esquissa un sourire moqueur.

« C'est que vous n'avez jamais parlé à des voyageurs revenus vivants de la Grande Forêt de Larmes. D'où pensiez-vous qu'elle tenait sa réputation ? »

Mes jambes tremblaient de plus en plus au fur et à mesure que je réalisais à quoi j'avais échappé. Je ne croyais toujours pas à ce que j'avais vu.

« Mais comment est-ce possible ? Ca ne peut pas être réel ! »

La drague se retourna, prête à rejoindre les autres.

« Théodulf vous répondrait, avec raison cette fois-ci, que les ventres-de-songes sont bien réels, et que ce sont créatures identifiées et répertoriées. On connaît seulement mal les illusions qu'elles emploient pour attirer dans leurs mâchoires les être vivants qui, par malheur, s'approchent d'un peu trop prés.

— Cet arc-en-ciel était si beau. L'avez-vous seulement aperçu ?

— Je l'ai vu comme vous, Aplecraf. Je connais juste quelques parades. N'en déplaise à Théodulf, il faut bien que les sortilèges servent à quelque chose. »

De la main, elle m'invita à la suivre. Je m'exécutai et, bientôt, nous fûmes au campement. Les autres étaient debouts, mais Descordia ne souffla mot de notre mésaventure.

Le reste de la traversée se déroula sans encombres. Alors que, sur la fin du premier quart montant, nous touchions au but, et que les arbres se faisaient plus clairsemés, je me détendis quelque peu. Tout le temps qu'avait duré le reste de la marche, j'avais craint en effet qu'un nouveau danger ne fondît sur nous. J'étais terrifié à l'idée de me perdre parmi ces ombres maléfiques, ou de voir mes compagnons succomber à quelque ignoble attaque, me laissant seul et sans défense parmi ces innombrables périls.

Mes pensées reprirent leur cours normal, et je songeai que, quelles que fussent ses façons et sa réputation, Descordia m'avait sauvé la vie et, contrairement à Théodulf, n'avait rien exigé en retour. Je lui devais au moins des remerciements. Ainsi, toujours assis derrière sa selle, je me penchai vers elle et lui glissai :

« Je sors à peine d'une frayeur telle qu'elle m'a fait oublier mes dettes et mes devoirs. Veuillez me pardonner. Tout à l'heure, j'aurais pu me faire occire en moins de temps qu'il n'en faut pour le dire. A bonne destinée, vous vous trouviez là, et vous m'avez tiré d'affaire. C'est quelque chose que je n'oublierai pas, et je vous sais gré d'avoir usé de vos sortilèges pour me venir en aide. »

La drague se tourna pour m'adresser un regard entendu.

« Rien ne sert de remercier. Il faut rendre ce qu'on a reçu. J'aurai peut-être un jour besoin de vos propres magies, et serai heureuse que vous me les fassiez partager. »

Je me sentis un peu ridicule.

« Mes enchanteries ne sont que peu de choses, comparées aux vôtres. Jamais elles n'ont sauvé de vie. »

Mais Descordia me murmura:

« Ne dites pas cela. Je respecte vos magies. J'ai déjà vu un trouvère exercer. Il y a là une puissance, indiscutablement. Bien des enchanteries sont mal comprises. Vous oeuvrez sur les songes, quand j'œuvre sur la réalité. Mais vos sortilèges n'en détiennent pas moins le pouvoir de transformer des destins. Tant de rêves ont changé le monde dans lequel nous vivons, ou bouleversé les vies de ceux qui les ont poursuivis! »

J'étais très flatté par ces paroles. Je ne pensais pas que les dragues pouvaient se montrer aimables. Descordia voyait-elle en moi un pair, un possible allié contre l'excessive raison de Théodulf et l'hostilité des autres ? Il était clair qu'elle ne me considérait pas comme le reste de la troupe.

Encouragé par le respect qu'elle me témoignait, je voulus en savoir un peu plus sur ce qui la liait aux autres membres du groupe :

« Vous dites que les magies sont souvent fort mal comprises. Est-ce le cas des vôtres ? Tous ici semblent se défier quelque peu de vous... »

Descordia haussa les épaules.

« Se défaire des contes dérisoires qui ont bercé leur enfance ne leur est pas facile. Les dragues sont craintes, parce qu'elles pratiquent la magie sombre. Le monde entier nous redoute mais refuse de voir le mal que peuvent faire les adeptes de la magie lumineuse. On brûle les dragues en place publique sur de simples présomptions, quand les Mystiques peuvent causer des milliers de morts en toute impunité. C'est ainsi. Tout le monde associe la magie sombre au mal par excellence.

— Votre magie peut-elle donc être maniée pour le bien de ceux qui vous entourent ? » m'étonnai-je.

« Assurément, et vous en fîtes vous-même l'expérience, tantôt. Je pensais vous avoir convaincu... »

La voix de Descordia s'était brusquement refroidie, et j'y sentais à nouveau les narquoises intonations qu'elle y mettait d'ordinaire. Je me hâtai de rectifier:

« Je le suis pour ma part, il est vrai, mais je vous avoue que les profondes différences qui séparent votre magie de celles auxquelles je suis accoutumé me laissent encor un peu perplexe.

— Vous avez tort ! trancha la drague. La magie sombre et la magie lumineuse ne sont que deux façons complémentaires d'appréhender le monde, deux chemins différents menant au même lieu. Tout ce qui est sombre répandrait le mal et la désolation ? Alors, dites-moi : maudissez-vous l'arbre qui vous offre la fraîcheur de ses ramures au détour d'un chemin ? Redoutez-vous l'ombre portée par les tentures urbaines que vous connaissez bien ? Certes, l'obscurité est propice à la dissimulation, et les coquins et autres créatures diaboliques l'affectionnent. Mais pourquoi la détester pour elle-même ? Ce sont ceux qui choisissent de s'y cacher qu'il faut craindre. De même, ceux qui brandissent devant eux la magie lumineuse s'en servent bien souvent pour aveugler les hommes de son éclat. Sont-ils moins perfides ? En vérité, je vous le dis: ombre et lumière ne sont rien. Ne compte que le cœur de celui qui en use ! »

Je me tus pour méditer ces paroles.

Enfin, le soleil a jailli d'entre les feuilles, et ses rayons amis sont venus se poser sur nos cheveux et nos épaules humides ! Quelle félicité ! Nous sommes descendus un instant de selle pour mieux goûter à ses bienfaits. Comment ne pas bénir, alors, le Grand Faiseor, et la sagesse qui le poussa à mettre le soleil de ce côté-ci de la terre, en repoussant les ténèbres sur sa moitié inhabitée ? Descordia pouvait dire, cette lumière était un don bien délicieux qui poussait à la gratitude. Après avoir traversé une forêt obscure, et vu de mes yeux ce qui prenait plaisance à y fleurir, j'avais du mal à concevoir l'idée défendue par la drague, bien que je ne fusse pas tout à fait naïf sur les exactions commises par certains Mystiques dans différents royaumes.

Devant nous s'étendaient de riantes plaines, communément appelées « Ventre du Monde Jaune ». C'étaient là paysages paisibles qui, à moins de mille galops de la sinistre forêt, s'emplissaient de champs de blé, de seigle ou d'autres cultures. Les fermes y abondaient, car cette région devait son nom à sa grande production de nourritures. Bien des cités, tant au Nort qu'au Sud, s'y approvisionnaient. Je caressais l'espoir que Théodulf profitât de l'occasion pour nous offrir quelques copieux repas avant d'aller plus loin. Je soupçonnais sa bourse d'être assez bien garnie pour cela, et les vivres que l'on m'avait servis jusque là m'avaient déjà lassé. Je n'oubliais pas Quadrilba, mais mon corps, s'accoutumant à la souffrance de tout mon être, reprenait ses droits, et réclamait plus d'attention. En conséquence, l'appétit, comme le sommeil, me revenaient.

J'abordai cette partie du voyage avec plus d'enthousiasme. Tel n'aurait pas été le cas, à n'en point douter, si j'avais su ce qui nous attendait.

Chapitre 4

De la façon dont Aplecraf en vient à tuer son premier homme

Nous ne marchions pas depuis longtemps lorsque Trémégor pointa, avec un cri de surprise, les trois doigts de sa main destre en direction du ciel. Les chevaux, dont les robes étaient encor fumantes d'humidité, furent retenus par leurs cavaliers, car tous voulaient regarder ce que le montorin désignait. Et grande fut notre stupeur.

Bien qu'il n'y eût aucun nuage, le ciel venait de s'obombrer mystérieusement. Des froissements d'ailes nous apprirent que nous le devions à un vol d'oisels immenses qui passaient au-dessus de nous. Son ampleur était certes inhabituelle, mais je ne comprenais pas encor la raison pour laquelle mes compagnons aguerris s'en merveillaient autant. Puis nos montures furent saisies d'une soudaine frayeur, et nous eûmes la plus grande peine à les empêcher de partir au galop. Alors je compris la véritable nature des animaux qui nous survolaient : des dizaines de griffons lunaires déployaient leurs ailes gigantales au-dessus de la plaine. Ils n'étaient pas seuls : on apercevait, juchés sur leurs cous tendus en avant à la façon des oies sauvages, des cavaliers en armures de bronze, tenant fermement les rênes des monstrueuses créatures. Cette constatation m'aida à maîtriser ma peur, car cela voulait dire que nous ne serions pas les proies d'une colonie sauvage de griffons lunaires. Ceux-là étaient dressés, et ne semblaient pas s'intéresser à nous. Ils étaient équipés pour la guerre : des têtières dorées protégeaient leurs faces et des flancheries brodées tombaient sur les écailles de leurs flancs. En outre, certains de leurs cavaliers brandissaient des gonfanons aux couleurs du royaume de Kursand.

La redoutable escadrille glissa sur l'air à seulement quelques galops du sol, et nous aurions pu voir les visages des guerriers s'ils n'avaient porté des heaumes si brillants. Le cortège fut silencieux, mais j'aperçus des mâchoires entrouvertes ruminant leurs mors avec des dents plus longues que des épées à deux mains. Où que se rendît pareille armée, je vouais de la pitié à ceux qui subiraient ses assauts, et je ne pus retenir un soupir de soulagement en la voyant s'éloigner.

« Vous avez vu ? s'écria Percegarde. Kursand envoie ses griffons vers le sud !

— Je ne sais pas ce qui s'y passe, ajouta Trémégor, mais il ne fait pas bon se trouver là où ils se posent, et je suis bien aise que nous n'ayons pas à marcher dans cette direction. »

Théodulf acquiesça.

« En effet. Cependant, j'aurais aimé savoir ce qui se trame dans le sud. Pour l'heure, tu as raison. Nous avons mieux à faire, et ma curiosité ne sera pas satisfaite. »

Ces paroles, vous vous en doutez, achevèrent de me rassurer. Je craignais quelque peu que Théodulf, dont les motivations étaient pour moi encor assez obscures, ne décidât que nous devions suivre les abominables créatures.

« Je vous sens encor tout tremblant, me lança Descordia sur un ton moqueur. Vous communiquez votre agitation au cheval. Ne voulez-vous pas vous calmer, à présent ? »

Je m'aperçus qu'elle avait raison.

« Pardonnez-moi, Descordia, mais je n'avais jamais croisé de griffons lunaires jusqu'à ce jour, et leur vision m'a réellement effrayé…

— Je m'en rends compte, dit-elle d'une voix plus douce. Mais vous devez vous habituer, car vous allez encor voir bien des choses que vous ne soupçonnez pas et qui éveilleront en vous la terreur. Vous ne pourrez pas toujours trembler ainsi à tout va ! »

Je pris sur moi pour me calmer. Son conseil était juste. Que ferais-je, une fois dans le Monde Obscur, si je ne pouvais contrôler ma frayeur alors même que ma vie n'était pas directement en danger ? Je réalisai combien mon existence passée m'avait peu préparé à ce que j'allais devoir affronter. N'eût été le souvenir si doux de la solaire que j'avais aimée, j'aurais amèrement regretté mon quotidien heureux et sans souci d'autrefois.

La marche reprit son cours et, bientôt, tout souvenir de Shabalzède Itra, la Grande Forêt de Larmes, disparut derrière l'horizon vallonné. Nous espérions trouver sans tarder une ferme ou quelque chastel afin de quester des renseignements sur ce qui se déroulait dans le sud. Nous nous engageâmes sur un chemin de terre où les chariots devaient passer régulièrement, mais les champs qui le bordaient étaient vides de paysans. Je m'étais souvent attardé à regarder travailler les cultivateurs autour d'Oniriad, et je notai que ces cultures-ci étaient fort mal entretenues.

Nous rencontrâmes de nombreuses bâtisses, mais leurs portes étaient condamnées, et il était possible de relever les indices de départs effectués dans la hâte. Des poules, et autres animaux de basse-cour, avaient même été abandonnés sur place.

« Ceci ne me plaît guère, grogna Théodulf. Nous allons quitter cette route où nous sommes à découvert, et progresser le long des haies. »

Son ordre fut exécuté, et chacun fit preuve de la plus grande prudence. Théodulf marchait en tête avec ses chiens, guettant chez eux le moindre signe d'agitation, les interrogeant régulièrement de la voix et du regard sur les odeurs que le vent leur portait. Comme ils n'avaient pas l'air inquiets, Théodulf préféra finalement presser l'allure.

Mais les quarts montants touchaient à leur fin, et il fallait songer à trouver un endroit où dormir. Les oisels, bientôt, eurent tous glissé leurs becs sous leurs ailes, les insectes se furent dissimulés à l'ombre de hautes herbes, et tous les êtres vivants eurent rejoint les terriers et autres cachettes. Un silence de mort avait envahi la plaine, et nous n'avions découvert aucun lieu assez sûr pour nous reposer.

Pendant les quarts descendants, seuls les nuages et les vents ne dorment pas, et à notre malchance s'ajoutèrent bientôt des cieux noircis de pluies prochaines. Des grondements de tonnerre se répercutaient de colline en colline, de plus en plus forts et menaçants. Il nous fallait trouver promptement un abri.

« Ne pourrions-nous pas forcer la porte de l'une de ces fermes ? » proposa Percegarde.

A ces mots, Théodulf fit montre d'un grand mécontentement.

« Comment se peut-il que tu parles si follement ? Sommes-nous des bandits en maraude pour violer les demeures d'inconnus ? Percegarde, je te le dis : nous resterons sous le déluge sans dormir plutôt que de nous comporter ainsi ! »

Percegarde s'excusa. Il ne voyait nulle vilenie à s'abriter de l'orage dans une maison dont les propriétaires, s'ils avaient été là, nous auraient sans nul doute ouvert la porte. Mais Théodulf s'y refusait, et, pour ma part, je ne savais pas à qui donner raison.

La pluie ne fut pas longue à crépiter sur les champs et les bosquets. Le vent soufflait entre les taillis, annonçant la venue d'une très grande armée de nuages. Je n'étais guère rassuré et commençais de me ranger dans mon cœur à l'idée de Percergarde. Mais notre chevetaigne continuait d'avancer et ne paraissait pas s'inquiéter des variations du temps.

Soudain les chiens, qui marchaient à destre et à senestre de Théodulf, s'approchèrent en grognant d'une cour fermée par un mur de pierre haut comme la moitié d'un homme. Le poil hérissé, les babines retroussées, les vigilants animaux eurent tôt fait de décider leur maîstre à sauter de selle et à s'approcher, l'épée à la main. Ce dernier rappela ses chiens pour découvrir un enfant humain d'une dizaine d'années, dissimulé derrière le muret.

« Et alors, petit ? s'écria-t-il. Que fais-tu là caché comme un coquin ? Préparais-tu quelque vilain tour ? »

L'enfant se redressa et nous fit face sans qu'aucune crainte ne pût se lire dans ses yeux.

« Je voulais voir qui vous étiez, car ma mère m'a appris à me garder des gens en arme qui vont sur les chemins ! »

En prononçant ces paroles, il nous fixait avec intensité. De toute évidence, il n'avait pas eu souvent à baisser le regard. Une chape très joliment cousue, qui le protégeait de la pluie, confirmait mes hypothèses sur son éducation. Cet enfant, à coup sûr, avait grandi dans quelque chastel des environs.

Cependant, il tenait sous son bras un panier plein de fruits comme un vulgaire fils de vilain, voleur de poules et saccageur de vergers. Il ne s'en cachait pas, comme si son butin n'avait rien que de très légitime. Etait-il à ce point jeune Seigneur qu'il crût que toute la région lui appartenait ? Et il nous demanda en effet d'un ton presque autoritaire :

« Et vous ? Que faites-vous dans les environs ? Vous auriez tort de vous attarder ici, car je vois parmi vous des individus qui risqueraient leur vie à trop se montrer… »

Ce disant, il ne regardait pas la drague qui nous accompagnait, mais Percegarde le solaire. Ceci ne manqua pas de nous surprendre. Théodulf, avisant l'urgence de la situation, prit une décision. J'ai perçu ses pensées, alors entendez-les : Théodulf songea qu'il était hors de propos de tuer cet enfant. Mais, s'il le laissait partir, qui l'empêcherait de signaler notre présence à quelques hommes en armes appréciant peu notre visite ? La pluie fouettait nos visages avec de plus en plus de force, en dépit de nos capuchons rabattus. Théodulf demanda donc à cet enfant au verbe si fier s'il était en mesure de nous offrir l'hospitalité. Ce dernier, contre toute attente, ne balança pas un instant.

« J'habite avec ma mère le chastel du seigneur de ces lieux, lequel ne peut veiller sur nous en ce moment. Je vous accorde de bon cœur l'hospitalité, car elle est coutume chez nous, à cette condition : que vous engagiez votre parole, par le Grand Faiseor tout puissant, celui-qui-a-mis-chaque-chose-où-elle-devait-être, à ne tenter en aucune manière, ni vous ni vos amis, de nuire à ceux qui vous ont offert ce toit. Je vous l'avoue : nous serions désarmés contre une félonie de votre part, et je n'ai d'autre moyen de me garder de ce danger que de vous faire jurer par ce qu'il y a de plus sacré. »

Théodulf, impressionné par la noblesse de ce discours, jura bien volontiers, en son nom et au nôtre. L'enfant ne fit pas de difficulté pour nous mener chez lui. Jusqu'au dernier instant, je songeai qu'il y avait là quelque tromperie, ou que nous nous heurterions à porte close. Je trouvais bien déraisonnable cette confiance aveugle. Les coquins ne manquaient pas qui reviendraient sans s'en repentir sur une parole donnée à un si jeune homme. Sa mère, assurément, aurait conscience de ce péril, et nous interdirait l'entrée.

En quelques minutes d'un chemin caillouteux, nous fûmes au pied d'un chastel de petite envergure, maigrement fortifié, qui paraissait inhabité. Les bannières du royaume de Kursand flottaient au-dessus des remparts, et sur la porte étaient peintes les armoiries du seigneur de ces terres. Celle-ci s'ouvrit aussitôt sur une femme de grande prestance, en robe d'escarlate, le visage chargé de peine et de soucis.

« Mon fils, te revoilà enfin ! Je commençais à craindre que tu n'aies fait une mauvaise rencontre. Mais tu ramènes des voyageurs avec toi, et je suis certaine que tu n'as pas manqué de leur ouvrir notre maison. Qu'ils entrent donc derrière toi. Puisque tu leur a accordé ta confiance, ils ont la mienne. Soyez les bienvenus ! »

L'enfant nous montra le chemin des écuries, où nos chevaux furent rassasiés, puis nous mena à la grande salle du chastel où sa mère nous attendait, près d'un feu qu'elle venait d'allumer. Elle retira des mains de son fils le panier rempli de fruits, et le porta dans une autre pièce. Lorsqu'elle s'en retourna, Théodulf, plein de curiosité, lui demanda :

« Madame, nous vous sommes très reconnaissants de votre hospitalité. Votre fils s'est comporté en vrai seigneur en nous menant auprès de vous. Cheminant sous la pluie, nous n'espérions pas nous trouver si vite en bonne compagnie. Cependant, pardonnez mon audace, mais j'aimerais comprendre ce qui vous contraint à demeurer seule en ce chastel. Je ne vois ni soldat, ni servante, ni serf, ni valet. Où sont donc tous vos gens ? »

Notre hôte se troubla et baissa les yeux avec humilité.

« Nous devons vous paraître bien miséreux, et ne guère correspondre à l'idée que vous vous faisiez de la famille d'un seigneur. Pourtant, sachez que je suis l'épouse d'Alfron de Grêle, parti guerroyer dans le sud. Mon nom est Esperanz, et vous connaissez mon fils Nilson. Nous ne sommes plus que tous les deux, car mon seigneur est parti avec tous ses gens, et ceux qu'il nous avait laissés ont fui lorsque s'est rapprochée la rumeur des combats. Les plus pauvres de nos serfs sont partis vers le nort, emportant tout ce qu'ils pouvaient. Nous fûmes vite démunis, sans personne pour veiller sur nous, et des pillards ont surgi, voilà huit jours de cela. Ils ont tout pris dans le chastel sans que je pus rien faire pour les arrêter : provisions, vaisselle, bijoux, tentures et chevaux sont repartis avec eux. A peine acceptèrent-ils de me laisser la vie sauve, ainsi qu'à mon fils, pour un prix que je ne saurais vous dire sans mourir de honte. Depuis, Nilson se charge de trouver notre subsistance dans les fermes alentours. Bien sûr, nous projetons de nous acquitter de notre dette le moment venu… »

Je fus très ému par ce langage, et le sort de nos bienfaiteurs me causa un vif chagrin. Théodulf, lui, avait les lèvres serrées et le front plissé sous le poids d'une grande contrariété. Il s'exclama sans détour :

« Et ce seigneur, votre époux, n'a-t-il pas hésité avant de vous laisser en si mauvaise position ? »

Esperanz soupira.

« Les intérêts du royaume lui dictaient sa conduite. Vouliez-vous qu'il refuse son aide à son suzerain ? Il ignorait que le reste de ses gens allait ainsi se dérober, car il ne peut concevoir aucune lâcheté. Du reste, vous auriez tort de regretter qu'il n'ait pas agi autrement, car s'il avait été là, je crains que vous n'ayez été contraints de passer votre chemin. En vérité, bien qu'il se fît un devoir d'enseigner à son fils les règles d'hospitalité, il n'aurait pas souffert qu'un solaire pénétrât en sa demeure… »

A ces mots Percegarde, qui se séchait devant la cheminée, se retourna pour demander :

« Un solaire ? Et pourquoi ? »

La dame parut surprise.

« Vous ne savez donc pas ce qui se passe ? Vous devez venir de très loin pour ignorer que depuis près d'un mois, le royaume de Kursand est en guerre avec les solaires du royaume des Brise-Lances ! Votre race fait de vous l'ennemi de notre nation, mon jeune ami, et je serais en grand danger si l'on apprenait que je vous ai secouru. Mais je crois qu'en ces temps troublés, il est plus important que jamais de se tenir à des règles de vie charitables, et je veux que vous demeuriez ici à votre aise, puisque vous n'avez nulle mauvaise intention ! »

Théodulf saisit avec respect la main d'Esperanz.

« Vous êtes une âme noble et pure, dame Esperanz, et vous n'aurez jamais rien à craindre de nous. Cependant permettez-moi de vous dire tout haut ma pensée, bien que celle-ci puisse vous déplaire : maudites soient les guerres et ceux qui aiment à les faire ! »

Esperanz reprit sa main.

« Je ne vous comprends pas, et vos paroles ne sont pas douces à entendre. Mon époux est valeureux au combat et…

— Si valeureux qu'il laisse derrière lui femme et fils sans défense ! Il pourfend du solaire et vous abandonne dans la détresse et l'ennui. Et vous reconnaissez vous-même qu'il oublierait ses valeurs les plus chères s'il s'agissait de secourir celui qu'on lui a ordonné de haïr !

— Mon époux n'a pas de haine ! Il est vrai que bien des solaires innocents ont été pendus par tout le royaume, mais jamais mon seigneur ne s'est livré à telle félonie ! Ceux qu'il tue sont debout sur le champ de bataille, et l'épée à la main, peuvent se garder de ses coups s'ils sont assez adroits ! Je voudrais que la guerre cesse, mais ne peux me résoudre à tenir pour responsables ceux qui protègent mon royaume ! »

Devant tant de résolution, Théodulf mesura ses paroles. Il demanda plus doucement :

« Et quelle est l'origine de ce conflit qui plonge le pays dans la désolation ?

— Je ne suis pas au fait des secrets de l'état, expliqua Esperanz. Je sais seulement que d'estranges et impies créatures ont été signalées un peu partout à travers le pays. Des gens ont été attaqués. Le roi a chargé ses Mystiques de découvrir les causes de ce trouble, et ces derniers ont affirmé que notre royaume était victime de sorcellerie fomentée par les solaires. Ces derniers, selon eux, jaloux de nos richesses et de notre longévité, auraient juré de nous perdre. Le roi a agi sans attendre, en exécutant tous les solaires présents dans nos frontières. Puis il a lancé son armée contre les brise-lances, mais il a sous-estimé leur force, car ces derniers n'ont de cesse de remonter vers le nort. Si cela continue, il seront dans notre chastel d'ici quelques jours... »

Théodulf fulminait, et seule sa gratitude pour dame Esperanz tempéra sa véhémence lorsqu'il dit:

« Pauvres esprits humains ! Quand l'ignorance et la superstition se mêlent à la haine, le sang des innocents n'est jamais long à couler ! Quelle bonne idée a eu le roi ! Quelle savante déduction fut celle de ses conseillers ! Que de preuves irréfutables ! Ils sont coupables. De quoi ? Peu importe, ils sont coupables, voilà tout. Qu'ils meurent ! Et nos propres familles avec, s'il le faut. Pour une si noble cause, nos enfants comprendront qu'on ne soit plus là afin de les protéger et de les nourrir... Ah, dame Esperanz, si vous saviez comme je méprise les raisonnements que vous me contez là, et comme j'enrage de savoir notre monde aux mains d'individus à la fois si barbares et si sots! »

Esperanz ne sut que répondre à cela. Les expressions de son visage montraient combien ses pensées étaient partagées.

« N'en parlons plus, dit-elle enfin, car je ne veux pas que mes invités gardent de leur séjour ici le souvenir de fâcheuses conversations! Nous ne recevons guère de visites, et je veux que celle-ci se déroule sous le signe de l'amitié. Allons nous asseoir ensemble près du feu, et je vous ferai moi-même un repas. Le plat sera frugal, mais nous le partagerons, et je voudrais bien plutôt entendre des rires que des récits de guerre. »

Théodulf répondit de bon cœur au sourire qu'elle lui fit.

« Comme vous avez raison, dame Esperanz ! Passons un bon moment au lieu de ressasser de si tristes considérations ! Il se trouve justement que nous avons parmi nous l'un des plus grand trouvères de tout le Monde Jaune. Pour plus de sûreté, il se déplace avec nous, et les rois se disputent ses magies-de-papier. Installons-nous autour de lui, et laissons-le nous enchanter un peu. Vous êtes d'accord, Aplecraf ? »

Je n'eus pas le cœur de refuser. C'était mauvaise foi de ma part que de prétendre n'être plus bon à rien sans mes grimoires. Je maîtrisais bien assez de récits pour animer cette veillée. Dans l'esprit d'être agréable à dame Esperanz et son fils, je me mis en peine de leur offrir quelques rêves plaisants où ne résonnerait pas le choc furieux des épées.

En s'asseyant près du feu, Esperanz se merveilla de la taille des chiens qui s'étaient couchés là.

« Ce sont de bien beaux animaux. J'ai déjà vu de nombreux goupils de compagnie, mais les chiens ne sont pas courants, et encor moins de pareille stature. »

Théodulf flatta l'encolure du plus gros des deux.

« Ils se nomment Rôn et Bilba. Ce sont d'excellents compagnons, d'un naturel joyeux et constant. De plus, leur science des odeurs m'a plus d'une fois secouru en périlleuse situation. »

Esperanz se risqua à caresser le crâne du molosse allongé à ses pieds, qui manifesta son contentement par un ronronnement guttural. Nilson, qui observait la scène avec un peu d'appréhension, imita aussitôt sa mère.

Lorsque chacun se fut installé autour de la cheminée, je me plaçai parmi eux, debout devant les flammes qui nimbaient ma silhouette d'un halo mystérieux, et entamai l'une de mes enchanteries favorites, celle de ces trois sœurs qui habitaient autrefois le ciel du Monde Jaune.

« Elles se nommaient Printance, Brume et Froidure, et rien ne pouvait les séparer. D'une semblable beauté, elles jouaient ensemble, toute l'année durant, dans la bienfaisante chaleur du grand Faiseor. A cette très lointaine époque, il n'y avait pas de saisons, et les fleurs ne fanaient jamais, et ni la neige ni le froid n'existaient. De vent, le monde ne connaissait que cette douce brise qui caresse les feuillages des arbres et rafraîchit le front du laboureur. Nulle tempête ne secouait les paysages: les pluies étaient légères, et chacun s'y abreuvait sans crainte. Parfois, en levant les yeux, on pouvait voir derrière les nuages les trois sœurs en train de chanter et danser, se tenant par la main dans une ronde sans fin. Et puis elles ont grandi. De fillettes, elles sont devenues femmes, et leur beauté fut encor plus radieuse. C'est ainsi qu'un jour, attiré par les échos de leurs jeux délicieux, le Soleil, grand Seigneur de l'Univers, se porta à leur rencontre sur son destrier de lumière. Son armure flamboyante, les armoiries célestes gravées sur son escu, et la noblesse de son allure, impressionnèrent vivement les habitantes du ciel qui n'avaient jamais rien vu de pareil. Aussitôt, toutes trois sentirent l'amour naître en leurs cœurs. Que n'eussent-elles donné pour recevoir les égards de ce glorieux Seigneur ! Soleil leur prodigua de douces paroles, et vanta leur beauté. Elles lui offrirent leurs plus charmants sourires, et il promit de revenir les voir souvent. Et chaque jour, en effet, il leur rendit visite. Hélas, elles ne riaient plus ni ne jouaient, tant leur amour les plongeait toutes trois dans une profonde langueur. Elles savaient bien qu'elles ne trouveraient plus aucun goût à la vie tant que ce Prince n'aurait pas épousé l'une d'entre elles. Mais qui choisirait-il ? En vérité, elles étaient d'une égale beauté, et leurs charmes étaient semblables. Pourtant, elles ignoraient que Soleil préférait la compagnie de Printance, dont il goûtait la tournure d'esprit et la pureté d'âme. Jamais il ne l'avait surprise à tenter d'évincer ses sœurs, ou de se faire valoir à leur détriment. Elle était d'un naturel si bon qu'elle ne pensait pas devoir recourir à quelque stratagème pour se faire aimer du Prince, et pour cela ce dernier décida de la choisir. Un jour, Soleil lui déclara sa flamme, et elle en fut aussi surprise que ravie. Elle accepta bien volontiers, et les épousailles furent tôt célébrées. Mais ses sœurs avaient le cœur brisé. Brume, qui aimait tendrement Printance, ne voulut pas oublier l'attachement qu'elle avait pour elle, et fit taire en elle-même ses sentiments pour le Prince. Mais Froidure en fut incapable, et sa passion continua de la ronger. Devant la félicité de sa sœur, sa jalousie l'étouffait et son âme devint plus froide que la glace. Et la neige commença de s'inventer sur les plus hauts sommets. Comme le mariage de Printance avec le Soleil avait permis aux fleurs et aux oisels de se répandre sur le monde, Froidure complota pour mettre fin à toute cette beauté. Ecoutez ce qu'elle fit : là où sa sœur portait ses pas, elle venait derrière elle et gelait les fruits de son bonheur. Tout périssait sous ses doigts! La terre était dure comme la pierre, les cultures impossibles, les eaux des lacs et rivières immobiles. Les animaux, le pelage trop léger, trépassaient à sa venue. Les oisels qui chantaient dans les arbres, un instant après étaient à terre, les pattes recroquevillées. Les hommes perdaient leurs récoltes et mouraient de faim. Puis Printance s'en aperçut, et décida que ce chaos ne pouvait plus durer. Elle se plaignit à son époux le Soleil, qui déclencha une grande tempête par sa colère. Assurément, il ne pouvait souffrir que Froidure continuât de tuer par surprise ce que Printance faisait naître à la vie. Il lui ordonna alors de ne plus jamais se trouver sur terre en même temps que sa sœur. Froidure et Printance ne devaient plus se rencontrer. Brume, par sollicitude, accepta de s'interposer entre les deux sœurs devenues ennemies. C'est ainsi qu'elles devinrent les saisons que nous connaissons. Printance régnerait sur le monde mais, lorsque Froidure se montrerait pour étendre sa froide tristesse sur toute chose, Brume couvrirait la fuite de sa sœur, laissant à la vie le temps de se préparer aux prochaines rigueurs du climat. En vérité, ce n'est plus là une ronde d'amitié. Lorsque Froidure rode sur le monde, le Prince Soleil s'éloigne autant que possible pour ne pas voir la tristesse qu'il a causée bien malgré lui. Il se réfugie avec son épouse Printance en un pâle chastel. Bien souvent, l'une des trois saisons se souvient en pleurant de l'époque bénie où les saisons s'aimaient, et un orage éclate sur le monde. »

Lorsque mes derniers mots se furent changés en songes dans l'esprit de mes auditeurs, je laissai s'écouler un silence, comme à mon habitude, puis m'inclinai très bas pour recueillir les bravos. Ce fut un grand succès, et chacun exprima son ravissement. J'en étais heureux, car je n'avais pas l'habitude de travailler sans mes grimoires et je craignais d'avoir été parfois maladroit dans le choix de mes phrases. Mais nul n'émit de réserve sur la qualité de mon enchanterie. Même Théodulf, dont je connaissais le scepticisme sur mes talents, avait l'air impressionné.

« Quel merveilleux présent vous me faites là ! déclara Esperanz. Et mon fils, je le vois bien, n'est pas moins enthousiaste que moi bien qu'il eût sans doute préféré quelque récit épique de chevaliers. Vous êtes un grand magicien, sire Aplecraf ! »

Je tirai une nouvelle révérence à dame Esperanz, et mon visage reprenait naturellement les expressions de modestie et de satisfaction qui faisaient autrefois partie de ma profession.

« C'est le meilleur de tous ! » renchérit Théodulf avec une pointe d'ironie dans la voix que je fus sans doute le seul à percevoir.

En revanche, je pense que Trémégor était sincère lorsqu'il se leva de toute sa stature pour me donner une accolade en riant :

« Par la Sainte Montagne, rugit-il, tu ne vends pas de pacotille, et les rêves que tu gardes dans ton sac valent leur pesant de broms, c'est sûr ! »

Même Descordia, ainsi que le secret Irquebraân, laissaient flotter sur leurs lèvres de légers sourires. Je songeai soudain combien j'aimais ce métier, qui distribuait un peu de bonheur à chacun, et rendait aux veillées toute leur jolieté.

Dès lors, en effet, l'assemblée fut de bonne humeur. Une soupe épaisse fut servie, avec du pain frais, suivie des fruits que le garçon avait ramenés. On plaisanta bien et l'on rit beaucoup : c'est presque à regret que chacun finit par se rouler dans une couverture pour se reposer de la fatigue du voyage. Dame Esperanz se retira avec son fils dans sa chambre après avoir chauffé les draps de leurs lits avec une poêlée de braises.

Pour ma part, j'étais bien aise de pouvoir rester devant la flambée, car, au-dehors, la pluie continuait de tomber et le vent de souffler. Le paysage, sous le poids des nuages, était toujours aussi sombre. Les conditions se prêtaient au sommeil.

L'un des chiens, celui qui se nommait Rôn, vint se lover contre moi en dépit de ma réticence, et, vite oublieux de mes craintes, je m'endormis sans attendre dans sa douce tiédeur animale.

Au réveil, la pluie n'avait pas cessé. Mais il aurait été vain d'espérer retenir Théodulf encor une journée dans ce chastel accueillant. Il n'avait cure du temps, et ne poursuivait qu'un projet : reprendre la route, et ne retarder sous aucun prétexte le cours de son expédition. A Percegarde qui se plaignait en montant sur son cheval d'avoir d'avance les os perclus d'humidité, il répondit que le véritable voyage n'avait pas encor commencé et qu'il était trop tôt pour les doléances.

Dame Esperanz nous fit ses adieux à l'abri, mais son fils exprima le désir de nous accompagner un peu, car il connaissait fort bien les routes des alentours et savait comment nous faire gagner du temps. Il grimpa donc derrière Théodulf à qui il crut devoir narrer les exploits de son père.

La nature était détrempée, et tout le temps que Nilson nous guida, nous ne rencontrâmes âme qui vive. Enfin, Théodulf déposa à terre le petit garçon.

« Il est temps pour toi de rentrer, lui dit-il, ou le chemin sera trop long pour tes petites jambes. Merci à toi. Tu es digne de ce père que tu admires. Puisses-tu seulement avoir un jour le jugement plus sûr que lui… »

L'enfant parut hésiter, puis décréta :

« J'ai entendu ce que vous disiez hier. Je ne suis pas certain que vous ayez tort. J'y réfléchirai. »

Son sérieux nous fit sourire sous nos capuchons ruisselants, mais Théodulf répondit sans moquerie :

« Voilà de sages paroles. Je te souhaite de t'en souvenir lorsque tu seras plus grand. Je suis sûr que tu deviendras un grand Seigneur. Maintenant, va, et veille bien sur ta mère ! »

Nilson nous tira une révérence qui en disait long sur son éducation et disparut dans un fourré.

Notre marche dura encor de longues heures, jusqu'à ce que l'air nous rapportât l'écho de la Rivière des Lentes Pluies qui sillonne le Monde Jaune du nort au sud. Vaste fleuve que voilà, bordé d'habitations. Ces dernières étaient toujours désertes. Il était clair que ces régions craignaient un débordement imminent des armées solaires.

Il nous fallut remonter le cours d'eau à la recherche d'un pont que Théodulf connaissait. Il promit que, lorsque nous serions de l'autre côté, nous nous arrêterions un instant pour nous restaurer.

La pluie tombait moins fort, troublant à peine l'onde qui s'en allait doucement vers le royaume honni des Brise-Lances. Le bruit ainsi produit ressemblait à un froissement d'étoffe. De l'autre berge nous parvenaient les cris de corbs tournoyants.

Théodulf imposa un brusque arrêt à notre colonne. Il nous fit signe de descendre en toute hâte de cheval, et de nous cacher derrière une baraque de pêcheur abandonnée qui se tenait au bord d'un ponton. Nous ne fûmes pas longs à comprendre la raison de cette volonté : de grandes nefs de guerre descendaient le fleuve. Elles passèrent près de nous. On eut dit qu'elles volaient tant l'équipage faisait force de rames, en plus du puissant courant qui animait les eaux. Je reconnus l'étendard du royaume de Kursand et les proues étaient sculptées en forme de griffons lunaires, comme on en trouve sur les armoiries du roi. Les flancs des embarcations étaient peints de manière très belle et très belliqueuse. Sur le pont, on pouvait voir des naviors tout en armes, dont certains s'activaient à diverses tâches, et d'autres scrutaient l'horizon. A bonne destinée, nous étions convenablement dissimulés, et nul ne fut averti de notre présence. N'aurions-nous pas été pris pour des espions, avec le solaire qui nous accompagnait ?

Quand les nefs nous eurent largement dépassés, Percegarde souffla :

« Eh bien ! On s'active beaucoup, ces temps-ci, en royaume de Kursand, et je ne crois pas que ces navires transportaient des épices ! »

Trémégor se redressa le dernier, et lissa de ses six doigts sa barbe emmêlée et trempée. Ce geste, qui m'était maintenant familier, exprimait chez lui la réflexion et l'hésitation. Il se tourna vers Théodulf pour lui demander :

« Toi, qu'en penses-tu ? »

Mais notre chevetaigne était déjà en selle.

« Je pense que nous devons nous montrer prudents, voilà tout ! » dit-il en s'éloignant au pas.

Descordia fit mine de m'aider à remonter derrière elle, mais j'avais acquis assez d'adresse pour y parvenir seul, ce qu'elle salua d'un sourire entendu.

Comme nous avions pris quelque retard sur la file, et qu'elle me témoignait toujours une certaine attention, j'osai lui poser la question qui me brûlait les lèvres.

« Pardonnez mon indiscrétion, mais si les histoires sont ma profession, c'est aussi que je les aime et veux toujours les connaître, même lorsqu'elles ne me regardent en rien. Accepteriez-vous de me narrer ce qui vous a conduit à vous associer à pareille entreprise ? Je dois vous avouer que j'ai grande peine à comprendre ce qu'une dragué peut trouver à cette compagnie… »

Descordia ne fit montre d'aucun courroux, et s'efforça de satisfaire ma curiosité :

« Tout s'est déroulé l'an passé. Je m'étais un peu trop éloigné de ma communauté, à la recherche d'herbes rares, quand des vilains armés de fourches m'ont attaquée par surprise. Il faut dire que ma condition les effrayait, et que, trop lâches pour nous attaquer toutes ensemble, ils détestaient assez notre voisinage pour assaillir celle d'entre nous qui se serait trop isolée. Ma magie fut insuffisante pour les contrôler tous. Ils me lièrent poings et pieds, et m'enfouirent un tissu crasseux dans la bouche pour m'empêcher de prononcer quelque maléfice. L'un d'eux, qui croyait me devoir une honteuse maladie de la vessie, m'urina même dessus. Je fus ramenée au village où l'on décida sans procès de ma lapidation. Mais Théodulf et ses compagnons passaient justement par là, et ils s'interposèrent si bien que je fus délivrée. Venir à bout d'une femme seule était dans les compétences de ces gueux, mais quelques hommes bien armés, c'était une autre affaire. Je pensais devoir la vie à une action de pure bonté, mais Théodulf s'empressa de me détromper. J'avais une dette envers lui, dont il entendait bien que je m'acquitte. Il me demanda donc de l'accompagner, et de lui rendre ma magie utile. Je ne m'explique encor pas aujourd'hui pourquoi il me fit cette requête, car il tient ma sorcellerie pour bien peu de choses, et méprise les forces qui la nourrissent. En outre, je reconnais que ses propres projets restent pour moi assez obscurs. En sauriez-vous déjà plus que moi ?

— Hélas non, dis-je. Et tout ceci commence à m'intriguer. Je constate seulement que nous lui sommes liés par un serment que nul ne saurait rompre. On peut dire que Théodulf s'y entend pour se faire d'infaillibles amis ! »

Descordia acquiesça.

« Il est vrai ! Irquebraân et Percegarde étaient là avant moi, mais je crois savoir qu'ils ont des dettes semblables aux nôtres…

— Irquebraân également ? » m'étonnai-je.

« Sans aucun doute, reprit la drague, puisque je sais de sa propre bouche qu'il fut jadis acheté par Théodulf dans les mines de sel d'Herbeliss où il était esclave.

— Esclave ? Par le Grand Faiseor, je n'imaginais certes pas un tel guerrier alourdi de chaînes et courbant l'échine sous les coups de fouets !

— C'était pourtant le cas. Il appartient à un très vieux peuple des montagnes blêmes, qu'on appelle les semi-loups. On raconte qu'en des temps très anciens, ces redoutables barbares auraient passé un pacte avec le Seigneur des loups. Jamais ils ne se feraient de mal, et en cas de danger, ils uniraient leurs forces. Mais les loups furent massacrés, et leurs frères humains luttèrent avec eux contre les agresseurs. Cependant ces derniers, au fil des années, venaient de toutes parts, de tous royaumes, de plus en plus nombreux, assoiffés de terres et de richesses, de violence et de fourrures, et les alliés furent décimés. Irquebraân serait le fils du chevetaigne du dernier clan libre. Il fut constitué prisonnier par une troupe de mercenaires et vendu comme esclave à Herbeliss la brumeuse. Théodulf, lors de son voyage dans les contrées du nort, a payé un bon prix sa force et son courage, mais lorsqu'il aura achevé cette queste, notre semi-loup retournera dans les montagnes blêmes, parmi les siens. Tel est son vœu le plus cher. Il se battra encor, mais que pourra-t-il faire ? Sa race s'éteint. C'est ainsi. Fol est celui qui ne se résigne. »

Ces paroles me donnèrent de la mélancolie, et je conservai le silence. Etais-je trop bercé de légendes et de poésie ? Les destins de mes compagnons ne laissaient pas de m'émouvoir. J'avais pourtant été fort mécontent de me trouver parmi eux. Mais il leur avait suffi de me conter leurs déconvenues pour éveiller ma sympathie. Je me surpris à me demander : « Allons bon ! N'y a-t-il sur les routes que des âmes malheureuses, condamnées à errer dans le souvenir de temps plus cléments ? Je ne me doutais pas, autrefois, que tant de chagrins parcouraient les chemins. » J'éprouvais de la tristesse pour cet Irquebraân dont les rêves et la bravoure appartenaient à un age révolu, une lointaine époque de légendes. Dépossédé, comme moi, de ce qui faisait sa vie et ses espérances. J'étais même triste pour Descordia, pour son destin d'incomprise, victime de la peur et de la superstition, séparée de ses semblables. Je me morigénai. Assurément, j'avais le cœur trop tendre. On pouvait faire de moi ce que l'on voulait. Je devais m'endurcir, bien qu'il me fût très doux de me sentir moins seul dans mon deuil.

Je voulus donner à mon mutisme des airs d'indifférence. Descordia ne se retourna pas sur la selle pour lire mon sentiment sur mon visage, et c'était bien ainsi, car mes yeux m'auraient trahi. Cependant, je ne sais si elle usa de magie ou si ses paroles lui furent dictées par une simple intuition, mais elle dit encor :

« Votre cœur me plaît, Aplecraf. Il est aussi prompt à s'abraser que l'oisel à chanter. Mais vous devriez prendre garde à cela. La vie délivre parfois des coups d'épée sans crier gare, et malheur à celui qui ne s'est pas forgé d'armure… »

Je laissai s'envoler ces doctes paroles, car nous arrivions devant un large pont de pierre qui enjambait la rivière. Il avait été bâti en forme d'arc pour permettre aux navires d'emprunter le cours d'eau sans difficulté. Théodulf hésitait à s'en approcher.

« Et alors ? demanda Percegarde. Que fait-on ? Attendons-nous qu'il s'écroule ? »

Théodulf observait ses chiens.

« Ils ont l'air nerveux, expliqua-t-il. Pourtant, ils ne grognent pas, et je ne distingue personne sur l'autre rive…Nous n'avons pas le choix. Allons-y, et que chacun se prépare à galoper si le besoin s'en fait sentir ! »

Encor une fois, il s'engagea le premier et la pluie, comme pour saluer ce courage, cessa tout à fait de tomber.

Il y avait, à l'autre bout du pont, grand nombre de maisons vides sur lesquelles se répercutait le bruit des sabots. Inquiétés par cet écho, nos chevaux, d'eux-mêmes, se mirent au trot. Soudain, Bilba, qui s'approchait d'une porte entrouverte, jeta une rafale d'aboiements, aussitôt reprise par Rôn. Théodulf les appela, prêt à faire demi-tour, mais il était trop tard : des archers se montrèrent aux fenestres des maisons, et des cavaliers débouchèrent face à nous, le heaume rabaissé et la lance droite. Par-dessus l'épaule de la drague, j'en comptai une bonne dizaine. Si la plupart semblaient avoir été armés dans la hâte, les trois premiers avaient fière allure. Couverts d'acier de pied en cap, ils portaient des surcottes d'étoffe dont les longues manches étaient taillées en barbe d'écrevisse. Même leurs chevaux étaient en armures ! Il faut être de très haute naissance pour aller au combat en si riche appareil, car seuls d'importants seigneurs peuvent se fervestir ainsi. Leurs couleurs étaient celles du royaume de Kursand, et ils gardaient ce pont. Nous avions bien sujet de nous repentir d'avoir voulu le traverser !

Comme je l'ai dit, ceux qui suivaient n'étaient pas en aussi belle ordonnance. Leurs hauberts étaient dépareillés. Encor n'en avaient-ils pas tous, et plusieurs ventres et poitrines restaient offerts sans défense aux coups d'un possible adversaire. Certains, en guise de heaume, ne possédaient que des chapels de fer. Assurément, c'étaient là paladins de fortune. Quant aux archers postés dans les maisons, je ne pouvais ni les dénombrer ni juger de leur allure.

Le premier chevalier se porta à notre rencontre. Négligeant de relever la visière de son heaume, il nous héla sans courtoisie :

« Vous êtes sur les terres du roi de Kursand, et parmi vous se tient un ennemi de notre état. Je vous ordonne donc, au nom de sa majesté, de le livrer à nous. »

Trémégor fit mine d'éperonner son destrier, mais Théodulf le retint d'un geste. Il voulait encor parlementer :

« Si nous obéissons, que ferez-vous de lui ? »

Percegarde se raidit sur ses étriers.

« Il sera jugé selon nos lois, rétorqua le chevalier, et si vous nous confiez ce prisonnier, le roi vous fera l'honneur de vous laisser le servir, car vous êtes ici en sa governance! Vous mettrez votre force et votre valeur à contribution dans la guerre qui nous oppose aux solaires Brise-Lances ! »

Théodulf répondit avec une rapidité qui me laissa perplexe :

« Alors c'est entendu ! Nous vous livrons notre solaire. »

Ce disant, il fit un geste large de la main, comme pour accompagner sa sentence, mais Descordia, pour qui cela avait un sens, me souffla :

« Tenez-vous prêt, Aplecraf. Nous allons attaquer… »

A ces mots, mon cœur fit une embardée, tant de surprise que de peur.

« Les attaquer ? Ce n'est pas ce qu'il a dit… »

Déjà, les mains de la drague exécutaient quelques passes discrètes. La magie commençait d'affluer au bout de ses doigts quand elle me répondit :

« Croyez-vous qu'il veuille donner Percegarde et s'enrôler dans cette guerre ? Ne soyez pas idiot, et saisissez-vous plutôt du dagon glissé dans ma ceinture. »

J'obéis en prenant garde de ne pas me faire remarquer. Mais les visières d'acier de nos adversaires ne devaient guère les aider à voir clair.

En quelques pas, nous fûmes au pied des maisons, hors d'atteinte de la plupart des archers, tout contre les trois glorieux chevaliers. L'un d'eux s'exclama :

« Il suffit ! Vous n'irez pas plus loin avant de nous avoir livré le solaire ! »

Mais Théodulf porta la main à la poignée de son épée en disant :

« Vraiment, chevalier, je tiens ce langage pour grande folie et votre naïveté est sans mesure ! Si vous ne vous écartez de notre route, il ne restera bientôt plus de vous que sang et membres dégastés ! »

Il siffla encor un ordre à ses chiens et, comme tous les cavaliers se saisissaient de leurs armes, il s'élança contre eux.

Dès lors, le combat fut tel que je vais vous dire : le premier assaut de Théodulf fut pour le heaume du chevalier de destre, qui, en dépit de son bel équipage, reçut le coup d'épée avec tant de surprise que son chef en fut tout tordu sur ses épaules et qu'il s'écroula dans un grand fracas d'armures. Aussitôt Descordia leva les paumes de ses mains vers les bâtisses qui nous faisaient face, et la vision que nous en avions se troubla légèrement, comme si nous nous trouvions au cœur d'une large bulle de savon. Une volée de flèches ennemies pénétrèrent dans cette matière d'où elles retombèrent mollement, privées de leur élan meurtrier. J'en étais très satisfait, car ni mon corps ne celui de la drague n'étaient fervestus, et nous aurions durement ressenti le contact subit des pointes aiguisées. Puis les archers se débandèrent avec des cris de douleur. En effet, obéissant au dernier ordre de leur maîstre, Rôn et Bilba partaient les déloger un par un comme des lapins au fond de leurs terriers. Les eï de Descordia, pareillement, s'étaient envolées vers les archers qu'elles pressaient maintenant de leurs dards empoisonnés. Leurs victimes devaient se croire aux prises avec des créatures sorties du fin fond de la Grande Ténèbre !

Notre cheval se trouvait en arrière, et tandis que Descordia préparait une nouvelle attaque magique, j'eus tout loisir d'observer la mêlée. Trémégor, bien sûr, la dominait de sa hauteur. Bien au centre, dressé sur son roncin hennissant, il distribuait à tout va de généreuses frappes. Ici, son mail de guerre fendait un crâne, là il brisait un bras ou enfonçait un poumon ! Un bouclier rond, une simple rondache sans fioritures, que je ne lui avais pas encor vue, le protégeait des agaceries de l'ennemi. Pour sûr, il faisait bonne moisson de cadavres !

Irquebraân, sachez-le, n'était pas moins fort et hardi à manier les armes. Il dirigeait si bien l'extrémité de son fléau qu'il en souleva de cheval le deuxième paladin, le projetant par-dessus le bord du pont. Il fallait voir le semi-loup, à l'abri de son estrange armure, répandre la mort autour de lui!

Percegarde n'était guère protégé, et le cuir dont il était vêtu l'aurait bien mal gardé des lames ennemies. Pourtant, il esquivait si bien les coups, et se montrait si adroit dans ses passes d'escrime, qu'il trouvait toujours un moyen de tuer avant d'être touché. Tel croyait le saisir, qui recevait le fer en plein cœur pour prix de sa prétention et de sa maladresse.

Deux cavaliers pauvrement équipés sortirent du rang pour nous attaquer. Mais Descordia leva la main, prononça quelques mystérieuses paroles, et la monture du premier de nos assaillants fut soudain prise de folie. Talonnée par une horde de loups, sa panique n'aurait pas été plus grande. Les naseaux dilatés, les yeux révulsés, elle se jeta dans le fleuve avec un hennissement de terreur, entraînant avec elle son passager impuissant.

Le second piqua des éperons pour nous entreprendre. Par chance, son glaive ne fit que nous frôler, et il se trouva, emporté dans sa course, juste à côté de moi, contraint de me tourner le dos. Un instinct dont j'ignorais tout jusqu'à ce jour, me dicta ma conduite. Je sus, en cette exacte seconde, que la pitié m'était interdite et que je devais choisir lequel de nous deux entrerait au Royaume des Morts. Serrant le dagon de toutes mes forces, je le lui plongeai dans la nuque sans marchander davantage. Je fus aussitôt si horrifié de mon geste que je retirai vivement ma main, abandonnant mon arme dans la blessure mortelle qu'elle venait de causer. Le cavalier s'effondra, me laissant désarmé.

Mais le combat touchait à sa fin. A coups d'épée redoublés, Théodulf pressait le dernier paladin contre la rambarde du pont, tant et si bien qu'il finit par précipiter ce dernier avec son destrier au fond de l'onde traîtresse. Tout fervestu qu'il était, le chevalier s'enfonça dans l'eau rapide et fuyante, sans avoir eu le temps de crier grâce.

Les cavaliers gisaient à terre et d'archer, on ne voyait plus goutte. Nous avions remporté la bataille.

Les chiens revinrent vers nous, les babines lustrées de sang frais, l'échine encor hérissée de rage. Théodulf descendit de cheval pour les inspecter brièvement, le temps de s'assurer qu'ils n'étaient pas affligés d'une blessure perfide, puis nous fit signe d'approcher.

« Compagnons ! Ne nous attardons pas ici. D'autres soldats pourraient venir. Que chacun prenne ce qui l'intéresse, et filons sur le champ ! »

Je m'étonnai vivement que nos rangs n'aient subi aucun dommage. Ni mort, ni blessé : chacun semblait en bonne forme. Moi, tout étourdi par l'acte que je venais de commettre, je restais figé sur la croupe du cheval de Descordia.

« Qu'attendez-vous ? me lança-t-elle tandis que les eï revenues, une par une, se posaient sur sa poitrine et sur son ventre. Allez donc quester une monture et des armes. Vous en aurez bien besoin ! Et ayez l'obligeance de ramasser au passage la dagon que je vous ai prêté et dont vous avez si bien usé ! »

J'obéis, les yeux vagues. Je me baissai sur le corps que je venais d'occire, et tirai avec grand dégoût l'arme plantée dans son cou. Je reçus sur les mains abondance de sang. Voilà le prix de ma conduite : j'étais à jamais souillé.

Témoin de mon émotion, Percegarde me prit par l'épaule.

« Quelle est cette fâcheuse figure ? Vous avez sauvé votre vie, Aplecraf, et soyez sûr qu'il n'est rien de plus naturel ! Allons ! Nous devons vous choisir un cheval et une arme. Désirez-vous vous fervestir ? Il y a là des armures qui pourraient convenir à votre taille et votre force. »

Je répondis que je me sentirais bien trop empêtré sous une peau d'acier, et que la mienne me suffisait. Le solaire m'aida à dénicher une épée à ma taille, ainsi qu'un arçon et son carquois. L'un des cavaliers portait une simple broigne de peau renforcée de rivets, et, comme elle était assez légère, j'acceptai de la porter afin de me garder un peu des coups de taille et d'estoc. Trémégor découvrit également parmi les corps une rondache assez semblable à la sienne.

« Prends-la, dit-il d'un air entendu. Le bougre ne s'en servira plus, et puisse-t-elle mieux te protéger qu'elle ne l'a fait pour lui. Tu devras te muscler le bras a senestre, mais quand ce sera fait, ce petit cercle de bois te rendra bien des services, crois-moi. On n'est jamais aussi heureux de le sentir contre soi que lorsqu'on entend trop tard siffler un vireton d'arbaleste. »

Je fis cas de son conseil et, bien que répugnant à m'accoutrer d'équipements tâchés de sang et volés à des cadavres, je fus bientôt convenablement armé. Pour parfaire le tout, Percegarde glissa une dague à ma ceinture, et me mena un cheval par la bride.

« J'aurais pu vous choisir le coursier de feu le-paladin-qui-voulait-me-faire-prisonnier, mais il me paraît de tempérament un peu vif pour votre expérience de la monte, et son armure ne sera pas discrète. Celui-ci me paraît mieux convenir. »

Je trouvais en effet que celui qu'il m'amenait était bien assez fougueux. Impressionné, je lui sautai sur le dos et m'efforçai d'affirmer mon ascendant sur lui par la force que je mettais à lui tenir les rênes. Il renâcla, mais finit par obéir.

Les autres se remirent en route, et je les suivis, encor bouleversé d'avoir donné la mort, et tout étonné du poids de mon harnois.

Chapitre 5

Comment Aplecraf apprend enfin la vérité sur cette expédition

Théodulf avait raison : il n'était pas sage de s'attarder dans un pays dont nous avions occis quelques soldats. Des archers avaient peut-être pris la fuite, et prévenu de plus vastes troupes. Oncques sommes-nous partis au galop, et n'avons mangé que lorsque le fleuve fut loin derrière nous. Théodulf restait vigilant, et son regard ne quittait pas l'horizon.

« Je connais le roi de Kursand, me dit-il, il est aussi avare que vindicatif. Je ne suis pas mécontent de lui avoir rendu la monnaie de sa pièce. Il ne voulut rien donner pour financer mon expédition ; croyait-il que j'offrirais ma vie pour sa guerre absurde ? Voilà désormais des régions où aucun d'entre nous ne pourra plus se retirer pour ses vieux jours. Il vaut mieux pour nous tous tenir les frontières de ce royaume pour définitivement fermées. »

Je n'étais pas attentif à ses propos, et il s'en aperçut. Il me posa la main sur l'épaule dans un geste paternel, en disant :

« Vous avez occis votre premier homme aujourd'hui. Fort bien vous en prit car, sans cela, vous seriez peut-être mort. Vous n'avez pas à vous en repentir, aussi vrai que vous devez vous garder d'y prendre goût. »

Je m'écriai :

« Y prendre goût ? Par le Grand Faiseor, pour sûr que non ! Je tiens en horreur le geste que j'ai fait, et j'éprouve des nausées si je repense à la façon dont ma lame pénétra la chair. Je crains de ne jamais faire un bon assassin ! »

Et Théodulf répondit :

« N'en jurez pas ! Un cœur a tôt fait de s'avenimer, et le goût du sang est bien opiniâtre. Ne l'oubliez pas ! »

Je promis de garder cela à l'esprit, et il me laissa.

Derrière la rivière des Lentes Pluies se dresse le Pic des Montorins, cerné d'une multitude de montagnes. Nous n'avions pas l'intention de nous y engager, car les reliefs auraient trop ralenti notre route. Nous voulions passer au sud, par le désert des Dieux Evanouis. C'était courir un risque certain, car nous ignorions jusqu'où se déroulaient les combats. En théorie, nous n'étions plus sur les territoires concernés, mais qui pouvait nous assurer que la guerre ne s'était pas étendue vers ces régions inhabitées ? En outre, même sans malrencontre, la traversée de ce désert ne serait pas aisée. Le soleil y était accablant, et les abris inexistants. Nulle route ne le sillonnait, et les voyageurs avaient coutume d'effectuer de longs détours pour s'épargner la souffrance d'une marche sur le sable brûlant. Cependant, en dépit de ce nom mystérieux, le désert des Dieux Evanouis n'était certes pas réputé comme aussi dangereux que Shabalzède Itra, la Grande Forêt de Larmes. C'étaient seulement là paysages pénibles qu'il convenait d'éviter. Personne n'avait d'ailleurs rapporté l'apparition d'aucun de ces prétendus « dieux évanouis » qui n'étaient plus priés que par les enchanteors, cet ordre de magiciens très secret. Sur ce qu'ils étaient au juste, je ne détenais guère d'informations Je n'avais jamais connu d'enchanteor, et leur culte ne m'était en rien familier. J'avais entendu dire que leur foi se tournait vers d'autres objets que le Grand Faiseor, mais c'était bien là toute ma connaissance, et, à dire vrai, je ne m'y étais pas plus intéressé que cela. Néanmoins, m'apprêtant à entrer dans un désert portant le nom de leurs divinités, et ayant constaté de mes yeux ce qui habitait la Grande Forêt de Larmes, j'aurais aimé en savoir un peu plus. J'interrogeai donc Descordia, que je tenais pour la plus savante d'entre nous en matière de magie. Elle voulut bien palier à mon ignorance :

« Les enchanteors existent depuis si longtemps qu'on ne saurait le dire. Ils pratiquent la magie lumineuse, et pensent que le Grand Faiseor est une image simplifiée destinée à bercer l'imaginaire des petites gens. Selon leurs croyances, un peuple tout entier de dieux bâtisseurs fut à l'origine des temps. Ils forgèrent notre monde et, leur tâche achevée, s'évanouirent dans l'univers. Mais notre monde est imparfait, et les enchanteors ne laissent pas de prier leur retour.

— Je comprends mieux à présent qu'ils soient persécutés lorsqu'ils sont découverts, dis-je. Leur foi ne doit pas plaire aux Mystiques.

— Il n'y a pas que cela, répartit Descordia. Les aqueux possèdent aussi leurs propres dieux, et ils ne sont pas ainsi traqués et torturés. Ce qui déplaît le plus aux Mystiques, en vérité, ce sont les moeurs sodomites que chacun connaît aux enchanteors. »

Notre conversation en resta là, car nous approchions d'une auberge où Théodulf décida que nous pourrions nous reposer, puisque nous avions dépassé les frontières du royaume de Kursand. Il ne nous en recommanda pas moins la plus grande prudence, et inspecta soigneusement l'équipement des quelques chevaux attachés derrière la bâtisse de bois sombre, plantée au bord du chemin qui se perdait déjà dans le sable gris. Trémégor entra le premier, et ses doigts caressaient le manche de son mail de guerre, mais il nous fit signe de le suivre. La salle ne contenait aucun soldat.

« Entrons donc ! dit Théodulf. Nous en profiterons pour faire bonne chère, car nous ne trouverons sans doute plus d'auberge avant qu'il soit longtemps ! »

J'accueillis ces propos de joyeuse manière, et passai avec plaisance le seuil étroit de la porte. L'intérieur était sombre, car fort mal afernestré. C'était bien là l'œuvre d'un homme de raison, car, en lieux si reculés, les dangers entrent par les fenestres mieux que les courants d'air. Ce lieu était très enfumé, et les graisses nées de mille plats préparés par l'aubergiste avaient couvert les murs et les poutres du plafond d'une croûte noire et huileuse. Les quelques tables qui emplissaient la pièce étaient en pire état encor. Tordues, balafrées de coups de coutel, on se demandait comment elles tenaient toujours debout. Il y avait peu de monde. Deux voyageurs se restauraient, dont les vêtements affichaient la condition d'artistes vagabonds. Connaissant bien ces professions, je présumai qu'il s'agissait de jongleurs ou de cracheurs de feu, un couple comme on en trouvait tant dans les cours des chastels et des palais. A l'autre bout, une famille de marchands trempaient en silence des morceaux de fromage dans leur soupe. Ils étaient accompagnés de deux montorins en armes, sans doute chargés de défendre leurs intérêts sur les routes. Il n'était pas rare que les semblables de Trémégor louent ainsi leurs services. En dépit de leur force, ils étaient loin d'avoir tous l'expérience de notre compagnon dans l'art de manier le glaive, et il est vrai que leurs mains à trois doigts les rendaient souvent malhabiles, mais leur stature restait dissuasive. Un montorin couvert d'acier mesure deux fois la taille d'un homme, tant en hauteur qu'en largeur. Les lourds sabots sur lesquels il se déplace lui confèrent l'apparence d'un monstrueux cavalier s'étant fondu à sa monture. Un esprit simple avait de quoi se troubler, et il n'était pas rare que, devant pareille apparition, le cœur le plus vaillant flanchât. Du reste, ces deux-là s'étaient dessinés des visages sévères en accord avec leur profession, et leurs barbes noires étaient tressées tout du long, à la façon des barbares. A les voir ainsi, on ne pouvait juger de leurs talents guerriers, et ils ne donnaient pas envie d'en faire l'expérience. Comme les montorins sont de tempérament solitaire, Trémégor ne fut pas plus salué que nous-mêmes, et n'en fut pas choqué.

Il n'y avait pas d'autre client. L'aubergiste et se femme allaient et venaient, et la seconde plus que le premier.

Je guettais la réaction suscitée par l'entrée de Percegarde, mais nous étions assez loin du royaume de Kursand pour que sa vue n'éveillât pas un murmure de colère ou de frayeur. Lorsque nous fûmes assis, Théodulf nous commanda un bon repas et annonça à l'aubergiste notre intention de passer les quarts descendants dans son établissement.

Notre repas se déroula en silence, parce que nous étions fatigués, et que nous ne désirions pas débattre des événements de la journée devant d'indiscrètes oreilles. On nous servit du chapon grillé, et du vin en abondance. La vie de plaisances que j'avais menée à Oniriad m'avait forgé une endurance aux effets de la boisson, et ma chope ne fut jamais moins remplie que celle de mes robustes compagnons. Comme que je ne déméritais pas, Trémégor finit par éclater de rire au fond de sa barbe rousse en me gratifiant d'une bourrade. Echauffé par le vin, il rugit gaillardement :

« Par les sabots de mes ancestres, voilà un drôle d'humain ! Pour vrai, tu réserves des surprises, Aplecraf le trouvère, et tu n'es peut-être pas la pucelle que j'imaginais ! »

Je ris de bon cœur avec lui, flatté malgré moi par ce grossier compliment. Les autres clients partis, l'ambiance s'égaya, bien que chacun se défiât du couple d'aubergistes qui restait dans nos environs. La veillée s'acheva dans la jolieté ; c'était ainsi, avec mes compagnons de voyage : les quarts montants étaient tout de vigilance et de dangers, mais les quarts descendants étaient rires et repas partagés. Bien sûr, certains s'y entendaient moins que d'autres en matière de plaisanteries. Irquebraân le très secret, ou Descordia la drague, contribuaient moins à la bonne humeur que Trémégor ou Percegarde, mais ils y prenaient goût sans doute autant que moi. Il me semblait même que Descordia, au fil des jours, se laissait aller de plus en plus souvent à quelque sourire, et que les autres la considéraient avec moins de méfiance. Devait-elle, comme moi, faire peu à peu ses preuves ? Dans ce cas, le combat, sur le pont, nous avait tous les deux servis.

Lorsqu'il fut temps d'aller dormir, Théodulf exprima le désir de s'entretenir seul avec moi. Nos compagnons gagnèrent leurs couches à l'étage après que nous leur ayons promis de les rejoindre sans trop tarder. Ils nous laissèrent, et Théodulf, s'assurant que l'aubergiste était assez loin, me dit :

« Il est l'heure pour vous de vous acquitter de votre dette, Aplecraf. Le temps nous est peut-être compté. Je désire que vous me donniez dès à présent ma première leçon, afin que votre science devienne aussi la mienne. »

Ces mots firent resurgir en moi de déplaisants souvenirs, et je soupirai.

« Comme vous donnez un vilain tour à cette bonne veillée! Car vous savez qu'il me coûte d'accéder à votre requête. Pourtant, je dois le faire, c'est le prix que vous m'avez imposé... »

Il contourna la table pour s'asseoir à ma destre.

« Trêve de discours. Enseignez-moi l'art de lire le monde dans les symboles, et celui de l'emprisonner à ma guise dans les formes de mes lettres.

— Je veux savoir d'abord qui vous a appris ce secret sur les fondements de la magie des trouvères !

— Vous le saurez tantôt...

— Je veux le savoir sans attendre.

— Mon père me l'a appris. Etes-vous satisfait ?

— Votre père est trouvère ?

— Par la Grande Ténèbre ! Sûr que non ! Il était voyageur, explorateur et homme de science, comme moi. Mais cela suffit ! Ne faites donc pas tant de manières, et donnez-moi ce que je demande ! »

Oncques m'exécutai-je. Prenant ma dague toute neuve, je dis avec solennité :

« Je m'en vais vous apprendre ce que je n'aurais dû révéler qu'à ma chair. Je ferai comme si vous étiez mon fils. Jurez-moi de ne jamais révéler ce que vous allez découvrir. »

Théodulf s'impatientait, il s'empressa de promettre. Du bout de ma lame, je gravai donc un symbole léger sur la table crasseuse.

« Voilà tout le secret, murmurai-je. Ceci est une lettre, la première de toutes, et cette lettre est un son que je vais vous enseigner. Lorsque ces lettres sont ensemble, et qu'on en lit la signification, le temps est prisonnier, car les histoires se gravent à jamais. »

Théodulf avait l'esprit vif et, lorsqu'il eut saisi la logique fondamentale, il ne lui fallut guère de temps pour assimiler toutes les lettres et leur charge de sons. Ses yeux brillaient d'un éclat intense. Dans sa jubilation, il me pressait de questions pour être bien certain d'avoir compris, et de se souvenir comme il devait. Il voulait aller plus loin, et je dus le retenir, tel un jeune cheval trop plein d'allant.

« Allons, c'est assez pour aujourd'hui. Vous détenez les clés. Le reste est affaire de pratique. Nous nous en occuperons plus tard, et régulièrement. Il convient maintenant que vous fassiez un effort pour vous souvenir de ce que je vous ai révélé. »

Théodulf se rangea à mon avis et se balança en arrière sur son siège, la mine rêveuse, un sourire de béatitude flottant sur les lèvres.

« Vous aviez raison, et j'avais tort, murmura-t-il. C'est une sorte de magie. Ces symboles sont plus forts que la mort. Quel présent hors de prix vous venez de me faire ! Je veux vous en remercier du mieux que je pourrai. Il est tard, et les mathématiques, que j'ai promis de vous enseigner, demandent du temps pour être appréhendées. Mais sachez néanmoins que nos sciences sont sœurs, car j'use des chiffres comme vous usez des lettres...

— Les mathématiques usent des chiffres ? m'écriai-je. Dans ce cas, vous m'avez trompé, et je n'ai que faire de votre connaissance. La belle affaire ! Pour votre gouverne, je sais déjà compter !

— Il ne s'agit pas de compter, rétorqua Théodulf, mais de comprendre les lois qui régissent notre monde. Je ne parle pas, bien sûr, des dérisoires lois humaines, mais de celles qui expliquent ce qui nous entoure. Nous observons l'univers par la lucarne de la superstition et de la magie, derrière le rideau épais de la bêtise. La science, elle, est une fenestre qui s'agrandit de jour en jour. Ceux qui recherchent la connaissance sont des chasseurs de certitudes. Ah ! Ils sont bien peu nombreux, ceux qui refusent de se contenter des légendes, des religions et autres balivernes ! »

L'aubergiste passa devant nous, et Théodulf se tut. Il jeta, l'air nonchalant, quelques os à Rôn et Bilba qui étaient restés sous la table pour se repaître de nos restes. Enfin, je lui répondis:

« Je vous trouve bien impitoyable. Les légendes sont parfois d'une grande beauté, et certaines personnes trouvent dans la religion...

— Mais il n'y a là aucune réponse ! Par Delex Onastis le Seigneur Sombre, croyez-vous que ce soit ainsi que nous apprendrons les raisons de notre existence, que tous les mystères du monde nous seront révélés ? Regardez autour de vous, et dites-moi ce que nous savons : rien ! Pourquoi questons-nous la pénombre pour nous reposer ? Cette lumière sans fin est-elle normale ? Pourquoi l'océan terrible cerne-t-il ainsi notre continent ? Pourquoi les eaux montent-elles autant dès qu'il pleut ? Ce sont là des crues qui ne paraissent pas naturelles si l'on se livre à quelque calcul très simple. Qu'y a-t-il au-delà ? Ne vous êtes-vous jamais demandé si la présence de ces monstres abominables peuplant les profondeces et ces tempêtes effrayantes qui secouent la surface, n'étaient pas destinés à nous dissuader d'aller voir de nos yeux un pays transmarin ? Et s'il y avait un monde au-delà de la mer ? Et s'il y avait un monde au-delà du Monde Obscur ? Et s'il existait autre chose que nos petits royaumes et leurs habitants ignorants ? »

Dans le feu de ces propos, il s'était presque levé. La femme de l'aubergiste nous jeta un coup d'oeil méfiant. Aussi Théodulf baissa-t-il la voix.

« Les mathématiques sont le chemin qui mène aux réponses. Et votre science peut nous y aider aussi, afin que les hommes se souviennent de nos progrès. Tenez, par exemple, vous n'êtes pas sans savoir que presque tous les royaumes des terres intérieures se prennent pour le centre officiel du monde. J'ai beaucoup voyagé, et mon père avant moi. Nous avons dressé une carte, et fait quelques calculs. Savez-vous quel est le centre mathématique du monde ? Une simple auberge, semblable à celle-ci, nommée Hingthon des Voyageurs ! Comme vous pouvez le constater, la vérité n'est pas dénuée d'ironie. »

Il commençait à m'intéresser presque malgré ma volonté. Je sentais naître en moi un sentiment que je n'avais que très peu connu jusqu'alors : la curiosité. Je ne pus résister au désir de poser une question :

« Vous avez l'air de pratiquer depuis longtemps cette science dont vous faites si bien l'éloge. Vous en avez tiré sans doute quelques résultats. Quels sont-ils ? Qu'avez-vous appris que j'ignore ? »

Théodulf sourit, satisfait par cette marque d'intérêt. Puis il dit:

« Je sais déjà beaucoup de choses, et vous en ferais-je part que vous ne me croiriez pas pour le quart d'entre elles. Plus tard, peut-être, vous serez en mesure de les entendre. Accompagné de Trémégor, j'ai parcouru notre monde, depuis Sorclham la Perdue, dont on dit qu'elle n'existe pas, jusqu'à Herbeliss la Brumeuse. J'ai longé toute la côte nort. J'ai tenté d'aller au-delà de l'Océan Terrible. J'étais prêt à mourir, mais je n'ai trouvé aucun aqueux assez fou pour m'accompagner. J'ai atteint la dernière île accessible, et je me suis tourné vers l'horizon, et j'ai vu les dos innommables des monstres marins fendre les eaux devant moi. J'ai vu les ouragans danser sur la crête des vagues, les tempêtes gronder comme un millier de nos tonnerres, les vents souffler avec une fureur telle que je ne puis la décrire. Tant d'éclairs zébraient le ciel que c'était sans fin ni mesure. Mes yeux ont contemplé la fin du monde. Alors j'ai compris que nulle réponse ne me serait donnée par là, car ces gardiens étaient trop puissants. Je devais quester mes preuves ailleurs. Je me suis tourné de l'autre côté, et j'ai su ce qu'il me restait à faire. »

Il se tut, hésitant. Il écarta nerveusement les mèches sombres qui lui tombaient devant les yeux, et plongea son regard dans le mien, comme pour sonder mon âme. Enfin, il dit :

« Aplecraf, je vais vous apprendre la vérité sur notre voyage, parce que votre science fait de vous un allié trop précieux. Je me livre depuis très longtemps à des calculs dont je vous épargnerai le détail. J'en ai tiré certaines conclusions, que je veux vérifier. C'est le vrai but de cette expédition. Je n'ai que faire du Monde Obscur, et en dresser une carte ne m'intéresse pas. Mon intention est autre. Je veux le dépasser et voir ce qui se trouve au-delà, parce que je suis certain que notre monde n'est pas plat, mais de forme ronde. Je sais que cela doit vous paraître absurde tant nous avons toujours été persuadés du contraire, et pourtant, je sais que j'ai raison, et je prouverai que le bord-du-monde n'existe pas ! Nous découvrirons ce qui se tient derrière la nuit, et c'est à vous qu'il appartiendra d'en faire le récit au monde entier ! »

Il avait parlé avec beaucoup d'ardeur, et ce discours me laissa plein d'effroi. Le bord-du-monde ! Ces seuls mots m'inspiraient, comme à toute créature sensée, un franche terreur. En vérité, je n'étais pas encor gagné à la cause de Théodulf. Aller là-bas de mon plein gré ?

Contempler l'abîme où se tordent sans fin les âmes des damnés et les légions de démoignes ? Poser les yeux sur ce spectacle revient à brûler son cœur à jamais, à entrer dans un cauchemar sans fin. Delex Onastis, le Seigneur Sombre, y fait sa résidence et, trop content de trouver un être assez stupide pour venir se livrer à lui, il se plaît à plonger ce dernier dans un océan de tourments abominables. Là-bas se tient ce qui ne doit être vu. Je connaissais trop bien les récits qui en faisaient état pour ne pas les craindre assez sincèrement. Théodulf aurait beau épuiser son éloquence, je ne le suivrais pour rien au monde. Ils sont trop terrifiants, les maux qui attendent celui qui aura l'impudence de marcher jusque là. Et le Grand Faiseor a recommandé aux humains, solaires, aqueux et montorins de ne jamais s'y aventurer, et il les a avertis que, si d'aventure, ils désobéissaient, il ne faudrait attendre nul secours de Celui-qui-a-mis-chaque-chose-où-elle-devait-être !

Je m'en ouvris à Théodulf :

« Vraiment, vous avez mal parlé, car je ne saurais vous suivre dans pareille entreprise, et je doute que nos compagnons sachent où vous voulez nous emmener. S'ils tiennent à leurs âmes, ils partageront mon avis. »

Le front de Théodulf se plissa de contrariété et de déception.

« Vous vous trompez, mon ami. Ils sont tous informés de notre itinéraire. Certains ignorent seulement mes véritables raisons. Descordia ne sait pas encor ce que je vais quester là-bas, car je n'ai pas jugé bon de l'éclairer sur ce sujet. Tous sont d'accord, cependant. D'ailleurs, ils n'ont pas le choix. »

Je ne saisissais que trop bien le sous-entendu. J'étais lié à Théodulf, et il savait me le rappeler. Ils avaient raison, ceux qui disaient de lui qu'il n'était pas homme à faire cadeau d'une dette ! La gorge lourde de méchants mots, je ne pus que me taire. Mon destin ne m'appartenait plus. Du reste, que m'importait ? Ma vie m'était-elle encor chère depuis la mort de Quadrilba ? Son nom affleura mes lèvres, et je sus combien il m'était maintenant indifférent de me trouver face au bord-du-monde, où l'on dit que les Seigneurs de l'Obscur entretiennent leurs infâmes armées. Quel affrontement avec une légion de damnés, quelle torture éternelle, quel abandon de toute espérance me seraient plus pénibles que ce que j'endurais ? Et si le Seigneur Sombre voulait me voler mon âme, grand bien lui en fasse ! Il me délivrerait d'un fardeau trop lourd à porter. Marché de dupe que voilà : il m'ôterait mon affliction en croyant se saisir de mon bien le plus cher !

Dans cette opinion, je me résignai donc, et fis savoir à Théodulf que je lui obéirais.

« A la bonne heure ! conclut-il. Il se fait tard, et nous avons assez parlé. Je vois bien que je ne vous ai pas convaincu, mais je ne désespère pas de vous ranger à mon avis. En attendant ce jour, nous reprendrons ces respectives leçons chaque fois que nous le pourrons ! »

Alors il se leva pour aller dormir. Avant de l'imiter, je pris soin de gratter les lettres que j'avais gravées sur la table. Il aperçut ce geste et afficha pour lui une moue de mépris.

Chapitre 6

Où Théodulf met ses amis en grand danger dans le Désert des Dieux Evanouis

Ce sont de bien estranges paysages que ceux du désert des Dieux Evanouis, et permettez que je vous les décrive un peu.

A première vue, on pourrait se croire sur les Terres Rêvées de Shepelard, car la désolation y est assez semblable. Cependant, ici, nul relief ne vient troubler l'immense platitude, et il ne faut pas compter sur la fraîcheur des vents marins venus du Nort. Notre désert ne fait pas souffler les vents, sinon pour les tempêtes, et tomber les pluies. Chaud et humide, les enchanteors sont les seuls à s'y plaire quand ils y font leur pèlerinage. Le sable y est plus noir que la Grande Ténèbre, et ne tarde pas à déteindre sur les habits et sur la peau. Celui qui marche dans ce désert paraît vêtu de nuit, depuis les pieds jusques au chef !

On raconte qu'un pays magnifique s'étendait là autrefois. Ses habitants, inconscients de leur bonheur, auraient courroucé le Grand Faiseor par de mauvaises actions. Pour les punir, il incendia leur royaume, et tous périrent dans les flammes. Depuis lors, nul n'y habite, car l'endroit est maudit. Le Grand Faiseor a permis que l'on traverse encor ces terres, pour que chacun se souvienne de sa ragerie, mais la vie s'est retirée. Là où s'étendaient les champs prolifèrent de courts buissons épineux qui blessent les jambes des chevaux et déchirent les braies des voyageurs. Là où passaient des torrents, l'eau est changée en sable. C'est d'ailleurs un danger dont il est judicieux de beaucoup de méfier : les rivières de sable noient mieux ceux qui s'y enfoncent qu'aucun cours d'eau, et la nage y est impossible. On les dicerne mal, parce que le sable est aussi sombre que sur la berge et que, si l'on n'est pas vigilant, on pourrait le juger immobile. Mais il coule doucement, comme un serpent immense, et son lit est profond. Combien d'animaux ont été engloutis, croyant marcher sur la terre ferme ! Combien de voyageurs fatigués ont senti trop tard les courants tirer leurs jambes vers le fond !

Dans le Monde Jaune, toute région inhabitée recèle quantité de dangers. Pourtant, je me sentais moins empli d'inquiétude en menant ma monture à travers ce désert que lorsque je montais en croupe derrière Descordia, dans la Grande Forêt de Larmes. De lumière, nous en avions bien assez pour nous garder de tous les périls. L'ennemi est toujours moins effrayant quand le soleil frappe ses épaules !

Trémégor ouvrait la marche, car sa hauteur lui offrait une meilleure vision des reliefs et des pièges éventuels du sable. Je voyais parfois son large buste osciller sur la selle, et je le soupçonnais de somnolence. Il faut avouer que la monotonie du paysage était telle qu'il fallait être très vaillant pour ne pas succomber à quelque léthargie, bercée par le pas des chevaux. De temps à autre, pour lutter contre cet effet néfaste, Théodulf ordonnait une halte, et ceux qui le souhaitaient se désaltéraient un peu. Mais l'eau nous était comptée, et nous n'avions droit qu'à deux ou trois buvées. Trémégor nous laissa plusieurs fois sa part, car les montorins ont cette particularité qu'ils résistent bien plus longtemps que les hommes à la soif.

Au terme de cette journée, alors que nous venions de mettre pied à terre afin d'établir un campement, Trémégor se figea, l'œil fixé sur l'horizon que nous venions de laisser derrière nous. J'étais assez proche pour voir sa pupille s'agrandir, ses narines se dilater, ses larges oreilles se tendre. Je me concentrai sur cette direction, mais ne remarquai rien qui fût digne d'attention. Les montorins ont les sens bien plus aiguisés que nous. Son attitude avait attiré l'attention générale, et il fut bientôt pressé de questions sur ce qu'il avait vu. Avant de répondre, il tritura un instant le bout de sa barbe déjà noire de sable.

« Je ne suis pas certain. J'ai cru apercevoir des silhouettes sur l'horizon. Enfin...pas exactement : plutôt des éclats de lumière lancés par des armes ou des armures. Je ne pourrais en jurer. Je ne vois plus rien de tel à présent. »

Il se tourna vers Théodulf :

« Veux-tu que je lève ce mystère ? »

Théodulf trancha l'air de la main.

« Non ! Tu es aussi fatigué que nous, et si des hommes en armes se trouvent dans les environs, il vaut mieux s'en tenir éloignés. Soyons prudents. Nous aviserons demain. »

Mais l'inquiétude perçait dans sa voix, et Descordia dut le sentir pour proposer :

« Je sais ce que vous pensez de ma magie, mais si vous m'y autorisez, j'interrogerai les vents et les courants qui passent sous la terre pour apprendre ce qui se trouve au-delà de ce que nos yeux sont en mesure de voir. »

Théodulf souffla avec nervosité. Visiblement, il lui en coûtait de dire oui, et je savais maintenant pourquoi : il ne comprenait pas les forces dont se servait la drague. Lui demander d'en user, c'était reconnaître leur existence et, pis encor, leur utilité. Pourtant, il était en grand désir d'en savoir davantage et c'est ce qui le décida :

« C'est entendu ! Faites comme bon vous semble, pourvu que vous me disiez ce qui se trouve là-bas ! »

Descordia sortit du cercle que nous avions formé et fit quelques pas sur le sable dans la direction que le montorin nous avait indiquée. Puis elle s'agenouilla et posa le menton sur la poitrine, comme recueillie en profonde prière. Le vent – j'en jurerais ! – se leva doucement tandis que la drague murmurait d'inaudibles paroles. Parce qu'il faisait très chaud, elle avait libéré ses cheveux, plus noirs que le désert, de leur prison de tissu. Ils flottaient autour d'elle comme animés d'une vie propre, et les ei qui restaient d'ordinaire endormies sur son sein s'élevèrent, bourdonnant autour d'elle de furieuse manière. Descordia allongea la paume de sa main sur le sol et tendit l'oreille. Les eï s'affolaient de plus en plus. N'allaient-elles pas reporter leur panique contre nous ?

Puis le vent retomba, et la drague conserva un moment sa position. Les pans de sa robe de laine noire embrassaient la dune et l'on avait le sentiment que la jeune femme s'était fondue au sable du désert, qu'elle en faisait désormais partie, aussi sombre et immobile que lui. Mais elle se releva, et les eï se posèrent à nouveau sur ses épaules. Revenant vers nous, elle nous offrit un visage préoccupé.

« Les yeux de Trémégor sont encor bons, dit-elle. Il y a là-bas de nombreux hommes, et la terre a perçu les chocs de leurs armures. Il semblerait qu'ils nous suivent. »

Théodulf eut un mouvement de colère impuissante.

« Je me doutais bien qu'on tenterait de nous arrêter ! Et qui sont ces hommes, vous avez pu l'apprendre ? »

Descordia secoua le chef, et ses cheveux dessinèrent une courte tornade de nuit autour d'elle.

« Hélas non, Théodulf, c'est impossible. Les éléments ne s'attachent pas à ce genre de détails. Ces hommes sont nombreux, plus que nous mais moins qu'une armée, à cheval et parés au combat. Ils ont suivi la même route que nous, voilà tout ce que je peux vous dire... et une autre chose aussi...

— Laquelle ? » demandèrent en chœur Théodulf et son montorin.

« Une présence magique se tient parmi eux... Mais ceci peut relever de la coïncidence. Une troupe de soudards quelconque a pu faire prisonnier un enchanteor croisé en plein désert... »

Théodulf s'était écarté, plein d'anxiété, le visage tourné vers ce qu'il n'avait aucune chance d'apercevoir.

« Espérons-le, dit-il, espérons-le. Mais il se peut aussi qu'un Mystique se soit lancé à notre poursuite avec une petite armée, ou que le roi de Kursand nous dépêche ses magiciens et ses soldats pour se venger de l'affront que nous lui avons infligé, ou je ne sais quoi encor ! Tout est possible, nous avons tant et tant d'ennemis ! Je prends le premier tour de garde. Que chacun mange et se repose, mais tienne ses armes prêtes ! Nous pourrions en avoir besoin. »

Nous attachâmes les chevaux entre eux, et Irquebraân distribua les vivres : saucisses sèches, pain et eau. Nous disposions de mets plus consistants, mais il aurait fallu allumer un feu de maigres broussailles, et Théodulf s'y refusait. La fumée aurait immanquablement signalé notre position. La veillée ne fut guère animée. Nous étions aussi fatigués que tendus. Le sable s'était glissé jusque dans nos provisions et craquait désagréablement sous la dent. Le crâne nous grattait, les yeux nous brûlaient. Nous nous étendîmes, mais je ne sais qui réussit à dormir. La lumière pénétrait de force les paupières, aussi closes fussent-elles. Il faisait si chaud ! La sueur me collait les cheveux sur le front. J'avais la gorge sèche. Dans ce fiévreux état, je me relevai pour aller m'abriter à l'ombre de mon cheval, mais la pauvre bête souffrait autant que moi et ne cessait de remuer, sans compter les mouches dont elle me faisait profiter. Je ne pris pour ainsi dire aucun repos, et vis presque venir mon tour de garde avec soulagement.

La marche du lendemain fut encor plus éprouvante. L'eau commençait à manquer, et les haltes étaient moins fréquentes : Descordia, qui avait à nouveau interrogé les éléments, nous avait appris que nous étions toujours suivis.

En route, je trouvai l'occasion d'une conversation avec Théodulf. Mon cheval allait prêt du sien. Je demandai à mon voisin, la voix pleine d'ironie :

« Je pensais que vous ne teniez la magie que pour affreuse superstition. Pourtant, je vous ai trouvé bien prompt à accepter les maléfices méprisables de Descordia ! »

La chaleur m'avait irrité le caractère, et je me souvenais de la façon dont Théodulf faisait pression sur moi pour s'assurer ma fidélité. Mais il répondit sans courroux :

« Je reconnais que Descordia, et bien d'autres, accomplissent certains prodiges, mais je ne les envisage pas comme un esprit vulgaire. Pour moi, ils usent seulement de forces dont ils ignorent la véritable nature. Ces dernières sont bien réelles, mais obéissent aux lois de l'univers. Je ne puis encor les expliquer mais un jour, soyez sûr que la science nous livrera le pourquoi et le comment de ce que nous voyons aujourd'hui avec des yeux d'enfant merveillé. »

Je restai coi. J'avais cru le désarçonner par mes paroles perfides et moqueuses, ou tout au moins l'embarrasser, mais Théodulf, s'il était persuadé d'avoir le bon droit pour lui, ne dédaignait pas le débat d'idées, et il voulut se lancer avec moi, dont la phrase était la profession, dans une joute verbale. Il m'incitait à lui opposer des arguments:

« Qu'en pensez-vous, Aplecraf ? Etes-vous sincèrement assez naïf pour croire que ces miracles n'ont pas quelque part une explication aussi simple que celle de votre propre magie ? »

Mais je n'étais pas en verve. Je refusai de poursuivre plus avant dans cette voie et signifiai ma rémission d'un geste las de la main destre. Je me laissai distancer.

Comme devaient souffrir ceux d'entre nous qui s'obstinaient à garder leurs pièces d'armure ! Ma broigne était pliée derrière ma selle, au mépris des dangers qui auraient pu nous surprendre. Irquebraân, en revanche, s'il avait daigné enlever sa cape de fourrure, ne s'était pas défait de son armure de plates. Celle-ci jetait des éclairs aveuglants sous les rayons de soleil. Je manœuvrai pour me trouver à sa hauteur. Je n'avais jamais conversé avec le semi-loup, et son équipement m'intriguait.

« Pardon, mais votre armure me laisse pensif. Je ne m'explique pas la raison pour laquelle elle paraît toute d'acier, en a la couleur et l'éclat, mais n'en produit pas les sonorités. »

La sueur faisait briller la grise chevelure d'Irquebraân. Cette dernière avait été ordonnée en tresses, fermées par de fins lacets de cuir, qui se balançaient devant son visage au rythme de sa chevauchée. Malgré sa fière allure, le semi-loup lui-même penchait le chef sous ce ciel accablant. Il me répondit sans faire l'effort de se tourner vers moi, avec le fort accent du nort que je lui connaissais :

« Ce n'est pas acier. C'est la raison. C'est alliage de métaux dont mon peuple possède le secret. Beaucoup plus léger, mais aussi résistant. Avant, longtemps de cela, les semi-loups n'avaient pas de chevaux, et devaient pouvoir courir tout armés.

— Voilà une façon de se protéger qui me conviendrait plus que les lourdes armures que j'ai vues jusque là » dis-je, la voix enrouée de fatigue et de sécheresse.

« Il faut être semi-loup pour porter l'armure des semi-loups ! » répondit Irquebraân sur un ton sentencieux, comme si c'était là vieux proverbe à la sagesse immense. Et plus un mot ne sortit de sa bouche.

Le premier quart montant était passé lorsque les colonnes du temple surgirent dans les vapeurs de l'horizon. Bien entendu, Trémégor, qui avait le regard perçant de ses ancestres chasseurs, fut premier à les voir. Il s'écria, plein de surprise :

« A moins que le soleil ne m'ait brûlé l'entendement, il est par là un palais dont j'ignorais l'existence. Théodulf, as-tu jamais entendu parler d'une pareille merveille ? »

Théodulf mena son cheval au trot jusqu'au sommet d'une dune d'où la vue lui serait meilleure.

« Eh là, non ! lança-t-il d'une voix forte. Tu n'es pas hors de sens, car je l'aperçois à mon tour qui se dresse sur notre route ! Nous ne l'éviterons pas, car il faut que nous sortions de ce désert avant que nos chevaux soient morts de soif. Allons voir cela de plus près! »

Nous avançâmes si bon train que je ne tardai point à distinguer à mon tour le temple dont les blanches colonnes se dressaient fièrement vers le ciel. Ce n'était pas un chastel, car aucune tour ni créneaux ne l'ornaient. Nul pont-levis non plus. On eût dit une immense maison taillée dans un bloc de marbre, dont le toit pointu aurait reposé sur de gigantals piliers. Nous fûmes longs cependant à nous en rapprocher, tant il est vrai que le désert réduit faussement les distances en nous privant de nos repères. Le temple se trouvait beaucoup plus loin qu'il n'y paraissait. Il se dressait au milieu de nulle part, et semblait tout à fait vide et inhabité. Tant que je ne l'aurais pas touché de mes mains, je douterais de son existence. Pourquoi avoir bâti oeuvre de telle envergure en ce désert ? C'était folie que je ne m'expliquais pas. D'ailleurs, l'architecture était irrationnelle, et les blocs de pierre blanche formant les fondations étaient si énormes qu'une légion de montorins n'aurait pu les déplacer ou les assembler. Il m'apparut qu'aucune des races connues du Monde Jaune n'avait pu accomplir pareille entreprise. Lorsqu'on se tenait sous les colonnades qui cernaient la bâtisse, il était impossible d'en deviner le sommet tant elles montaient haut dans le ciel. De plus, des architectes humains auraient souhaité parfaire leur travail en ajoutant dorures et sculptures, peintures et autres ornements. Mais la pierre était nue, et d'une matière qui m'était inconnue. Les piliers étaient bruts. C'était à croire qu'un géant sans talent l'avait bâti dans la hâte.

Théodulf s'approcha à pieds de l'immense porte, d'un bois plus noir que le désert lui-même, mais ses chiens refusèrent de l'accompagner. Ils restaient à bonne distance, grognant et gémissant tour à tour, comme retenus par une force invisible. Les chevaux eux-mêmes, bien que gardés par Percegarde sur une dune à l'écart, piaffaient et témoignaient d'une vive inquiétude. Et je dois avouer qu'une angoisse mystérieuse serrait ma propre poitrine.

Nous allions rejoindre Théodulf lorsque Descordia se plaça en travers de notre route. Son visage était très préoccupé.

« N'y allez pas ! supplia-t-elle. Cet endroit est maudit. Je le reconnais maintenant. C'est le Temple des Hommes Couchés ! »

Puis elle se retourna et cria à l'intention de Théodulf, comme si elle espérait le voir revenir en courant:

« C'est le Temple des Hommes Couchés! »

Mais, loin de prendre garde à cet avertissement, il haussa les épaules et s'intéressa de plus près à la porte. Rassurés par cette attitude rationnelle, nous décidâmes de le rejoindre, et Descordia marqua une longue hésitation avant de nous imiter à contre cœur. Percegarde, du sommet de sa dune, ne devait guère comprendre ce manège.

Théodulf vint à notre rencontre, la mine sévère.

« Je...Je ne sais pas ce que tout cela veut dire... »

Il semblait fortement ému. Trémégor partit inspecter la porte à son tour, et revint dans le même état. Quelque chose les avait impressionnés. Piqué par la curiosité, je m'approchai des deux battants de bois sombre. Mais aurais-je voulu les caresser de la main que j'en aurais été incapable, car sitôt que je me trouvai devant la porte gigantale, une incontrôlable terreur s'empara de moi. Comment vous expliquer ce que je ressentis ? Mes yeux ne contemplaient aucun spectacle propre à susciter la panique. Néanmoins, j'étais pétrifié d'horreur, et persuadé, en cette seconde précise, que toute la folie et la mort de l'univers se tenaient derrière cette porte. Je tremblais tant, d'ailleurs, que mon bras aurait manqué de force pour la pousser sur ses gonds.

Je m'arrachai à la fascination qu'elle exerçait sur moi et retournai, titubant, vers les autres. Alors seulement, lorsque les images cauchemardesques eurent achevé de déferler dans mon esprit, je me souvins d'une légende que mon père m'avait fablée jadis, et qui faisait état de ce Temple des Hommes Couchés dont la seule évocation effrayait Descordia.

La drague était en grande conversation avec Théodulf. Très animée dans ses paroles, elle s'efforçait de le convaincre :

« Quelle folie vous prend, sire Théodulf ? Quel intérêt avez-vous à retarder ainsi votre voyage ? Je vous affirme que ce lieu recèle un très grand danger. Le Temple des Hommes Couchés ne doit pas être ouvert ! Fol est celui qui s'en approche ! Derrière cette porte se tient *ce qui ne doit pas être nommé* ! »

Théodulf, qui s'était remis de ses émotions, secouait le chef d'un air têtu. Il entendait pousser la porte pour découvrir ce que cachait cette extraordinaire construction ! Trémégor, qui avait sans nul doute ressenti la même peur que moi en approchant du Temple, tenta timidement de dissuader son compagnon:

« Je ne crois pas non plus à ces légendes, mais il est peut-être inutile de nous attarder... Nous sommes toujours poursuivis... »

Théodulf ne l'entendait pas. Son regard était captivé par la porte, comme s'il s'agissait d'un adversaire à terrasser. Je m'interposai :

« Théodulf, je connais la légende dont parle Descordia. Celui qui écarte ces battants libère *ce qui ne doit pas être nommé*. N'y allez pas ! Ce n'est pas tenir la légende pour véritable que de passer notre chemin; c'est respecter cette croyance que vous ne partagez pas... »

Mais au lieu de m'écouter avec patience, il se dirigea vers la porte d'un pas décidé, s'écriant avec ragerie :

« La peste soit des superstitieux ! »

Descordia se jeta devant lui et lui fit encor mille prières pour l'écarter de sa résolution. Il n'en avait cure et trouvait là un motif supplémentaire de s'irriter et de nous accabler pour notre crédulité. Faisant fi des propos de plus en plus décousus de la drague, il l'écarta sans ménagement et posa la main sur la poignée.

Mais écoutez ce qu'il advint de lui ! Au lieu de commettre l'irréparable, il se figea, entouré d'un halo de lumière opalescente. Ce n'était pas le Temple qui le tenait sous son contrôle, mais Descordia la magicienne, qui refusait que pareille folie fût accomplie. Elle ordonna d'une voix rauque que je ne lui avais jamais entendue :

« Laisse cette poignée, et monte sur ton cheval. Vas-t'en vers le sud, et ne te retourne pas ! »

Théodulf tourna vers elle un visage absent. Ses paupières étaient baissées, dans une attitude de soumission paisible. Il obéit et monta sur la dune où Percegarde le vit venir avec une grande surprise. Trémégor et Irquebraân avaient compris autant que moi ce qui se déroulait sous nos yeux, mais ni l'un ni l'autre ne s'y opposèrent.

Le montorin soupira pour lui-même :

« Pardonne-moi, mon ami, mais tu es parfois plus entêté que la mule qui veut s'en aller paître dans un ventre-de-songes! »

Descordia avait accompagné Théodulf et, lorsqu'on se tenait à bonne distance, on distinguait clairement l'écharpe de douce lumière qui montait de sa silhouette pour envelopper Théodulf. Tous deux étaient reliés par une brume délicate et phosphorescente. Ils étaient célèbres, ces sorts d'obédience que les dragues savaient jeter. Refusions-nous de nous soumettre à leur volonté, elles s'y entendaient pour nous y contraindre. C'était là une terrible enchanterie, bien que dépourvue de danger. A nous de craindre désormais la réaction de Théodulf, car lorsqu'il aurait retrouvé ses esprits, il garderait de cette scène un souvenir très vif ! Il voudrait, sans faute, se venger de l'outrage !

Il s'éloigna paisiblement avec nous de ce lieu maudit, et Descordia ne relâcha son emprise sur lui que lorsque le Temple fût tout à fait hors de vue. Pendant un temps qui nous sembla très long, Théodulf persista dans son attitude passive. Puis il agita le chef et les bras, pris des soubresauts de celui qui veut sortir d'un mauvais rêve. Lorsqu'il ouvrit les yeux, ceux-ci étaient encor habités d'une lumière bleutée absolument inhabituelle et très troublante à voir. Il nous observa tour à tour, tira sur les rênes de son cheval, et demanda :

« Qui...qui m'a fait ça ? »

Descordia leva la main pour se désigner, mais il la regardait déjà. Il cria :

« De quel droit ? Par tous les démoignes, de quel droit ? »

La drague refusa de se repentir, et lui rétorqua :

« Du droit de nos vies à tous que vous alliez mettre en danger ! Du droit de ceux qui pensent, ne vous en déplaise, différemment de vous ! »

Il bredouilla une réponse que nul n'entendit, car son esprit était encor plein de brouillard.

Enfin, il vociféra :

« Vous avez pénétré mon esprit par la force ! C'est une félonie sans nom ! »

Descordia sourit d'un air de dérision.

« Est-ce ainsi que vous me remerciez de vous avoir sauvé la vie ? Car même si vous n'y croyez pas, certains d'entre nous en jugeaient autrement. La tolérance est un mot qui vient souvent à votre bouche, or vous alliez passer outre les croyances de vos compagnons. Vous savez comme moi qu'aucun d'entre eux ne désirait que cette porte soit ouverte. Ce n'est pas ainsi, sire Théodulf, que l'on prouve la justesse d'une idée. Ah, vous n'avez pas agi avec sagesse ! »

Théodulf se tourna vers Trémégor et, comme le montorin baissait les yeux sans démentir, il eut du mal à trouver sa répartie :

« Ce ne sont que des légendes...Les légendes n'existent pas ! »

Descordia mit fin à la conversation en disant :

« Peut-être bien, mais il est des légendes qu'il ne faut pas défier ! »

Sur ces paroles mystérieuses, elle éperonna son cheval, et chacun s'empressa d'en faire autant. Théodulf poussa un juron mais ne retourna pas au galop en direction du temple. Il savait trop combien chaque heure qui passait risquait d'ôter la vie à nos chevaux assoiffés.

Par malaventure, nous fûmes contraints de faire un détour, car un grand fleuve de sable que nous n'avions pas prévu nous barrait la route. Il nous fallut longer l'onde noire et opaque qui s'écoulait si lentement qu'on l'aurait volontiers jugée inoffensive. Pourtant, malheur à celui qui aurait tenté de traverser ! Sa monture, aussitôt, aurait disparu sous lui, et il se serait vite trouvé lui-même la bouche emplie de sable.

Lorsque, enfin, nous rencontrâmes un guet, il était trop tard pour espérer sortir du désert. Le premier quart descendant était bien entamé, et tous avaient besoin de se reposer. Le campement fut donc aménagé sommairement, et Irquebraân, après avoir délivré à chacun quelques buvées d'eau tiède, vida notre dernière gourde dans un récipient qu'il présenta aux chiens et aux chevaux, dont il craignait qu'ils ne survivent pas plus longtemps aux assauts sans fin du soleil. Hélas, ils n'eurent guère que de quoi se mouiller la bouche. Si nous tardions encor à trouver de plus verts paysages, nous aurions grand souci à nous faire pour nos vies à tous.

Le lendemain, je me remis en selle plus fatigué que lorsque nous nous étions arrêtés. J'avais très mal dormi, agité de spasmes et de cauchemars absurdes. Dans mon sommeil, j'avais mille fois tenté d'empêcher Théodulf d'ouvrir la porte du Temple, et pour diverses raisons, je n'y étais jamais parvenu. Je m'étais chaque fois réveillé en sursaut à l'instant où l'horreur surgissait à la lumière du jour.

Une fois, j'avais même entendu, alors que j'étais bien sorti de mon sommeil et dressé sur mon séant, un hurlement de terreur persister dans le lointain. Je me rassurai en décidant que le vent léchant les dunes de sable noir était responsable, car mes compagnons dormaient et n'avaient pas été dérangés. D'ailleurs, le désert avait englouti aussitôt les derniers échos de mon illusion.

J'étais sale, couvert de sable sombre. Ma propre odeur m'incommodait, à laquelle se mêlait celle de ma monture. Ma peau, brûlée par le soleil en divers endroits, me causait de grands tourments. Je ne m'étais jamais trouvé dans un tel état. Que n'aurais-je donné pour me plonger dans une rivière d'eau fraîche !

Les premières heures de marche se déroulèrent dans un complet mutisme. Les chefs dodelinaient de lassitude, les yeux se fermaient, les langues n'avaient plus la force de passer sur les lèvres desséchées et brûlantes. Nos chevaux commençaient à tituber ou à ployer les jambes, et il nous fallut les prendre par la bride pour ne pas les voir s'écrouler.

A bonne destinée, notre calvaire touchait à sa fin, car, bientôt, les buissons épineux se clairsemèrent, cédant la place à des touffes d'herbe régulières et significatives. La verdure l'emporta peu à peu sur le paysage qui se vallonna. Il n'y avait pas encor d'arbres aux ombres bienfaisantes, mais l'eau n'était pas loin. Descordia, sans qu'on eût à l'en prier, interrogea les éléments afin de déceler une source. Elle mit du temps à trouver ce qu'elle questait, car elle était elle-même très lasse et éprouvait des difficultés à se concentrer. Enfin, elle nous mena en un lieu où l'herbe était plus grasse, et indiqua l'endroit où nous devions creuser. Trémégor, qui était le plus alerte de nous tous, assuma cette charge, et mit bientôt à nu, à l'aide d'une épée, une mare d'eau vive à peine salie de la terre qu'il venait de remuer. Nul n'eut la patience de la laisser décanter et nous nous pressâmes autour afin de nous désaltérer, à genoux comme des animaux. Puis chevaux et chiens se ruèrent sur le précieux liquide avec une semblable hâte. Devant la soif, hommes et bêtes font même figure.

Pour nous laver, cependant, il faudrait attendre de disposer d'une eau plus profonde. Après cette pose bienfaisante, chacun se remit en selle, et notre petite colonne s'ébranla de nouveau. Comme par miracle, les conversations revenaient au fur et à mesure que nous croisions des bosquets, des prairies, des tapis de fleurs et des arbres dont les branches oscillaient doucement sous la brise. Seul Théodulf restait silencieux. Les chiens devinèrent la présence d'un petit lac à plus de trois cents galops, et coururent s'y jeter avec enthousiasme. Nous ne fûmes pas moins prompts à nous y tremper, tout crasseux et suants que nous étions. Ce n'était guère qu'une mare. Quel délice, pourtant, de nous asperger d'eau fraîche ! Pour ma part, je me sentis très vite tout ragaillardi.

Mais le voyage était loin d'être terminé, et la marche fut encor longue jusqu'aux quarts descendants. Nous n'avions toujours pas croisé âme qui vive lorsque Théodulf décida qu'il était temps de manger et de dormir. Bien que nous fussions poursuivis, si l'on en croyait ce que le vent et la terre dévoilaient à la perspicacité de Descordia, Irquebraân rassembla un peu de bois pour faire un feu et y chauffer une petite marmite d'eau. C'était grand bonheur que de ne pas avaler une nourriture sèche qui blessait lèvres et gencives. Le semi-loup nous concocta en effet une bouillie d'avoine dont nous nous rassasiâmes avec plaisance. Ce modeste repas fut partagé dans la liesse, car nous avions doublement frôlé la mort. Nous exprimions tous notre soulagement d'avoir échappé au danger du Temple des Hommes Couchés, ainsi qu'à la chaleur impitoyable du désert. Nos gourdes étaient bien remplies, et, assis à l'ombre d'un grand chêne, dominant un pré de hautes herbes, nous buvions sans compter. Quelle douceur à nos lèvres ! Comme le sourire y vient plus volontiers quand il n'en fait pas saigner les crevasses ! Toutes les armées du monde pouvaient bien nous suivre, nous nous sentions joyeux, et prêts à tout affronter.

Théodulf, qui ne s'était pas beaucoup mêlé à notre bonne humeur, me prit à part pour exiger sa leçon. Je n'y consentis qu'à contre cœur, car j'aurais grandement préféré continuer de deviser avec mes compagnons, confortablement installé sur un tapis d'herbes moelleuses. Mais la décision ne m'appartenait pas et, en dépit de ma fatigue, je rassemblai mes esprits. Je rappelai à Théodulf l'alphabet en traçant les symboles dans la terre au moyen d'un bâton, puis l'aidai à former ses premiers mots. Je manquais d'éléments de comparaison, mais c'était vraiment un élève très doué, qui n'avait point besoin d'entendre deux fois la même chose pour s'en souvenir. J'admirais l'intelligence dont il faisait preuve au terme d'une journée aussi éprouvante. Je compris alors un aspect ô combien important de son caractère : d'eau, jamais Théodulf n'en aurait aussi soif que de connaissance.

Encor une fois, je dus le freiner, en lui faisant part de mon désir d'aller dormir.

Sans cela, il se serait sans nul doute attelé à déchiffrer des phrases tout entières. Si je n'avais été si fatigué, sa rapidité m'aurait même inquiété. Lorsqu'il posséderait tout mon savoir, qui pourrait le contraindre à me donner ce qu'il m'avait promis en échange ? Car de mathématiques, je n'avais vu goutte, sinon quelques considérations générales. Hélas, mes yeux se fermaient, et je renonçai à exiger mon dû. Je retournai m'allonger sous le chêne et m'endormis sans peine tandis que mon élève s'entraînait, plein de fièvre et d'enthousiasme, à dessiner des lettres sur le sol pour en répéter inlassablement les sons.

Chapitre 7

Comment certaine mésaventure mit à jour le mensonge de Descordia

Je m'éveillai sous la caresse d'une brise douce et fraîche, mais mon cœur était plein de tristesse. J'avais rêvé de Quadrilba. Ah ! Sa bouche sur la mienne ! Ah ! La caresse de ses mains ! Elle m'avait souri, et entretenu longuement. Il ne me souvenait plus d'aucun de ses mots, mais j'avais pleuré du bonheur de l'entendre à nouveau. Mes joues restaient humides du sel de mes larmes. Quadrilba, sans la blancheur de ta chevelure, quelle lumière pourrait à nouveau inonder mon âme ? Je ne puis vous conter la cuisance qui fut mienne lorsque je sortis de mon songe, les bras vides de sa présence. J'essayai, en vain, de me raisonner. Plus rien ne me la rendrait. A quoi bon tourner toujours vers elle l'essence de mes pensées ? Il convenait à présent de fermer cette blessure.

D'ailleurs, je n'avais tenu qu'une fois la solaire contre moi. Ne m'en serais-je pas lassé comme des autres lorsque je l'aurais possédée ? Son importance n'était-elle pas due à la fugacité de notre étreinte et au remords d'avoir causé sa mort ? Cette issue tragique m'avait choqué et plongé dans un tourment sans fin. Je voulais me persuader que je n'avais pas aimé Quadrilba de toute mon âme.

Mais je chassai vite cette pensée avec tout le dégoût qu'elle méritait. Quelle trahison ! Quel blasphème ! Qu'il était vil, ce cœur que je croyais plein d'amour ! J'eus pour moi les plus méchantes paroles qu'on puisse imaginer. Je m'accablai de reproches et d'injures. Quadrilba était morte pour moi, et je plaçais tous mes efforts à tâcher de l'oublier ! Pour vrai, je ne méritais pas l'attachement dont elle m'avait honoré. Je n'étais pas à la hauteur du tendre sentiment dont elle avait illuminé quelques minutes de ma vie.

Ah ! Rien ne sert de raisonner si le cœur s'en dessèche !

Ayant tiré cette conclusion, je résolus de chérir encor la souvenance que je gardais de ma bien-aimée, et de lui conserver mes pensées fidèles. Rien ne me détournerait d'elle, car elle m'avait appris la vérité sur mon propre compte. Mes errances à travers le monde, et la merci en laquelle me tenait Théodulf, seraient ma pénitence. Je voulus devenir brave afin d'être purifié par mon courage face aux dangers, et de me montrer digne du noble sentiment dont j'entretenais la flamme en moi-même.

Mes compagnons étaient déjà en selle que j'étais encor absorbé dans ces considérations. Lors j'enfourchai mon destrier et piquai des éperons. Je me sentais animé d'une farouche résolution. Je venais en effet de me promettre que, quoi qu'il advienne, plus jamais la peur ne me dominerait. Je me montrerais plus vaillant qu'aucun homme ne le fut jamais sous le ciel !

Et je murmurai à part moi: « Quadrilba ! Puisses-tu m'entendre et m'aider à tenir mon serment ! Puisses-tu guider mon bras lorsqu'il devra brandir l'épée, éclairer mes pas lorsqu'il faudra marcher dans le noir, durcir mon cœur quand la terreur voudra s'y loger ! Puisse ton souvenir me donner la force d'être celui-là, qui rien ne craint ni ne redoute ! »

Le vent rafraîchissant qui nous avait réveillés était en réalité annonciateur d'orages et de pluies. Il était cette caresse qu'offre toujours la tempête avant de frapper, cette dernière douceur délivrée à ceux qui subiront sous peu ses assauts redoutables.

Pour ma part, plongé dans mes pensées, je ne m'en aperçus que lorsque l'horizon fut tout à fait obombré de nuages épais et rapides. Une obscure et grondante armée marchait maintenant sur le ciel, et nous fûmes giflés par les premières vagues de pluie comme par des volées de flèches froides. Alors résonnèrent des roulements de tambour et des éclats de lumière blanche illuminèrent la plaine. De véritables tentures d'eau, tressées de façon fort étroite, nous entouraient, et c'est à peine si l'on devinait la silhouette de celui qui marchait devant soi.

Je me laissais fouetter par les vents pleins de colère avec délice. Je me sentais fort, invincible. En ces derniers jours, mon corps s'était durci, mes muscles affermis. Je m'étais forgé une nouvelle raison de vivre et de mourir. Mon propre nom, sur mes lèvres, ne sonnait plus de la même façon. Ses syllabes n'évoquaient plus les douces et prudentes paroles que je prodiguais autrefois aux grands de ce monde, mais les coups d'épée donnés par un bras puissant et vengeur. Que restait-il d'Aplecraf le trouvère, ce jeune homme insouciant qui musait autrefois sur les remparts d'Oniriad et gagnait sa vie en fablant de délicats récits ?

Dans un geste de défi, j'avais même abaissé le capuchon de mon mantel pour mieux exposer mon visage aux tourments de la pluie. L'orage m'emplissait d'extase. J'étais un guerrier farouche que rien ne pouvait plus arrêter. C'en était fini de cette bravoure des autres que je glorifiais de tout mon talent auprès de pucelles éblouies. Je prenais leur place, à présent, puisque mon destin n'était pas moins maudit que le leur !

Mes compagnons s'esbaudissaient moins que moi des rigueurs du climat, et leur soulagement fut grand lorsqu'ils aperçurent, au fond de la vallée que nous dominions, un petit village blotti au milieu de champs de blé. Ils espéraient s'y abriter un peu et ils avaient de bonnes raisons pour cela : même s'il n'y avait pas d'auberge, quelqu'un nous ouvrirait bien sa porte !

C'est au trot que nous pénétrâmes dans le hameau. Les maisons, de pierre et de bois, n'étaient pas nombreuses, bâties autour d'une grossière statue. Cette dernière, taillée par des mains paysannes sincères mais dépourvues de talent, représentait le Grand Faiseor lui-même, tenant dans sa main le cercle plat du monde. Cette naïve sculpture trônait au-dessus des lavoirs, tournée vers l'ouest où s'étendait le Monde Obscur. Car nous n'en étions plus très loin, à présent.

Mais le village était vide. Aucune cheminée ne fumait. Aucun chien ni goupil ne longeait les maisons basses dont les toits de chaume ruisselaient. Personne ne se tenait sur le pas de sa porte. Les rues étaient boueuses et désertes. Nulle poule, nul cheval ni mulet. Où étaient donc les habitants ? Sous un pareil orage, ils ne pouvaient se trouver tous aux champs. En outre, nous les aurions croisés. Percegarde avança une hypothèse :

« Ils sont peut-être allés enterrer quelqu'un dans la frange crépusculaire. On prétend que c'est coutume dans beaucoup de villages alentours. »

Descordia, qui connaissait bien cet usage, le détrompa :

« C'est peu probable. Nous sommes encor à plus d'une journée de marche. De plus, ils n'auraient pas emmené tous les êtres vivants avec eux. Les imagines-tu se rendre à ce rituel avec volailles et cochons ? »

Théodulf descendit de cheval et s'enfonça dans trois sabots de boue. Il se dirigea, courbé sous les assauts du vent, vers la porte d'une chaumière et frappa deux grands coups. Il n'attendit pas la réponse et tourna la poignée. Le propriétaire n'avait pas pris la précaution de fermer. Je surpris un sourire sur le visage de Percegarde. J'en devinai la raison : envolés, les nobles scrupules de notre chevetaigne, après notre éprouvant voyage ! Lui qui avait tantôt refusé de pénétrer en une demeure abandonnée, il ne songeait plus du tout à rester sous la pluie quand un refuge se présentait.

Théodulf nous dit d'entrer derrière lui après avoir mené les chevaux dans l'écurie adjacente, vide de tout occupant. Il fut prestement obéi, car chacun avait grande hâte de se mettre à l'abri. Moi-même, mon euphorie passée, je commençais de ressentir plus durement les gouttes d'eau froide qui ruisselaient le long de mon dos.

Cette maison était vide. Elle était constituée d'une pièce unique, dont les quelques meubles grossiers avaient sans doute été assemblés par les mains du propriétaire. Aucun menuisier n'aurait exécuté oeuvre si sommaire. Le plancher était grinçant et irrégulier. La taille des pierres qui formaient l'âtre avait plus belle allure. Du bois sec était empilé contre un mur. Percegarde qui, comme tous les solaires, n'appréciait guère le froid, se dépêcha d'allumer un feu afin que nous nous séchions sans attendre. Dehors, l'orage redoublait de force.

« Tout ceci est estrange, souffla Trémégor en regardant autour de lui. Où sont-ils tous passés ? Je ne remarque aucune trace de lutte, et rien ne semble dérangé. Ils n'ont pas l'air d'avoir été massacrés ou enlevés par des pillards.

— C'est juste, renchérit Théodulf. Et s'ils avaient abandonné volontairement leur village, il n'y aurait pas de vaisselle dans ce buffet et de paille fraîche dans les écuries. Il y a là un grand mystère. »

Descordia, de son côté, ne s'activait pas moins que le solaire soufflant sur les premières braises de toute la force de ses joues gonflées. Sa main passait le long des murs, à la surface des objets, et ses yeux étaient clos. Elle tremblait un peu.

Enfin, elle nous fit connaître sa conclusion, et il n'y eut personne dans l'assemblée, si hardi fût-il, à qui la chair ne frémit à l'écoute de ces mots :

« Cet endroit est maudit ! Quelque chose d'horrible s'est déroulé ici. Je sens encor l'odeur du sang, et j'entends les hurlements qui ont frappé ces murs. »

Puis elle s'accroupit dans un coin et entra dans une transe qui lui donnait l'air d'une démente. Elle bredouillait, se balançait, répondait à des questions que nous ne lui avions pas posées.

Théodulf, comme d'habitude, fut le premier à se ressaisir. Il décréta d'une voix ferme et résolue:

« Allons ! Ce n'est pas le moment de nous laisser impressionner. Nous sommes encor dans le Monde Jaune. De tout ce qui pourrait surgir maintenant pour nous attaquer, rien ne saurait être aussi redoutable que ce que nous rencontrerons sans doute par la suite. Que ferons-nous alors si notre cœur faiblissait déjà lorsque le danger apparaissait en pleine lumière ? »

Mais ces propos ne rassuraient personne, et Trémégor vérifia que la porte était bien fermée. Théodulf haussa les épaules et dit :

« Nous reprendrons la route dès que possible. Pour l'instant, venez vous réchauffer les os ! »

Tous obéirent sauf Descordia, dont les yeux étaient révulsés. Elle s'était certainement déjà conduite ainsi, car personne ne fit mine de la secouer ou de lui parler pour la ramener parmi nous.

Lorsque je sentis que la chaleur du feu avait séché mes vêtements, je m'éloignai quelques instants pour contempler à l'unique fenestre le spectacle de la pluie. Déjà abîmé dans de vaporeuses pensées, mon regard crut surprendre une blanche silhouette qui traversait la rue. Bien sûr, j'y voyais fort mal et les jeux de l'eau avait pu me tromper. Du reste, l'apparition, si j'en croyais mes yeux, s'était déplacée à une vitesse anormale. Il s'agissait sans doute d'une trombe d'eau animée par un coup de vent plus brutal, et je n'en soufflai mot à quiconque.

Descordia sortit enfin de sa transe. L'air las, elle se redressa et planta son regard dans celui de Théodulf.

« J'ai parlé avec l'esprit d'un enfant mort. Il était affolé. Il faut partir ! Et sans attendre ! »

Sa voix ne souffrait aucune discussion. Théodulf lui-même se résigna. L'orage était moins violent. Irquebraân partit quester les chevaux. Pendant ce temps, alors que chacun sortait, j'aperçus Percegarde qui glissait dans sa poche quelques objets pris çà et là. Sans détour, je m'en étonnai :

« Sincèrement, Percegarde, je ne vous comprends pas. Où trouvez-vous le cœur et le courage de détrousser des gens qui sont sans doute morts à l'heure où je vous parle ? Souffrez que je vous dise ma pensée, parce que nous sommes amis: ce n'est pas là, vraiment, une vaillante attitude ! »

Mais le solaire avait l'habitude d'être désapprouvé, et ne s'en trouva nullement gêné.

« Justement, mon ami ! Trouvez-vous qu'il sied mieux de voler un vivant ? Les défunts n'usent plus de leurs biens terrestres, et je préfère les savoir dans mon escarcelle que dans celle d'un pillard sans foi ni loi ! »

Je ne sus que répondre, étranglé par tant de mauvaise foi. Que voilà une personne sachant bien s'arranger avec sa conscience, me dis-je.

Nous nous sommes vite éloignés du village maudit, mais écoutez ce qui nous est alors arrivé !

Je me suis aperçu, parce que les nuages étaient plus hauts dans le ciel, qu'un très grand nombre de corbs tournoyaient au-dessus des habitations et des champs alentours, et j'en ai fait la remarque à mes compagnons. Mauvais présage ! a murmuré Irquebraân, mauvais présage !

Rôn, qui allait devant les chevaux, s'est approché en grognant d'un fossé qui descendait a senestre. Percegarde a bandé aussitôt son arc dans cette direction tandis que Théodulf sautait de cheval pour aller voir. Ce dernier a disparu un instant à nos yeux, puis nous a appelés.

Il se tenait devant un fourré, penché sur un corps allongé dans la boue. C'était un humain, entièrement nu, face contre terre. Il n'était pas affligé d'autre marque qu'une profonde morsure au niveau du cou. Sa blancheur ne s'expliquait pas que par le travail de la mort sur la chair : il était exsangue, comme s'il avait été vidé de sa couleur par la créature qui l'avait terrassé. Il ne possédait pas les muscles d'un guerrier, ni ses cicatrices. C'était sans doute un paysan, ou un chasseur, aux larges épaules et aux mains calleuses. La bête qui en était venue à bout devait être d'une très grande force. Etait-ce un loup ? Je n'osais soulever l'hypothèse devant Irquebraân.

Théodulf se rapprocha de la drague en pataugeant dans la terre argileuse.

« Qu'en pensez-vous, Descordia ? Est-ce que vous sentez quelque chose qui pourrait nous éclairer sur les causes de sa mort ? Il n'y a aucune trace de pas aux alentours... »

Le visage de la jeune femme était serré d'inquiétude.

« Il ne faut pas s'atarder ici. Nous sommes au cœur d'une grande malédiction. On a bu le sang de cet homme, et l'âme habite le sang. Il n'est pas de pire mort ! »

Théodulf retourna le corps, et la pluie eut tôt fait de laver la terre sur son visage. Une expression de terreur sans nom y était encor gravée. La bouche, pleine de glaise, était grand ouverte, les yeux écarquillés. Pour rien au monde je n'aurais désiré connaître la dernière vision de ce paysan.

Comme nous ne pouvions en apprendre plus, et que chacun était pressé de quitter au plus vite les environs, nous remontâmes jusqu'aux chevaux pour sauter en selle, et le corps privé d'âme fut abandonné sous la pluie, sans sépulture.

Nous étions déjà loin lorsque je songeai à me demander pourquoi les corbs n'avaient pas touché au cadavre. Mais cette question m'effrayait tant moi-même que le courage me manqua pour la poser à mes compagnons.

Comme toujours, Théodulf ouvrait la marche, car il possédait cette science qui permet de s'orienter en toutes circonstances. Ni le nort, ni le sud ne pouvaient échapper à son entendement, pas plus que l'est ou que l'ouest. Il avait pressé le pas, et ce, pour plusieurs raisons : d'abord l'orage, qui avait fait mine de s'éloigner, revenait vers nous de plus belle. Ensuite, le premier quart descendant approchait et serait très pénible si nous ne trouvions pas un nouvel abri. A Percegarde, qui lui demanda ce qu'il comptait faire, Théodulf répondit ainsi :

« Cette région est dangereuse, et nous ne sommes plus très loin du refuge où je nous veux mener. Je pense qu'il vaudrait mieux nous priver de sommeil tant que nous ne serons pas arrivés en lieu sûr, au Temple du Milieu. Il sera toujours temps, alors, d'y dormir tout un jour durant ! N'êtes-vous pas tous de mon avis ? »

Chacun acquiesça. En ce qui me concerne, j'étais heureux d'apprendre enfin où commencerait notre voyage à travers le Monde Obscur.

Cela n'avait d'ailleurs rien de très surprenant. La frange crépusculaire représentait l'ultime frontière de la civilisation, et les prestres du Crépuscule, à qui l'on attribuait le surnom de « sentinelles », en étaient les derniers habitants. Le Temple du Milieu, le plus vaste et le plus fortifié de tous, constituerait un excellent point de départ. En outre, cet ordre religieux si particulier ne devait pas considérer d'un mauvais oeil une expédition visant à remettre en question les fondements du culte du Grand Faiseor. Il me paraissait à présent évident que Théodulf y soit connu et attendu. Comment savoir, même, si ses théories hérétiques ne lui avaient pas été soufflées par ceux-là qu'il s'en allait rejoindre ? Théodulf ne pouvait être prestre du crépuscule, car il ne pratiquait ni n'estimait la magie, mais n'avait-il point reçu auprès d'eux une éducation de l'esprit qui l'avait poussé à remettre en cause les préceptes du Grand Faiseor ? Ne travaillait-il pas pour le compte de ces hommes mystérieux qui prétendent que l'univers, autrefois, était baigné tour à tour de lumière et de ténèbres ? Car il fallait bien que quelqu'un ait mis tantôt cette idée dans le chef de Théodulf, que le monde n'était pas plat mais aussi rond que le goupil jouant à s'attraper la queue...

Les éléments n'étaient résolument pas décidés à faciliter notre voyage. Après la sécheresse du désert, voici que nous devions affronter un orage sans fin dont les coups étaient de plus en plus violents. Il grondait plus fort que cent griffons lunaires, et les tresses de pluie dont il nous fouettait étaient plus cinglantes que le crin d'un cheval. Bientôt, l'eau se changea en grêle, et le vent affolait nos montures. Il fallait voir les éclairs frapper la terre et les arbres partout autour de nous, tels de terribles coups donnés par le Grand Faiseor avec son épée de lumière ! Ceux d'entre nous qui possédaient armures ou glaives n'étaient guère rassurés, car il savaient bien que la foudre aime à châtier ceux qui eurent l'audace de s'attribuer les métaux de la terre. Les coups de tonnerre étaient si rapprochés, et la tempête rugissait avec tant de ragerie, qu'on ne pouvait entendre ce qui nous était dit si ce n'était hurlé de toute la force des poumons.

J'étais dernier de la file. La route était mauvaise, et je préférais que mon cheval mît ses sabots dans ceux d'un autre. C'est alors que le feu du ciel fut précipité sur une souche d'arbre mort au bord du chemin. Le fracas fut assourdissant, et des éclats de bois volèrent de toutes parts comme des milliers de fléchettes. Certains se fichèrent dans le poitrail et le flanc de mon cheval qui se cabra en hennissant de douleur. Saisi de folie, il s'élança dans un galop effréné. Je fus incapable de le retenir, et même si j'avais eu le temps de tirer sur le mors, je ne crois pas qu'il m'aurait obéi. J'éprouvais les plus grandes difficultés à ne point me laisser désarçonner. Cramponné à la selle, je fus entraîné dans un bois qui s'étendait à senestre. Je voulus, de la voix, calmer mon destrier, mais il ne m'entendait pas. Ivre de terreur, il traversait les bosquets, sautait par-dessus les haies. Il parcourut ainsi une grande distance, bien plus importante que je ne le soupçonnai. Je pensais que peu de temps s'était écoulé, et que mes compagnons n'étaient pas très loin. Au lieu de cela, lorsque ma monture se fut enfin apaisée au milieu d'une clairière, je ne savais plus du tout où je me trouvais. Je n'étais même pas certain d'avoir avancé dans une unique direction et, si j'en croyais les impressions qui m'avaient effleuré pendant la course, nous avions décrit une courbe, peut-être même tourné en rond.

Vous concevrez sans peine l'ennui qui fut le mien de me voir placé en si fâcheuse position dans un pays que je ne connaissais pas et qui avait bien des sujets de m'effrayer.

Je n'intimai pas tout de suite à mon cheval l'ordre de faire demi-tour, car il était encor haletant et secoué de frissons nerveux, et je craignais qu'il n'échappât de nouveau à mon contrôle. Du regard, je prospectai autour de moi. Je distinguais fort mal ce qui se tenait au-delà du rideau de grêle, mais je remarquai que la végétation était très luxuriante, aux abords de la clairière. De forêt telle que celle-ci, je n'en avais jamais vue. Les feuilles des arbres étaient luisantes et charnues, tombant en épaisses corolles autour des troncs noueux. Des fleurs apparaissaient çà et là, autour de lianes singulières, et leurs couleurs étincelaient d'un éclat redoublé par le déluge. Des cris d'oisels me parvenaient, mais ni de merle ni de rossignel. C'étaient ululements semblables à ceux que l'on prête aux âmes vagabondes qui hantent les forêts maudites. Etaient-ce bien oisels ? Je vous le dis : personne n'a jamais ouï chant si habile à éveiller la crainte ! Certes je n'avais pas hâte de m'enfoncer pour la seconde fois dans l'épaisseur de ce bois.

Mais j'avais décidé de bannir la peur de mes pensées, et je me fis la leçon : « Quoi de plus normal que de trouver en un lieu si lointain des plantes et bêtes inconnues ? Allons ! Le monde est vaste. Les pluies fréquentes de ces régions sont seules responsables. Nous ne sommes pas à plus d'une journée de Houag la Pluvieuse ou des Grottes de l'Orage. Pensais-je donc que ces noms étaient dus au hasard ? Nulle magie là-dessous. Ces lieux, pour être exotiques, n'en sont pas plus dangereux. Epargnons-nous le ridicule d'une peur sans motif, et questons sans tarder la trace de nos compagnons ! »

J'avais parlé à voix haute, et ceci m'avait réconforté autant que ma monture, qui fit quelques pas en direction de la forêt. Mais, alors que je m'apprêtais à lui flatter l'encolure pour l'encourager, elle se figea, les oreilles pointées en avant, les naseaux dilatés, le dos frémissant de terreur. Un dard d'angoisse se planta dans mon propre cœur. Je fouillai la clairière du regard, en vain. La grêle tombait trop drue, et l'eau ruisselant de mon capuchon m'obligeait à ciller des paupières. Pourquoi mon cheval refusait-il d'avancer ? Pourquoi ne s'enfuyait-il pas non plus au galop ?

Soudain, une forme pâle se dessina entre les voiles de la tempête, et une femme apparut devant moi, offrant sa nudité aux caprices du temps. Les grêlons venaient fondre dans sa longue chevelure détrempée dont les mèches se tordaient autour d'elle comme autant de serpents. Elle se tenait encor trop loin pour que je puisse distinguer les traits de son visage, mais son corps était sans pareil. Comment vous la décrire sans trahir sa splendeur ? Sa seule vue chassa toute raison de mon esprit. Je ne me demandai pas pourquoi elle allait nue par la forêt, et ne songeai pas davantage à l'interroger. Aussi passif que ma monture, je la regardais venir avec béatitude.

Elle n'était pas seule, car d'autres silhouettes, tout aussi claires et dénudées, entrèrent dans la clairière autour de moi. Ce n'étaient que femmes jeunes aux corps graciles dont la chair, plus blanche que colombe, recevait la grêle comme la plus sensuelle caresse. Leurs ventres et leurs seins luisaient mieux qu'écailles de cinorius. Eblouissantes, elles ondulaient vers moi plus qu'elles ne marchaient, car on eût juré qu'elles avançaient sans mettre un pied devant l'autre.

Je n'avais pas décidé de mon attitude lorsque la première d'entre elles parvint à ma hauteur. Elle tourna vers moi son visage parfait. Ses yeux étaient aussi blancs que ceux d'une aqueuse. Je ne parvenais pourtant pas à m'en effrayer. Elle posa une main sur l'encolure de mon cheval qui s'apaisa aussitôt. Puis elle la fit glisser sur la selle, jusqu'à ma cuisse qu'elle étreignit de ses doigts froids. Je pressentais toute la folie et la malédiction qu'elle portait en elle ! Pourtant, je faisais taire en moi cette prémonition tant j'étais fasciné par ses formes. Etait-ce magie, ou seulement qu'elle éveillait le rut en moi ? Je l'ignore, mais je descendis de cheval pour m'unir à cette créature et à ses semblables. Elles se pressèrent autour de moi. Leurs lèvres étaient aussi blanches que leurs peaux, mais d'une courbe qui attirait irrésistiblement le baiser. Je posai les mains sur les hanches de celle qui se tenait devant moi. Hors de sens, je me débarrassai de mon mantel pour connaître la douceur de sa peau sous la tempête. L'une de ses sœurs me caressa le ventre. Tous les déluges du monde pouvaient nous engloutir ! J'étais abrasé de désir pour ces femmes sans regard. La fièvre habitait mon esprit et mon sexe. La mort ? Quel prix dérisoire cela me paraissait alors !

Je m'apprêtais à attirer contre moi cette amante fatale lorsque l'orage cessa brusquement, et les nuages s'écartèrent avec une soudaineté qui ne nous laissa pas le temps de seulement lever le chef. Quel était ce prodige ? Un rayon de soleil tomba sur nous à la vitesse d'un liepart des terres du sud !

Le visage de la jeune femme s'en trouva grandement changé! Sa peau fondit comme cire, dévoilant la chair noire et putride d'un démoigne de l'enfer. Mais cette chair se liquéfia à son tour, tandis que la créature s'écroulait en silence, la bouche grand ouverte comme pour un hurlement qui refusait de passer sa gorge. J'aperçus sa mâchoire, aux dents plus longues que des dagues. Quelle arme effroyable dissimulaient ces tendres lèvres ! Comme la mort m'avait frôlé de près ! Ma gorge n'aurait pas plus résisté que la pulpe d'un fruit sous pareilles canines.

Elle n'était ni belle ni désirable, l'ignoble chose qui se tordait maintenant à mes pieds. Son corps se flétrissait davantage à chaque spasme, disparaissait dans la boue. Bientôt, les os furent visibles, aussi fumants que l'épée plongée dans l'eau par le forgeron. Enfin, le squelette lui-même s'éparpilla, et plus rien ne subsista de ce cauchemar. Les autres apparitions s'étaient éloignées, et reculaient lentement vers la forêt. Le soleil baignait mes épaules et la croupe de mon cheval, mais le reste de la clairière demeurait sous la grêle. Il y avait de quoi se merveiller ! Revenant peu à peu à la raison, je questai autour de moi l'explication de ce curieux phénomène.

Trois silhouettes sombres et encapuchonnées attendaient derrière moi, à moins de dix galops, et l'une d'elles tenait les mains en coupe au-dessus de son chef. Quand les démoignes femelles eurent disparu, je m'approchai de ces trois visiteurs à qui je pensais devoir mon salut.

« Oh là ! m'écriai-je. Que le Grand Faiseor vous donne chance et félicité ! Est-ce à vous que je dois la brusque retraite de ces monstres ? Dans ce cas, je vous suis très redevable, car j'étais possédé de folie et je crois que je me serais livré à un acte aussi sacrilège que mortel si votre chemin n'avait croisé le mien ! »

Les silhouettes ne me répondirent pas. Je m'avisai qu'il s'agissait de trois dragues, vêtues de sombres guenilles. Elles étaient protégées de la pluie par de vulgaires chapes en peau de loup, agrémentées de queues de goupils et d'écureuils. Celle qui se tenait au centre était solaire, et portait sur le visage des symboles tatoués. Elle se débarrassa de son capuchon. Ses cheveux étaient rasés, à l'exception d'une tresse unique qui naissait au sommet de son crâne et descendait s'enrouler autour de sa gorge comme la corde d'un pendu. Elle laissa retomber ses bras, et la trouée entre les nuages fut aussitôt comblée, restituant à la clairière son uniforme orage.

Aucune d'elles n'était belle comme Descordia. Leurs traits étaient aussi durs que leurs regards. Leurs bouches étaient maquillées de terre sèche, leurs joues creusées par le jeûne. Elles allaient pieds nus comme des mendiantes. Elles étaient sales. Je songeai aussitôt qu'elles devaient habiter Noctablon-La-Femme-Feuillage qui s'étendait au sud-est. On racontait que les communautés de dragues y pullulaient, et qu'il ne faisait pas bon se perdre dans cette immense forêt.

Ces femmes qui se tenaient devant moi, plus rigides que statues, n'étaient-elles pas plus dangereuses encor que les créatures dont elles m'avaient détourné ?

Celle dont la natte blanche enlaçait la gorge avança d'un pas et s'adressa à moi de la sorte :

« Nous avons un message pour Descordia. Dis-lui que nous nous sommes décidées : elle doit l'aider et le protéger. Telle est notre volonté, car nous ne souhaitons pas ce qui est en train d'arriver ! »

J'allais l'interroger sur le sens de ces paroles lorsqu'elle leva la main et traça un occulte dessin dans les airs. Aussitôt, mes forces m'abandonnèrent et l'obscurité envahit mon esprit. Je ne sais si je chutai lourdement. J'étais endormi avant que mon corps ne touchât terre.

« ...Il n’est pas mort. Il est seulement inconscient. Aplecraf ! Vous m’entendez ? Aplecraf !... »

J’ouvris une paupière. Un flot de lumière déferla sur mon oeil. Pourtant, je me sentais trempé et froid. Descordia et Percegarde étaient penchés sur moi. Allongé, le dos dans une boue glacée, je fis de grands efforts pour me redresser sur le coude. Je compris alors que j’étais couché au milieu d’une route, et que mes compagnons venaient de buter sur mon corps.

J’ignorais le temps qu’avait duré ma pâmoison, mais le ciel était bleu, et les nuages très loin derrière les montagnes. La peau de mon visage était comme tirée par mille aiguilles invisibles, car la terre y avait séché. J’avais dans la bouche un goût d’herbes et de racines. Mes lèvres me faisaient mal. Mais de tout, c’était mon crâne qui me causait la plus vive cuisance. Ont eût dit qu’un forgeron y faisait sa résidence, et frappait le métal à grands coups de burin. C’était mon sang, ce me semble, qui affluait à mes oreilles, puis s’en retirait avec fracas.

« Il se réveille ! »

Je reconnus la voix de Théodulf.

« Pour sûr, Aplecraf, les fées de la chance marchent dans vos pas. Nous pensions que vous gisiez quelque part au fond des bois, les os rompus, et que nous ne vous retrouverions jamais. Même si je me demande par quel miracle vous êtes revenu sur notre route, je suis bien content de vous revoir. »

Percegarde m'aida à me relever. Je regardai autour de moi dès que mes yeux se furent accoutumés à la lumière. Où était la clairière ? Cet endroit m'était inconnu. Irquebraân, un peu plus loin, tenait mon cheval à la bride, le laissant brouter l'herbe au bord du chemin. Ce dernier paraissait bien tranquille, à présent, et ce ne serait certes pas lui qui m'aiderait à convaincre mes amis de l'incroyable aventure qui m'était arrivée.

« Que vous est-il arrivé ? » demanda Descordia. Mais seules ses lèvres prononçaient ces paroles, car ses yeux s'adressaient à moi d'une autre manière. Leur éclat me murmurait : « Je sais ce que tu viens de vivre, mais ne parle pas de celles qui t'ont sauvé la vie, pas encor. Il ne faut pas. » Cette phrase se formula seule dans mon esprit, et de très précise façon. Aussi répondis-je, alors que tous se pressaient autour de moi:

« Mon cheval m'a longuement mené à travers plaines et forêts, et, si vous voulez bien l'entendre, je désire vous conter ce qui m'est arrivé. »

Théodulf soupira.

« Pourquoi pas ? Les quarts descendants sont trop avancés, de toute façon. Il est inutile d'insister, car nous sommes tous très fatigués.

Nous n'arriverons pas au Temple du Milieu aujourd'hui. Oncques, trouvons un endroit pour nous reposer, et écoutons le récit d'Aplecraf ! »

Ah ! Il n'eut pas à le dire par deux fois ! Déjà Irquebraân choisissait un large rocher, moins humide que la prairie, où nous pourrions nous allonger. De feu, hélas, il n'était pas question d'en faire, car dame nature était couverte d'eau. Il ferait longtemps, avant que le soleil n'ait raison de cette robe humide sur le corps de sa verte compagne !

Nous étions très satisfaits de ne point continuer à marcher. Humains, solaire ou montorin, n'étaient pas moins fourbus que leurs montures. Les estomacs criaient famine.

Chacun reçut bonne part de biscuits et de poisson salé. Une outre de vin fut même partagée grâce aux bons soins de Percegarde, qui s'en était saisi dans le village abandonné. On voyait bien que nul n'était d'humeur à la réprimande, car toutes les bouches recueillirent avec grande soif le piquant élixir sans songer davantage à blâmer le solaire pour sa rapine.

Enfin, je fus mandé de faire état de mon aventure, et de la façon dont celle-ci m'avait ramené sur la route.

Je racontai tout en détails, et fis preuve d'éloquence, mais point trop non plus, pour éviter que mes paroles ne fussent confondues avec vulgaires inventions. Il fallait que chacun sût clairement que la vérité seule était autorisée à passer par ma bouche. Je menai longue description des femmes nues aux regards blancs et de l'extase en laquelle leur vue m'avait plongé. En revanche, je tus l'origine magique du rayon de soleil salvateur. Je fis semblant de ne l'attribuer qu'à un caprice heureux du temps, peut-être dicté par la main du Grand Faiseor. J'expliquai que ce miracle m'avait permis de retrouver mes esprits et de m'enfuir. Mon récit ne fit mention d'aucune drague aux paroles énigmatiques. Un soupir discret de Descordia m'apprit qu'elle s'en trouvait grandement soulagée.

Le reste de l'assemblée n'en fut pas moins merveillé, et une profonde stupeur se dessina sur tous les visages. Ils ne savaient trop ce qu'ils devaient penser. Théodulf affichait une moue sceptique, que j'hésitais à tenir pour un outrage. Après tout, il remettait ma parole en doute d'une simple grimace. Ceci suffisait-il à se sentir insulté ?

Trémégor, chassant d'un revers de la main les mouches qui bourdonnaient autour de lui chaque jour davantage, se tourna vers Théodulf et souffla :

« S'il dit vrai, la situation est grave. Les créatures dont il parle, tu les as reconnues aussi bien que moi...

— C'est impossible ! rugit Théodulf. C'est tout simplement impossible ! Il a rêvé, ou le mensonge habite sa langue, mais il n'a pas pu voir ce qu'il nous a décrit ! »

Percegarde prit ma défense :

« Est-il bien nécessaire de lui faire cette injure ? Si son récit n'était pure vérité, Descordia le saurait, elle qui peut lire les cœurs. »

Puis, se tournant vers la drague, le solaire demanda :

« Ses paroles sont-elles frappées du sceau de l'infamie ? Répondez sans détour, Descordia ! »

Joignant les mains, elle marqua une légère hésitation, mais répondit :

« Son cœur est sincère, mais je dois reconnaître que le songe emprunte parfois les habits de la vérité. S'il avait rêvé et qu'il l'ignorait, il parlerait de la même manière. »

J'avais par trop le sentiment d'assister à mon jugement, et ceci me déplaisait au plus haut point. Je me crus autorisé à intervenir :

« Gardez vos folies ! Ces créatures étaient réelles ! »

Théodulf s'avança vers moi avec détermination.

« Pouvez-vous le prouver ? »

Je soutins son regard.

« J'en suis hélas incapable. Je fais serment sur ma vie que j'ai vu ces femmes de mes yeux, et que je les ai touchées de mes mains ! »

Théodulf s'en retourna en pestant. Rien n'était propre à le convaincre. Percegarde, alors, rendit justice à mon témoignage :

« Sachez que, pour ma part, vous êtes cru. Je vous fais confiance, et ne veux pas d'autre assurance. »

Ces paroles me furent de bon réconfort, et je ne m'attendais pas à ce que le discret Irquebraân, à son tour, plaidât en ma faveur. Poutant, il dit à l'intention de Théodulf :

« Je crois le trouvère ! J'ai senti des présences. Elles rôdent peut-être autour de nous, les *mangeuses de neige*... »

Théodulf, se retournant brusquement, s'écria avec ragerie :

« Cela ne saurait être dit ! Vous le savez tous, qui parlez follement : les *mangeuses de neige* n'existent pas ! »

Un grand courroux et un grand dépit lui étaient venus au visage. Vraiment, mon récit lui causait du tourment.

« Elles existent dans les légendes ! »insista Irquebraân.

Et Théodulf rétorqua :

« Ce qui prouve qu'elles n'existent pas ! Voilà bien de séduisants démoignes, qui prennent des corps femelles pour mieux se repaître de notre sang ! Ah, l'odieuse crédulité des esprits en jachère ! Et plus un conte est sot, plus on s'empresse d'y porter crédit ! »

Sa voix se brisa. Trémégor,s ans mot dire, lui posa la main sur l'épaule d'un geste fraternel.

Pour la première fois, je lus de la résignation sur le visage de Théodulf. Il se troubla et, oubliant sa fierté, répondit d'une voix assez haute pour être entendu de chacun :

« Je ne sais plus, Trémégor... je ne sais plus quoi penser. »

Puis il se retira loin de nous.

Je garde de cet instant une claire souvenance, car je me trouvai ému du sort de mon compagnon. Je comprenais combien chère était à son cœur la Raison qui aurait dû guider chaque chose en ce monde. Mais on eût dit que le Grand Faiseor se plaisait à punir sa curiosité en plaçant sur sa route de vivantes chimères, tout droit sorties des plus absurdes légendes. Son désir de savoir était-il si coupable ? Ce n'était pas tant colère qui troublait Théodulf qu'immense désarroi. Et nul ne pouvait, pour lui, l'adolcier.

Cet émoi passé, chacun s'en fut dormir, enroulé dans sa couverture. Le soleil séchait doucement la prairie et les robes des chevaux, attachés à une large souche d'arbre. Ces derniers, dodelinant du chef, frappaient parfois la terre avec leur sabot ou encor, de la queue, se fouettaient les flancs, et c'était là tout le bruit qu'il était possible d'entendre dans ce muet paysage.

J'étais si las que même mon effrayante aventure ne fut pas de taille à m'empêcher de rejoindre les vastes terres du rêve et de l'absence. Bien sûr, je rencontrai quelques-unes de ces *mangeuses de neige* au détour de mes songes, et l'une d'elles parvint à mordre à pleines dents dans la chair de mon cou, mais ces sombres images furent chassées par une apparition de Quadrilba. Elle me disait :

« Aplecraf, Aplecraf, venez avec moi ! »

J'ouvris soudain les yeux. Descordia se tenait près de moi et me secouait l'épaule.

« Je dois vous parler. Venez avec moi ! »

Evanouie, la douce Quadrilba! Envolée, l'espérance de la serrer à nouveau contre moi! Il avait suffi d'une voix de femme murmurant à mon oreille pour faire surgir son visage dans les limbes du rêve, et il avait suffi que cette même femme effleurât mon épaule pour que la bienfaisante apparition retournât au noiant. Je n'éprouvai nulle joie à reconnaître Descordia dont la vue me privait de mon songe le plus cher. Je me levai néanmoins sans bruit, devinant les motivations de sa requête, et la suivis à l'écart du campement, derrière les chevaux, dont l'oreille entend mais ne sait pas trahir.

Descordia m'attira près d'elle, et me souffla :

« Vous savez bien le sujet dont je veux vous entretenir. Vous n'avez pas tout révélé, et je vous en sais gré. Nos compagnons ne sont pas prêts à entendre la vérité. L'attitude de Théodulf l'a démontré. J'ai raison, je crois, de redouter sa réaction. Mais vous pouvez parler, à présent, et m'apprendre ce que j'ignore encor. »

Je lui fis part sans attendre de l'intervention de ses sœurs, et des mots qui avaient été prononcés. J'ajoutai que je n'avais point voulu la mettre en difficulté, mais que je ne m'expliquais pas ces paroles, et le secret qui les entourait.

J'avouai que je craignais de comprendre que tout ceci ne dissimulât quelque félonie.

« Il n'en est rien, jura Descordia. Je ne puis vous contraindre à me croire, et je sais que les apparences sont contre moi, mais gardez-vous de juger avec trop de hâte. Je n'ai pas tout dévoilé sur mon compte, mais j'ai grand espoir d'être en mesure de le faire prochainement. Il est encor trop tôt, voilà tout... »

Une silhouette surgit sans crier gare sur notre destre. Je reconnus avec stupeur Théodulf, qui s'était glissé derrière les chevaux pour épier notre conversation. L'expression de son visage disait trop qu'il avait tout entendu ! Et Descordia, avec toute sa subtile magie, n'avait pas décelé sa présence.

Il s'avança vers elle, la main au pommeau de l'épée.

« Eh bien ? Que signifie ? J'ai ouï vos persiflages ! Quelle est cette trahison ? Parlez, et sans tarder, car vous ne connaîtrez de paix tant que la vérité ne sera révélée ! »

La drague se troubla moins que moi, et répondit calmement :

« Quelle mouche vous pique ? Nous n'avons rien dit... »

Ce disant, elle voulut passer la main sur les yeux de Théodulf qui se saisit de son poignet avec une violence qui fit grimacer la jeune femme de douleur.

« Je te conseille de ne plus jamais porter la main sur moi de cette façon ! »siffla-telle en reprenant son bras, les yeux pleins de fureur.

Théodulf n'était pas moins courroucé, et cria si fort que tous en furent réveillés :

« Dans ce cas, tu devras t'abstenir de me jouer l'un de tes tours, sorcière ! Je ne suis pas assez naïf pour te laisser m'ensorceler ! »

Nos compagnons étaient déjà là, et se regardaient les uns les autres avec stupéfaction.

« Que se passe-t-il ? » demanda Trémégor en s'interposant habilement entre les regards de défis.

Déjà, les eï de Descordia bourdonnaient au-dessus d'elle, prêtes à faire don de leur venin.

Mais Théodulf ignora la question et s'écria :

« Descordia ! Apprends que la trahison est une faute que je ne sais pas pardonner ! Dis-nous la vérité, si tu ne veux qu'il t'arrive malheur ! »

La drague ricana avec méchanceté.

« Ton épée ne peut rien contre moi, et ta vie ne pèse pas bien lourd pour les forces que je commande... »

C'est alors que Trémégor a frappé du sabot avec ragerie, faisant vibrer la terre toute entière. Il a rugi si fort que les montagnes les plus lointaines en ont reçu l'écho :

« Il suffit ! Vous avez tous deux parlé follement ! Personne, moi présent, ne versera le sang ! »

Son intervention produisit son effet. Théodulf s'écarta en jurant à mi-voix, et les eï de la drague se posèrent sur les épaules de leur maîstresse. Se tournant vers l'assemblée, elle dit enfin :

« Fort bien ! Puisqu'il en est ainsi, je vous dois en effet une explication. Que je meure sur le champ si ce que je m'en vais vous révéler n'est pas la vérité ! Théodulf a raison sur un point : je vous cache quelque chose...

— Est-ce ainsi que tu me rends grâce de t'avoir sauvé la vie lorsque les villageois avaient fait le vœu de t'occire ? ne put s'empêcher de lâcher Théodulf. Ah ! j'aurais dû écouter ceux qui me disaient qu'une drague ne connaît pas le mot loyauté ! »

Cette fois, Descordia refusa de relever l'affront, et détachant son camail de velours, fit couler sa chevelure d'encre noire le long de ses épaules. Elle nous désigna un tatouage qui ornait le côté de sa nuque.

« J'appartiens à une communauté de dragues dont cette marque est le symbole. Je ne viens pas de Sorclham la Perdue, comme je l'ai prétendu, la cité engloutie dans la forêt des arbres-peur. Non, je viens d'un pays très proche du lieu où nous sommes, car c'est à Noctablon-la-femme-feuillage que j'ai toujours vécu. Tu te dois de savoir, aimable Théodulf, toi qui aimes tant tenir les autres sous ton joug, que je n'ai nulle dette envers toi. Car ce village dont tu parles, ainsi que les habitants à la fureur de laquelle tu m'arrachas naguère, n'existaient que pour tes yeux et ceux de tes compagnons. Tout n'était qu'une enchanterie inventée pour ton compte. Je fus placée sur ta route par ma communauté, afin de te contraindre à me prendre avec toi... »

Tous, autour d'elle, ouvrirent des yeux pleins de surprise.

« Quel est...quel est ce mensonge ? » bredouilla Théodulf.

Et Descordia reprit:

« Oui, mon ami, une simple illusion ! Sachant que, sans cela, tu refuserais de t'acoquiner avec une drague, nous nous sommes avisées d'un stratagème : nous ne pourrions placer l'une d'entre nous à tes côtés que si tu te croyais en droit de compter pleinement sur sa reconnaissance. C'est pourquoi nous nous sommes livrées à cette gentille mascarade. Tu as bien joué ton rôle. »

Trémégor lui-même la regardait comme une lépreuse qui aurait ôté ses bandages. Il paraissait aussi révolté qu'incrédule. Tirant sur sa barbe rousse encor pleine de mousses et de feuilles mortes amassées durant son sommeil, il maugréa :

« C'est impossible, voyons...vous êtes démente, Descordia ! La raison vous a fui ! »

Et la drague rétorqua :

« Vous souvient-il, ami Trémégor, d'un certain parfum de fleur qui flottait dans ce village ? Il était fort, n'est-ce pas ? Apprenez qu'il faisait partie de notre sortilège. Me croyez-vous, à présent ? Notre prêtresse avait ouï parler de vos projets. Nous voulions percer à jour vos intentions afin de nous assurer qu'elles ne pouvaient nous nuire, ou réveiller des forces dangereuses pour notre monde...

— Tu es là pour nous espionner ? » s'étrangla Théodulf.

Descordia baissa les yeux. Elle n'avait plus envie de nous défier.

« C'était ma mission, en effet. Mais j'ai pris goût à cette queste. Je sens bien que quelque chose d'extraordinaire est en train de se produire. »

Irquebraân, pour la première fois, se mêla de la conversation :

« Que veux-tu dire, femme de l'ombre ? »

Descordia lui lança un regard plein d'espoir :

« Tu le sais aussi, n'est-ce pas, toi qui sens les dangers comme un loup ? Ton sang t'a prévenu. Pourquoi ne leur dis-tu pas ce qui nous suit et ce qui nous attend ? Pourquoi gardes-tu le silence ? »

Mais le semi-loup opta pour un discours élusif :

« Je ne vois pas de quoi tu parles. Les guerriers n'ont que faire des malédictions. »

Descordia soupira.

« Discours de barbare têtu ! Ecoutez-moi tous : nous sommes cernés de dangers, et vous avez besoin de moi. Je comptais vous dire la vérité, bien que ce fût chaque jour plus difficile.

Mes semblables le souhaitaient également, puisqu'elles ont choisi Aplecraf pour messager. Elles auraient pu me contacter d'une autre manière pour me faire connaître leur volonté, mais elles ont préféré que lumière soit faite. Elles n'ont pas recommandé au trouvère la discrétion dont il a voulu faire preuve. Elles ont jugé que vous pouviez comprendre, car l'enjeu est grand. »

Théodulf ne fut pas apaisé par ces paroles. Il expédia un coup de pied à une proche motte de terre, et dit, les dents si serrées que ses mots en étaient étouffés :

« Ta fausseté est sans mesure, sorcière ! J'ai fait fi des préjugés, je t'ai accueillie comme n'importe lequel de mes compagnons, et le mensonge dictait chacun de tes mots et chacun de tes gestes ! Quelle belle leçon tu viens de m'infliger ! Tu t'es bien jouée de nous ! Et tu as l'impudence de te prétendre indispensable ? Nul doute que nous sommes d'une autre opinion ! Que m'importe ton repentir ? Félone tu étais, félone tu resteras. Comment te ferais-je à nouveau confiance ? Si j'étais comme toi, je te passerais bien la lame au travers du corps ! Mais ce ne sont pas là mes manières, et je préfère te laisser la vie afin que tu médites ta perfidie. »

Descordia se troubla.

« Fou ! Tu ne sais pas ce que tu dis ! Jusqu'à quand nieras-tu l'évidence ? Les légendes prennent corps, Théodulf, elles s'incarnent chaque jour d'avantage...

— Assez ! Je méprise ta superstition et je te dis que ta présence n'est plus désirée parmi nous. Accepte ma sentence et pars sans te retourner, car ton venin blesse encor tant nos cœurs que nous pourrions changer d'avis ! »

La drague serra les poings comme pour lancer une attaque magique, mais au lieu de frapper, elle supplia :

« Je t'en prie, Théodulf, ne commets pas cette erreur ! Laisse-moi une chance de te prouver ma bonne foi...Je regrette d'avoir dû te mençongier, mais ta cause est la mienne, à présent. Je t'en fais le serment. N'as-tu point de miséricorde ? »

Théodulf lui opposa un silence farouche, et nul n'osa intervenir. Elle chercha parmi nous un regard amical, auquel se rattacher. Mais nous n'étions pas assez téméraires pour lever les yeux. Comme les autres, je la laissai s'éloigner lentement.

Elle détacha son cheval, sauta en selle et, sans attendre davantage, donna des éperons. Elle disparut derrière la colline. Personne ne tenta de la retenir.

Mon cœur était plein de remords et de honte.

Chapitre 8

Où Aplecraf entre dans la Frange Crépusculaire et fait la connaissance d'Umut le Narquois

Jamais je n'avais assisté à tel phénomène. Je savais pourtant qu'il en était ainsi, car j'avais dialogué, par le passé, avec des voyageurs ayant approché la frange crépusculaire, mais leurs récits étaient restés pour moi très abstraits, comme les descriptions dont j'usais moi-même dans mes contes. Il ne saurait imaginer ce spectacle, celui qui ne l'a, de ses yeux, vu !

Car, sitôt levés, nous nous étions remis silencieusement en route, et je n'avais pas tardé à remarquer que le soleil descendait vers les collines de l'est, à mesure des pas qui nous portaient dans la direction opposée. C'était comme si la lumière désapprouvait notre attitude envers Descordia, et se rangeait de son côté, nous abandonnant aux ténèbres. Je n'avais de cesse de me retourner sur ma selle pour contempler ce prodige. Je manquais de repères, mais j'en étais certain : le soleil se rapprochait lentement de l'horizon. J'avais le sentiment désagréable qu'il était en train de tomber derrière le cercle plat de la terre, et que nous allions le perdre à jamais. Je me gardai bien de faire part de cette crainte irrationnelle à Théodulf, dont je redoutais désormais la colère.

Ce dernier ne soufflait mot ni ne se retournait. Il se souciait peu que les ombres grandissent autour de nous. Il tenait fermement les rennes de sa monture, et la conduisait avec rudesse.

Un observateur estranger, devant nos visages fermés et nos lèvres serrées, en aurait conclu que nous partagions son état d'esprit. Pourtant, je savais que, comme moi, chacun songeait à l'envi : « Ah ! Quelle erreur d'avoir chassé Descordia ! Mal nous en prit, car la drague aurait été fort utile dans le dangereux pays que nous traverserons tantôt ! ». Les griefs étaient oubliés, ainsi que les craintes inspirées par notre compagne. L'emportait désormais l'inquiétude d'entrer dans le Monde Obscur sans une experte de la magie de l'ombre. Vraiment, seul Théodulf ne montrait aucun signe de repentir.

Les ombres s'allongeaient, avant-postes de la nuit. Je regardais danser la mienne devant moi, fondue à celle de ma monture. On eût dit un monstre surgi de l'Océan Terrible ! C'était bien là ma part de ténèbres, sortie de ma propre chair, et s'étirant vers le Monde Obscur comme pour m'en désigner le chemin. Le mal que nous portions en nous grandissait à nos pieds, se déployait tel un immense corb tandis que nous approchions de son royaume.

Les arbres, les rochers, les collines, se vidaient pareillement de leur venin opaque. Les armées de la lumière étaient partout défaites, englouties au fond de lacs noirs. Mille gonfanons de nuit flottaient sur l'herbe, et toute chose autour de nous dénouait une sombre chevelure.

Le paysage inventait des monstres d'obscurité toujours plus grands et redoutables, et, le cœur serré, nous suivions ces enfants de l'ombre.

Enfin, nous faufilant entre deux chaînes de montagnes d'aspect lugubre, nous entrâmes, sur la fin du second quart montant, dans l'étroit pays du crépuscule, où le soleil est rouge pour l'éternité.

A l'extrémité du défilé, rien n'était plus semblable à ce que nous avions connu. De végétation, il n'en était plus guère, sinon broussailles et arbrisseaux. Imaginez une maison bien close, sous les tentures d'une grande cité, pendant les quarts descendants. Allumez-y un grand feu, et des torches le long des murs. Pouvez-vous concevoir cette lumière rougeoyante ? Dans la frange crépusculaire, tout était ainsi éclairé, à ceci prés que les ombres ne dansaient pas sur les visages et sur les pierres. Le soleil était une flamme immobile et froide, illuminant faiblement ces terres désolées.

La route continuait entre de grands rochers qui paraissaient jetés au hasard par le bras d'un géant. Des plantes bardées d'épines se plaisaient à y grimper, et leurs feuilles étaient aussi jaunes que le poil de Rôn et Bilba.

Etait-ce pour cause de l'heure, on n'entendait point d'animaux, ni oisels ni insectes. Un vent glacé soufflait depuis le Monde Obscur dont on devinait déjà la frontière, au loin, derrière l'horizon baigné de nuages mauves.

Si je tournais le chef en toutes directions avec étonnement, Théodulf, pour sa part, avançait sans inquiétude ni surprise. Pour sûr, il connaissait les lieux.

Enfin, il imposa à son cheval un arrêt brutal, et nous indiqua à senestre un rocher abrupt, haut de trois cents galops. A son pied se dressait une vaste construction, aux tours noires et effilées, cernée d'une muraille grandement fortifiée. C'était, vous l'avez compris, le Temple du Milieu, lequel ressemblait bien plus à un chastel bâti par un fou qu'à un quelconque lieu de culte. Les temples dédiés au Grand Faiseor n'avaient rien de comparable, tant par leur lumineuse couleur que par l'humilité de leur architecture.

Je me fis cette réflexion : « s'il est ainsi bâti, tout de pierres noires, de meurtrières et de tours effroyables, c'est sans doute pour mieux tenir à distance les créatures maléfiques qui se tapissent dans l'ombre. S'il leur prenait l'envie de déferler sur le monde éclairé, une telle vision aurait de quoi les arrêter ! »

Nous quittâmes la route pour emprunter le sentier qui montait en lacets jusques au pont-levis. Deux barbacanes, aussi sombres que le temple, en gardaient l'entrée. Trente hommes pouvaient bien tenir dans chacune d'entre elles. Mais les meurtrières étaient trop hautes et trop étroites pour que l'on pût juger si elles étaient occupées. Des tireurs étaient-ils embusqués ? Je frissonnai à l'idée que j'étais peut-être la cible sans défense d'une lourde arbaleste armée d'un vireton fatal.

Parvenu à leur hauteur, Théodulf sortit le corn qu'il gardait dans une sacoche de sa selle, et y porta trois fois les lèvres. Quand le corn eut ainsi sonné à trois reprises, et que l'écho s'en fut perdu par-delà les montagnes, un grincement de chaînes lui répondit, et, sans que nulle sentinelle ne se soit montrée, le pont-levis s'abaissa devant nous avec fracas.

Théodulf s'y engagea le premier, au trot, avec les gestes assurés de celui qui se sait attendu.

Des jardins s'étendaient derrière la muraille fortifiée: de vastes potagers, pour l'essentiel, où poussaient de très estranges légumes, tels que je n'en avais jamais vus. La lumière orangée du ciel leur avait transmis sa couleur. Toutes les plantes arboraient des formes noueuses, torturées, comme les corps des damnés se tordant dans le feu du bord-du-monde. Cette vision n'était pas pour ouvrir l'appétit.

Nous traversâmes une longue allée d'olifs, mais leurs fruits, encor une fois, étaient d'une couleur peu commune, et je me demandai si l'huile qui en était sans doute tirée était également bleue.

Un escalier aux marches hautes de cinq ou six sabots formait le socle du temple. Il était surmonté de plusieurs portes, assez larges pour un griffon lunaire aux ailes déployées. Celle du centre était ouverte. Des hommes vêtus de noir et de blanc se tenaient sur le seuil. Les prestres du Crépuscule nous attendaient bel et bien.

Ils avaient fière allure, et leurs épaules n'étaient pas frêles comme celles des Mystiques qui passent leurs journées à prier ou à lancer des sorts. Ils avaient l'air de guerriers, les hommes qui nous accueillirent, et ils devaient être fort versés dans l'art de manier les armes pour en être aussi généreusement pourvus. Il n'est personne sous le ciel qui eût osé les provoquer.

Les hommes de foi et de prière aiment d'ordinaire à porter chapeaux ou capuchons. Mais ceux-là montraient leurs visages d'humains. On comptait quelques solaires dans leurs rangs, mais nul aqueux ou montorin. Cet ordre leur était-il interdit ? Pourtant, il y avait même deux femmes parmi eux, que rien, dans l'habillement, ne distinguait. Tous portaient les cheveux longs, fort bien coiffés et galonnés de fils d'or et de rubans d'argent. De reluisants hauberts protégeaient leurs torses, et de longues gonelles, qui ne couvraient guère que leurs cous, tombaient de leurs épaules jusques à leurs chevilles. De tissu finement ouvragé, elles étaient noires sur une moitié, blanches sur l'autre. C'était là, je le savais, le symbole de leur ordre : un cercle partagé entre ces deux couleurs.

Leurs bras sortaient de cet habit et, hormis de larges bracelets d'argent, ils étaient tout à fait nus. Il est nécessairement adroit, celui qui ne redoute point d'être frappé sur la main qui guide l'épée ! Quant à leurs jambes, elles n'étaient pas mieux protégées, sinon des genouillères d'acier. Leurs braies étaient coupées dans le même tissu que leurs gonelles, aux deux couleurs de l'ordre. Ils étaient chaussés de houseaux, comme des archers, et ceux-ci étaient des plus surprenants car ce n'étaient pas vulgaires peaux de bêtes, mais mystérieuses écailles. Quelle créature avait donc été dépecée pour fabriquer ces hautes bottes ?

Ils étaient bonne dizaine à se tenir devant nous. Dans leurs dos se croisaient deux sabres courts dont les poignées semblaient plantées à même leurs épaules. L'un était blanc jusqu'au pommeau, et l'autre noir. Ainsi étaient armés les prestres du Crépuscule qui n'ont pas leur égal, de par le monde, pour manier armes et jeter sortilèges, toutes magies confondues. Immuables sentinelles, dont les yeux contemplèrent tant de miracles et d'horreurs surgis de la Grande Ténèbre et dont le glaive trancha tant de corps innommables reniés par notre Créateur !

Sans descendre de nos montures, nous nous alignâmes à leurs pieds, et ils nous rendirent notre salut. D'un rapide coup d'œil, je constatai ce dont je n'avais pu me rendre compte de l'extérieur de l'enceinte : aux créneaux, quantités d'hommes étaient postés, qui surveillaient le paysage désertique. S'ils avaient souhaité nous empêcher d'entrer, nul doute que nous serions déjà morts, percés de mille flèches ! Il eût fallu une très grande armée pour venir à bout de cette forteresse.

L'un des prestres effectua quelques pas dans notre direction avant de s'adresser à notre chevetaigne :

« Théodulf de Sapre ! Vous voici de retour ! J'ai bien fait, je crois, de prêter foi à votre parole. Cependant, est-ce là toute l'armée que vous m'aviez promise ? »

Théodulf sauta de cheval et s'inclina avec humilité.

« Elle est là toute entière, sire ! J'ai quelque peu changé d'idée sur ce qu'il convenait de faire pour traverser le Monde Obscur. Mais je vous entretiendrai de ces détails un peu plus tard. La stratégie peut attendre. Pour l'heure, je sollicite votre hospitalité, ainsi que votre attention. Nous devons vous avertir de certain danger qui semble avoir échappé aux mailles de votre vigilance ! »

Le prestre répondit d'une voix où perçaient fatigue et lassitude:

« C'est possible, en effet, car nous sommes en grand surmenage. Je veux que vous entriez pour manger et dormir autant qu'il vous plaira. Mais avant, enseignez-moi en quel péril se trouve le monde par notre faute.

— Ce n'est pas votre faute, répartit Théodulf, car vous êtes bien peu pour combattre les maux issus de la Grande Ténèbre. En vérité, je n'ose vous dire ce dont il s'agit, de peur que vous vous moquiez. Nous avons, en chemin, trouvé villages désertés et corps privés de leur sang ! Je ne sais si je dois vous avouer le nom que certains mettent sur cette tragédie... »

Trémégor, agacé par ces circonvolutions, mit fin aux scrupules de son compagnon humain :

« Des *mangeuses de neige*, sire ! Des *mangeuses de neige* ont passé la frontière du monde éclairé et se repaissent du sang de ses habitants. Nous savons tous qu'elles ne devraient appartenir qu'aux légendes. Pourtant, certains d'entre nous les ont vues, et ont échappé de justesse à leurs sensuelles mâchoires! »

J'étais bien aise que le montorin se portât ainsi garant de mon propre témoignage, et je ne soupçonnais pas l'avoir à ce point convaincu. Mais, à notre grande surprise, aucun murmure dubitatif ne traversa l'assemblée des prestres du Crépuscule. Et il nous fut répondu :

« Hélas, vos paroles ne nous surprennent en rien, tant ces phénomènes se sont accrus ces dernières années. Nous prenons acte de ces *mangeuses de neige* et les repousserons dans leur monde tantôt, si nos effectifs nous en offrent l'opportunité. Comme je vous l'ai appris: nous sommes débordés. Des créatures telles que nous n'en avions jamais vues surgissent presque chaque jour du pays de la nuit, ou même des régions sauvages qui s'étendent en pleine lumière tout autour de nous. Beaucoup, jusqu'alors, n'appartenaient qu'aux contes et légendes de nos peuples. Aujourd'hui, on dirait que ces monstres sortent peu à peu d'un très long sommeil, et que nous avions tort de supposer qu'ils n'existaient pas ! »

Théodulf se montra fort troublé par ces paroles. C'étaient là trop de témoignages qui allaient contre ses convictions. La suspicion n'était plus de mise, et il devait s'en rendre compte. N'avait-il pas fini par reconnaître qu'il ne savait plus que penser ?

Les prestres du Crépuscule prirent soin de nos chevaux, et nous guidèrent à travers le temple pour gagner les appartements où nous pourrions nous restaurer et prendre du repos. Nous en avions tous grand besoin, et nul n'insista pour discuter plus longtemps des problèmes évoqués. Chacun avait hâte d'ôter fourrures et pièces d'armure, de poser glaives et escus, et de dormir à l'abri du danger. Car Théodulf avait entière confiance en nos hôtes, et il était d'une nature si méfiante que leur bienveillance ne nous paraissait pas à prouver.

A l'intérieur, tout n'était que longs corridors et salles démesurées, éclairées de flambeaux. Les pierres y étaient nues, sans ornement aucun: il était manifeste que ces prestres guerriers avait moins récolté de richesses que de cicatrices. Certaines pièces, réservées à la prière et aux rites sacrés, étaient cependant sublimées par la présence de vitraux dont la beauté flamboyait sous les rayons du soleil à jamais couchant. Quel éclat ils jetaient sur les tentures et tapis ! De quelle splendeur rougeoyante ils nimbaient toute chose ! Une table, du plus pauvre des bois, prenait des airs d'autel somptueux, taillé dans une roche miraculeuse !

On nous servit à manger dans une salle bien plus sombre, emplie de colonnades. Nous nous trouvions du côté nuit, et le souffle froid issu du Monde Obscur s'engouffrait par les meurtrières. Le menu fut très simple : soupe fade et sans couleur, et maigre viande au goût inconnu. Point de vin ni de pain. Voilà des mets qui ne poussaient guère à la liesse !

« Si c'est là tout leur quotidien, commenta Percegarde, je suis en joie de ne pas faire partie de ces prestres, et ce doit être grande pitié que d'assister à leurs festins ! »

Trémégor acquiesça d'un grognement entendu. Il savait bien, lui, ce qu'il allait trouver ici !

Grâce au Grand Faiseor, le sommeil fut de meilleure qualité. Les couches étaient raisonnablement moelleuses, et assez éloignées les unes des autres pour que nul ne fût inquiété par les ronflements et coups de coude de son voisin. Pour la première fois depuis bien longtemps, nous eûmes droit aux mêmes heures de repos, car aucun tour de garde ne fut établi. Comme Percegarde et moi-même faisions état de quelque appréhension à nous offrir ainsi, Théodulf nous donna sa parole que nous ne courions aucune sorte de danger en ces lieux. Et puis les chiens, eux, ne savaient pas s'arrêter de veiller ! Trop heureux de le croire, nous sombrâmes sans tarder dans un profond et bienheureux sommeil.

Avant d'être envahi de rêves, une dernière pensée me traversa, pleine de repentir : en cet instant pour nous si paisible, où était Descordia ? Quoique puissante drague, elle était aussi femme, et nous l'avions abandonnée dans un pays sauvage où rodaient mille périls ! Je me la représentai, chevauchant seule sous la pluie, guettée par les *mangeuses de neige*, à la recherche d'un abri pour se reposer. J'avais honte, mais le confort de ma situation étouffa ce sentiment, et je n'y songeai pas davantage.

« Le Grand Prestre du Milieu, Jagister Frolendag le puissant, et Théodulf, votre chevetaigne, mandent votre présence ! »

C'est par ces mots, prononcés haut et clair, que nous fûmes réveillés. Théodulf, en effet, n'était pas à nos côtés, et quelques secondes nous furent nécessaires pour comprendre ce que nous demandait le prestre debout devant nos couches. Enfin, sans prendre le temps de rouler nos couvertures, nous nous levâmes pour le suivre.

Un froid piquant régnait, dans les couloirs qu'il nous fit traverser, et je regrettais bien de ne pas m'être mieux vêtu. Les haleines n'étaient que buée, et les frissons se plaisaient à nous secouer le dos.

Théodulf nous attendait dans les appartements du Grand Prestre en personne. Celui qui nous avait accueillis était présent aussi, mais n'était que le second de Jagister Frolendag. Lorsqu'il se tourna vers nous, je crus d'abord que ce dernier était un vieillard aveugle, avant de réaliser qu'il s'agissait d'un aqueux, aux écailles ratatinées par l'âge. Son crâne lisse brillait sous l'éclat des torches. Son regard blanc transperçait la pénombre. Il portait la tenue de tous ceux que nous avions vus jusque là et, s'il était marqué de quelque signe distinctif, celui-ci échappait à mes yeux de non-initié.

En geste de bienvenue, il ouvrit les mains devant lui, et le spectacle de ses doigts palmés me dérangea malgré moi. J'étais impuissant à contrôler ce sentiment. Tous les aqueux que j'avais déjà croisés n'avaient pu m'habituer à l'estrangeté de leur apparence. Je n'ignorais pas que, comme nous, des pupilles, bien que blanches et indécelables, habitaient leurs yeux. Cependant j'étais incapable de les regarder en face tant ce détail me troublait. Je savais que leur morphologie les aidait à nager dans les eaux périlleuses où ils avaient coutume de chasser leur nourriture, mais je ne les en considérais pas moins comme des monstres. Ils n'étaient pas belliqueux, ne faisaient rien pour jouer de leur effrayante apparence. Hélas, ils continuaient d'éveiller en moi une crainte et un dégoût enfantins.

Je rassemblai mon courage pour m'avancer auprès de lui comme mes compagnons. Nous étions encor hirsutes, et ce n'était pas là une façon de nous présenter devant notre hôte. Pourtant, nul reproche ne déborda ses lèvres. Il dit simplement :

« Je suis heureux de vous rencontrer. Théodulf m'a longuement entretenu de vos qualités respectives, et je l'approuve dans son choix de limiter son armée à quelques hommes de votre valeur. Il est vrai qu'ainsi, vous aurez bien plus de chances de passer inaperçus dans les pays maudits que vous allez traverser... »

Ces paroles ne surent apaiser mon cœur, et j'aurais préféré me trouver loin de ce temple. Le danger, bel et bien, se précisait. Il ne se trouvait plus à dix mille galops, le Monde Obscur dans lequel on voulait me faire pénétrer !

Théodulf, qui avait l'air d'entretenir d'excellents rapports avec le vieil aqueux, ajouta :

« Venez, mes amis, et prenez place sur ces bancs, car nous avons à parler. J'ai longuement réfléchi, pendant que vous dormiez, et je suis venu au plus tôt faire part de mes conclusions au sage Frolendag. Il sut écouter et me conseiller. Je veux vous apprendre ce qu'il nous semble de la situation. »

Sans plus attendre, pleins de curiosités, nous prîmes place autour d'une table de forme ronde, taillée avec délicatesse dans du bois d'olif. Un artiste y avait dessiné deux femmes aux allures de déesses, se livrant à l'épée un combat sans merci. Elles n'étaient vêtues que de voiles, noirs pour l'une, blancs pour l'autre. Des volutes d'obscurité entouraient la première, des flammes la seconde. Au centre, là où les lames se heurtaient, une étincelle pourpre frappait de son éclat le regard du spectateur. C'était une oeuvre admirable, tant par la simplicité de son trait que par l'habileté de son exécution, laquelle permettait de saisir l'ensemble de la scène sans la contempler du sommet. A tout regard lancé de biais, elle offrait le même spectacle fascinant, et point besoin n'était de se contorsionner.

Lorsque nous fûmes installés, attentifs et l'esprit vaillant, Théodulf annonça :

« Vous connaissez tous désormais l'objet de notre voyage. J'ai de bonnes raisons de croire que le monde est rond. Il nous appartient de le prouver. De bord-du-monde, nous ne trouverons goutte, j'en suis certain. Les prestres du Crépuscule ont accepté, jadis, de me prêter main forte dans cette entreprise, parce qu'ils sont la mémoire d'un temps où le jour et la nuit passaient en alternance sur la surface de notre terre. Il se trouve que cette foi pourrait fort bien s'accorder avec ma théorie. Si j'ai raison, nous ramènerons de notre expédition assez de preuves pour bouleverser l'ordre des choses: le culte du Grand Faiseor sera fatalement balayé, et la religion de nos amis triomphera. Si je m'étais trompé, ce dont je doute fort, les prestres du Crépuscule retireraient de notre aventure une connaissance approfondie du pays dont ils gardent l'entrée, et des dangers qu'il recèle. Voilà la raison de notre association. C'est au nom de celle-ci que l'un d'entre eux nous accompagnera pour nous prêter main forte... »

Trémégor, méfiant, demanda :

« Lequel ? Nous n'avions pas parlé d'agrandir l'équipage... »

Théodulf allait répondre, mais l'aqueux le devança :

« Il s'agit de mon second qui, hier, vous accueillit au pied du temple. Il se nomme Umut le Narquois. Il est maîstre dans l'art des sortilèges, et hardi à manier le sabre. Son aide vous sera précieuse, si l'on considère que vous n'avez aucun magicien parmi vous. Je fais le vœu que vous ne le voyiez pas comme un intrus ou une charge, mais bien comme un compagnon sur lequel vous pourrez pleinement compter. Son bras est fort et son esprit subtil, aussi vrai que sa loyauté est grande. »

Ces paroles avaient été prononcées avec douceur et respect, et Trémégor ne fut pas rétif plus longtemps.

Théodulf reprit alors :

« Mais il y a plus important que tout ceci, et je veux vous faire part d'une autre théorie qui rend cent fois plus capital le succès de notre entreprise. En route, vous avez assisté, comme moi, à divers phénomènes très merveilleux. A Shabalzède Itra, tout d'abord, cette végétale qui s'enfuit entre les arbres. Dans le désert des Dieux Evanouis, ensuite, le Temple des Hommes Couchés. Enfin les *mangeuses de neige* qui voulurent boire le sang de notre ami trouvère. Mon attitude vous surprit peut-être. Je n'ai de cesse de combattre la superstition, et voici qu'elle apparaissait à chaque détour du chemin ! Vraiment, j'étais bien troublé, et furieux de cet outrage. Oncques ai-je décidé que vous aviez raison sur ce point : rien ne sert de nier. Ce n'est pas ainsi que la science progresse. Si, désormais, je reconnais la réalité de ces visions hors du commun, je me heurte à deux hypothèses. La première qui me vint à l'esprit fut celle-ci : tout pourrait n'être qu'enchanterie. Nos yeux ont cru voir, nos mains ont cru toucher, mais rien n'existait. Descordia nous a appris à nos dépends combien cela était malheureusement possible. Je me suis même demandé s'il n'était pas envisageable qu'elle fût coupable de ces apparitions. Mais Frolendag est d'accord pour dire que la seconde hypothèse est la plus vraisemblable, car elle expliquerait mieux les problèmes que les prestres du Crépuscule ont rencontrés ces dernières années. Si nous fûmes victimes d'un sortilège, ils le furent également, et cette magie a occis un grand nombre des leurs à coups de griffes ou de crocs. Non, cela paraît peu vraisemblable. C'est ainsi que j'en suis venu à la présente théorie que je m'en vais vous expliquer. »

Plein de passion et de verve, il se leva et s'appuya des deux mains sur la table.

« Je crois, et mon père avant moi le croyait également, que chaque chose dans l'univers est régie par un nombre arrêté de lois. Nous en connaissons fort peu, il est vrai, et questons nos réponses en puériles légendes et croyances aveugles. L'inconnu nous effraie, la magie nous fascine, l'absurde nous séduit. Les races intelligentes ont cessé de progresser. Le maigre savoir dont nous disposions est détenu par un nombre toujours plus limité d'individus. Je me suis soudain demandé: ces lois qui me sont chères, qui déterminent ce qui est réel et ce qui ne l'est pas, ne sont-elles pas elles-mêmes reliées à une loi universelle ? Je souhaite vous parler simplement: je pense qu'il existe un principe physique, et tout à fait rationnel, qui veut que la réalité change parfois d'aspect. Je pense qu'il existe un lien, dont j'ignore tout encor, entre notre vision du réel et sa profonde substance. Selon moi, le regard que nous lui portons l'influence. De cette façon, tout s'explique: notre monde s'enfonce dans l'irrationnel chaque jour davantage. Sur tous les fronts, la logique et la science sont battues en brèche. C'est alors que la réalité s'adapte à la dégénérescence de nos esprits... »

Percegarde, soufflant d'ennui devant ce laborieux exposé, finit par interrompre Théodulf :

« Ah ! Laissez vos belles phrases, car je n'y entends rien ! Mais parlez peu et bien ! »

Irquebraân approuva d'un hochement de menton. Ces paroles étaient trop compliquées. Théodulf rassembla ses esprits pour nous faire goûter l'essence de sa pensée :

« Très bien ! N'entendez que mes conclusions : il est urgent de rallumer le flambeau de la raison, car les légendes prennent corps et sortent en plein jour. Pour une cause mystérieuse, il semblerait que nos croyances et superstitions aient pris le pas sur l'ordre des choses. Nos peurs sont en train de s'incarner. Bientôt, l'absurde nous aura submergés et le chaos régnera sur le monde. »

Trémégor émit un long sifflement d'inquiétude :

« Oh ! Voilà qui sonne mal à mes oreilles ! Es-tu en train de dire que des légions de monstres déferleront bientôt sur notre terre ? Dans ce cas, ce me semble, nous serons plus utiles ici, où nous pourrons aider à les combattre... »

Théodulf balaya cette intervention d'un revers de la main.

« Tu ne m'as pas compris ! Le seul moyen de lutter est de faire en sorte que les êtres pensants retrouvent foi en science et raison. Alors seulement, la réalité reprendra sa forme d'origine. Ceci, je vous le dis, est en notre pouvoir. Ramenons de notre périple une très grande découverte. Ainsi rendrons-nous à la queste de connaissances et de vérité son sens et sa valeur. Nous prouverons que l'esprit humain est encor vaillant. Physique et Mathématiques chasseront pour nous ces funestes apparitions, ces bâtards enfantés par nos esprits malades ! »

Cette révélation nous mit en grand émoi. Nous étions loin de nous douter que Théodulf tirerait ces leçons de nos aventures. Alors le monde courait un grand danger ? Nous ne savions si nous devions le croire, car il faut avouer que la logique de tout cela nous échappait quelque peu. Cependant, je connaissais assez Théodulf pour être certain qu'il ne nous aurait pas fait part de ses déductions si elles n'avaient été fondées. Ce n'était qu'une hypothèse, comme il le disait lui-même, mais si elle s'avérait, une grande responsabilité pesait sur nos épaules.

Cependant, j'étais incapable de m'effrayer de la situation, et elle était bien plus de nature à me fasciner. Comprenez l'intérêt qu'elle prenait à mes yeux : quel trouvère ne rêva jamais que ses récits, soudain, prenaient vie, ainsi que les créatures qu'il animait par sa seule parole ? Et n'avais-je pas moi-même contribué à ce désastre que déplorait Théodulf ?

Je pouvais fort bien souffrir que le monde se changeât en songe. Si les végétales ou les *mangeuses de neige* apparaissaient soudain dans notre univers, les fées ou les ondines n'étaient-elles pas pareillement autorisées à prendre corps, dans le fond des bois ou sur le bord des lacs ? Cette idée n'était pas pour me déplaire, et je devais faire usage de toute ma raison pour ne pas m'en esbaudir ouvertement. Quel admirable retournement de situation : Aplecraf le trouvère, magicien du sommeil et du rêve, n'aurait finalement raconté toute sa vie durant que la plus stricte vérité ! Bien que sensible à cette ironie, je connaissais trop les légendes pour ne pas redouter certaines d'entre elles. Mes passions m'égaraient, et je tâchai de me ressaisir.

Il fut donné à chacun l'occasion d'y aller de son commentaire, puis, lorsque Théodulf eut patiemment répondu à toutes les questions dont il savait, ou supposait, la réponse, Frolendag nous donna sa bénédiction et distribua les ordres nécessaires afin que notre expédition ne manquât de rien.

Umut le Narquois en personne, notre nouveau compagnon, nous mena jusques à l'armurerie, où nous avions tout loisir de nous servir. Des provisions avaient été préparées à notre intention.

Avant de nous mettre en route, alors que le premier quart descendant touchait déjà à sa fin, Théodulf prit la peine de préciser à nos hôtes, comme s'il s'agissait là d'un détail de peu d'importance, que nous avions conscience d'être suivis depuis plusieurs jours. Les prestres du Crépuscule promirent de se montrer vigilants quant à ceux qui pourraient venir du Monde Jaune.

Enfin, sans que notre chevetaigne n'ait une seule fois proposé à l'un d'entre nous de renoncer à aller plus loin si le courage lui manquait, les portes du temple s'esbaèrent sur notre convoi, plus lourdement chargé et armé que jamais auparavant.

Un vent nauséabond soufflait depuis le Monde Obscur comme une froide prophétie.

Chapitre 9

Où Aplecraf découvre le Monde Obscur, ses estoiles et ses mille périls.

Nous avons dépassé l'ultime cimetière. Il devait être très ancien, car les cercles de pierres délimitant les tombes étaient brisés, éparpillés, parfois indécelables, recouverts de mousses sombres. Aucune sépulture récente ne s'élevait sur la plaine baignée de crépuscule. Les villageois, sans doute, n'osaient plus s'aventurer si loin au bord du royaume de la nuit. La tradition reculait sous les assauts de la crainte. On racontait tant de choses sur ce qui habitait ces contrées ! En chemin, Théodulf porta même à ma connaissance une coutume dont j'ignorais tout jusqu'alors : beaucoup de défunts étaient enterrés dans la frange crépusculaire, mais cela n'avait pas pour cause le symbole poétique que j'y voyais. En vérité, c'était une offrande aux créatures des ténèbres, afin qu'elles s'en nourrissent et laissent en paix les vivants. Puis, au fil des âges, cette fonction fut oubliée. Des légendes naquirent sur des êtres affamés de cadavres, surgissant de l'ombre aussitôt la cérémonie achevée pour se repaître des corps privés d'âme. C'est ainsi qu'un autre usage vit le jour, en complète contradiction avec ses propres origines : pour empêcher les maléfiques créatures d'emporter les morts, ces derniers furent ouverts, vidés de leurs entrailles, puis remplis de cailloux.

« Les hommes n'ont aucune mémoire, conclut Théodulf en soupirant. Même dans leurs superstitions, il faut qu'ils soient incohérents. Aujourd'hui, ils croient dur comme fer à telle baliverne ? Demain, ils soutiendront le contraire, pareillement prêts à mordre celui qui s'aviserait de douter. »

Son cheval fit une embardée. La vue des noires collines qui se dressaient devant nous effrayait nos montures depuis un long moment, et le vent achevait de les perturber.

Théodulf tira sur les rennes, et revint à ma hauteur. Alors, il s'écria à l'intention d'Umut le Narquois qui cheminait derrière nous :

« Connaissez-vous quelque façon d'empêcher nos chevaux de regimber ainsi ? Car je crains qu'il ne soit difficile de les convaincre à poser le sabot dans l'obscurité qu'ils redoutent. »

Umut sourit en nous désignant du menton son propre destrier qui ne témoignait d'aucun signe de crainte.

« Je connais, il est vrai, un remède à ce problème. Je dois cependant vous avertir, ami Théodulf, qu'il s'agit d'un sortilège... »

Théodulf haussa les épaules avec fatalisme.

« Eh bien soit ! Faites donc usage de vos magies, qu'elles servent au moins à quelque chose ! »

Umut sauta de selle et, tandis que nous nous étions arrêtés pour le regarder faire, murmura quelques paroles à l'oreille de chacune de nos montures afin d'en apaiser le cœur. Aussitôt, elles se firent plus dociles.

Umut nous rendait ainsi grand service, et je pris sur moi de le remercier pour son intervention.

« Votre route n'en sera que plus confortable, dit-il, mais prenez garde néanmoins, car vos chevaux ne vous préviendront plus d'aucun danger ! »

Enfin, nous avons laissé tout à fait le soleil derrière nous. Les tours du Temple du Milieu n'étaient plus visibles depuis longtemps lorsque l'astre sacré disparut derrière l'horizon dans un dernier éclat sanglant. On eût dit un joyau tombé dans une escarcelle. On devinait encor sa présence derrière l'épaisseur de la terre. Ses rayons, couleur de braise, transperçaient toujours quelques nuages. Puis toute lumière déserta le ciel, et la noirceur but le monde où progressait notre petite troupe.

Je m'étais figuré une frontière précise, au-delà de laquelle rien n'existait. Il n'en fut rien. La route, certes très mal entretenue, continuait parmi des marécages. Il était manifeste que les prestres du Crépuscule s'étaient déjà aventurés jusque là.

J'étais avant tout en grand étonnement que mes yeux fussent encor en état de voir. L'obscurité n'était pas complète, car une lumière bleutée tombait sur le paysage, nous permettant d'en deviner les principaux contours. Par le Grand Faiseor, d'où pouvait-elle venir, puisque de soleil, il n'y avait plus mie ?

C'est alors que, notant mon merveillement et celui de certains d'entre nous, Théodulf nous invita à observer le ciel, car la réponse s'y trouvait.

Ah ! Telle beauté est indicible. Userais-je, pour vous la conter, de tous les mots de la terre, que je ne pourrais vous en dresser qu'un très pâle portrait ! La chanterais-je des jours durant que vous n'y croiriez point ! En ferais-je mille récits forts de détails que vous ne sauriez vous la représenter ! Je veux pourtant vous en parler. Une infinité de pierres précieuses, de la plus pure espèce, illuminaient de leur éclat la voûte céleste. Ah ! La divine blancheur ! Comment tenaient-elles ainsi en l'air ? Croyez bien que je ne m'en souciais pas. Je contemplais leur scintillement. J'en fus ému aux larmes.

Théodulf m'apprit leur nom : « estoiles ».

Il y en avait tant que c'était sans fin ni mesure. L'une d'entre elles, en particulier, était presqu'aussi grande que le soleil lui-même. Si son éclat était plus discret, du moins permettait-il de le subir sans détourner le regard. L'œil le soutenait, et pouvait sans limite se repaître de sa coruscante beauté. Comme j'étais loin de me douter que nous rencontrerions telle magnificence en ce royaume honni !

Théodulf, à qui j'en fis la remarque, rétorqua avec amusement :

« Qui vous avait dit que le Monde Obscur ne recelait que laideur et danger ? Voilà bien un préjugé qu'il est plaisant de vous faire perdre ! »

Sinon Umut et Trémégor, qui avaient déjà assisté à ce glorieux spectacle, les autres n'étaient pas moins merveillés que moi. Percegarde était si fasciné qu'il gardait la bouche esbaée. Irquebraân murmurait de mystérieuses prières, au terme desquelles il décréta sur un ton sentencieux :

« Le Mal sait aussi se montrer sous séduisante apparence ».

Mais Théodulf le reprit :

« Les estoiles ne sont pas le Mal, Irquebraân. De même que tout ce qui vit dans la lumière n'est pas bon. Les choses ne sont pas aussi simples. »

Le regard du semi-loup montrait combien ces paroles peinaient à le convaincre.

Le premier quart descendant touchait presque à sa fin lorsque Théodulf nous promit une halte imminente.

« Nous arrivons » dit-il.

Mes yeux se fermaient de fatigue, et je ne m'étonnai pas de ces paroles.

La route avait depuis longtemps disparu sous toutes sortes de plantes rampantes et étendues de boue. Mon cheval suivait celui d'Umut, et je n'avais pas à le guider. Aussi étais-je souvent pris de somnolence.

Nous traversions de plates étendues, coupant à travers les champs de roseaux blancs qui ployaient sans difficulté sous les sabots de notre guide. Parfois, la monture de Théodulf s'enfonçait trop dans la fange nauséabonde, et nous devions faire un détour. Mais, sauf ces incidents, notre progression était assez monotone. Lorsque Théodulf annonça la halte prochaine, je promenai mon regard aux alentours afin de deviner ce qui justifiait cette nouvelle. Une colline pierreuse s'élevait devant nous, assez sèche pour que quelques bosquets y aient élu domicile. Entre deux larges rochers, une cabane était construite. Comme nul ne s'étonnait de ce miracle, je compris que c'était un repère connu de notre chevetaigne. Il nous y mena en effet sans hésitation.

Ce n'était guère qu'une hutte, bâtie à l'aide du peu de bois que l'on pouvait se procurer ici : branchages et racines formaient les murs. Mousses séchées et vieux feuillages tenaient lieu de toit. Le tout était pourtant assemblé avec le plus grand soin, et, si les matériaux étaient des plus sommaires, du moins la confection était-elle très habile.

Les chevaux furent attachés devant l'unique porte. Au lieu de leur servir sans tarder l'une des rations de grain que nous avions emportées, Trémégor souleva une lourde pierre dissimulant un garde-manger. Il y avait là seigle et avoine, en abondance. Théodulf nous ouvrit la porte de son humble demeure. J'étais sûr, à présent, qu'il était déjà venu jusque là, et plus d'une fois, sans doute. Voyageur n'était pas un vain mot, quand il désignait Théodulf ! Si jeune, et déjà tant de périples accomplis !

Il expliqua en s'effaçant pour nous laisser entrer :

« Mon père a dressé cet abri de ses mains. Il m'y a emmené souvent, lorsque j'étais enfant. C'est ici qu'il venait, pour observer les estoiles. Mais je n'y suis venu que deux fois depuis sa mort, car mes voyages m'ont mené vers d'autres contrées. »

L'intérieur, que Théodulf éclaira à l'aide d'une torche, était organisé de très rigoureuse manière. Des draps remplis de paille, de confortable apparence, étaient assemblés près d'une petite cheminée. Contre les rochers qui servaient de murs, des coffres fermés à clef étaient alignés. Une table, cernée de trois chaises des plus rudimentaires, occupait le centre de l'unique pièce. Au sol, une épaisse couche de sciure de bois garantissait de la boue sous-jacente. Nulle fenestre ni meurtrière. Des chandelles étaient prévues, posées à même la table. Une vieille hache était pendue près de la porte. Cet endroit ressemblait fort à un repère de bandits comme on en découvre parfois en s'enfonçant trop profondément en certaines forêts.

Trémégor connaissait bien les lieux. Il savait où était entreposée la nourriture qui nous permettrait de ne pas entamer nos réserves. Il fit un feu. Puis il dénicha une marmite dans laquelle il fit bouillir une large ration de céréales. Lorsque chacun fut rassasié, le sommeil eut tôt fait de s'installer parmi nous. Dès que les maigres conversations furent tout à fait éteintes, et que, allongé sur la couche qu'on m'avait assignée, je commençais à piquer du chef, Théodulf s'approcha de moi et me secoua l'épaule.

« Et alors ? dit-il. Je vous trouve bien peu pressé de réclamer votre dû. Vous m'apprenez à lire et à écrire, mais n'avez-vous que faire de ce que je vous ai proposé en échange ? Je suis sûr de vous, désormais, puisque vous êtes allé trop loin pour espérer faire demi-tour. Je veux donc bien vous enseigner ces mathématiques que je vous ai promises, si celles-ci vous intéressent encor, il va de soi... »

J'eusse grandement préféré dormir, près de la chaleur du feu, calé contre mes compagnons dont les ronflements ne m'importunaient plus. Pourtant, je fus séduit par la proposition de Théodulf. La curiosité se glissa dans mon esprit, et, alors que j'allais refuser l'invitation, une voix me souffla de ne point commettre cette folie. Une autre connaissance s'offrait à moi. L'idée de la refuser, contre toute attente, me parut soudain sacrilège. Moi qui m'étais toujours contenté de ce que je savais, qui n'avais jamais cru à la magie ou à la science, moi le paresseux trouvère, je fis l'effort de me relever pour entendre ce que mon initiateur avait à me dire.

Théodulf, tandis que je quittais ma couche à regret, était sorti m'attendre dehors. Il avait passé sur ses épaules une pelisse brune, et me gratifia d'un sourire entendu lorsque je me portai, quelque peu grelottant de sommeil et de froid, à son côté. Et il dit :

« Je commençais à me languir, mais vous avez fort bien fait, et de ce choix, je crois, n'aurez pas à vous repentir. Car ce que je m'en vais vous apprendre mérite votre attention. »

Moi, il ne me semblait pas que la connaissance excluait de se délasser auprès d'une cheminée bienfaisante, et j'en fis la remarque. Mais Théodulf s'y refusa :

« Eh non, mon ami ! Il nous faut, pour ce dont je veux vous entretenir, voir les cieux, et ne point laisser notre esprit s'engourdir. »

Je soupirai.

« Dans ce cas, soyez assez aimable pour faire aussi vite que vous pourrez. »

Il rit avec indulgence, comme s'il s'agissait d'une fine plaisanterie. Sans se presser le moins du monde, il expliqua :

« Aplecraf, cher trouvère, comme votre vie a changé, n'est-ce pas ? Pensiez-vous, autrefois, que vos yeux contempleraient un jour de tels miracles ? Il n'est point donné à tout le monde de porter ses pas aussi loin dans l'inconnu. Pour ma part, il est vrai, je suis déjà venu ici, mais il ne faudra guère de temps, demain, pour que nous passions la frontière des territoires de ma connaissance, et je serai dès lors comme vous tous, aussi fragile et merveillable qu'un enfant. Cependant, la peur est absente de mon cœur. En va-t-il de même pour vous ? »

Sa voix était apaisante, et je cessai de trembler.

« Je n'ai pas peur non plus », assurai-je.

« Cela est bien, renchérit Théodulf, car la crainte corrompt l'intelligence et fausse l'entendement. N'oubliez point que votre savoir m'est précieux, comme vous verrez tantôt que le mien ne l'est pas moins. »

Tandis qu'il s'adressait à moi, il gardait les yeux levés vers le ciel, et la rêverie qui les habitait me plut, parce qu'elle ne m'était pas inconnue. Toute la belle science de mon compagnon n'était-elle pas, à sa façon, enfant du songe ? Peut-être y avait-il plus de ressemblance entre nous que je ne l'avais cru jusqu'alors. Je décidai de l'interroger :

« Votre science, sire Théodulf : dites-m'en plus à son sujet. »

Il me prit fraternellement l'épaule.

« Soit ! Je commencerai par l'essentiel : si je venais à périr dans les jours qui suivront, aucun d'entre vous, sans ce que je sais, ne pourrait retrouver sa route. »

Je m'étonnai vivement :

« Que voulez-vous dire ? Trémégor ou Umut n'en savent-ils point autant que vous sur ce pays que nous traverserons ?

— Certes, rétorqua Théodulf, mais je suis seul à savoir lire le ciel, et les routes que désignent les estoiles. Sachez-le : d'heure en heure, pour une raison inconnue, les cieux que vous voyez changent de visage. Voudriez-vous vous servir des estoiles comme du soleil pour guider vos pas que vous ne feriez que tourner en rond. Elles bougent dans le ciel comme des poissons dans un lac, et si elles sont moins vives, elles n'en sont que plus traîtresses.

— Dans ce cas, comment vous y prenez-vous ? Car les reliefs sont si obscurs et si monotones qu'ils ne sauraient nous guider davantage !

— Vous avez raison. C'est pour cela que je dois vous enseigner les sentiers qu'empruntent les estoiles. Elles se déplacent d'une certaine façon. Mon père avait établi le tracé de leurs voyages, et si l'on apprend ce dernier, il est possible d'en tenir compte pour retrouver sa propre route. J'aurais pu, il est vrai, enseigner cet art à mon vieil ami montorin, mais c'est une tâche laborieuse pour laquelle il ne fit jamais montre de bonnes dispositions. Pour ce qui est d'Umut, je ne le connais guère, et ne souhaite pas encor placer tel savoir entre ses mains. Vous êtes le seul, Aplecraf, à posséder un esprit assez aiguisé pour faire cet apprentissage dans le temps qu'il faut, et c'est en vous que je mets ma confiance. Ne vous en déplaise, compagnon, le savoir est fait pour être offert en partage. »

Sur ces bonnes paroles, je m'inclinai. Nos vies ne dépendraient bientôt que d'un seul homme, et cette idée avait achevé de me convaincre. Je n'avais cure de savoir si ce discours aux franches apparences servait de quelque façon les manigances de Théodulf. Il paraissait sincère, et si tel n'était pas le cas, quel péril y avait-il à m'enrichir d'une nouvelle connaissance ?

Oncques donnai-je mon assentiment, et c'est ainsi que Théodulf, sous l'éclat brasillant des estoiles, entreprit de m'enseigner les secrets du ciel.

Le monde possède bien plus de visages que l'imagination ne le peut concevoir. Ce n'était pas hasard si, dès le lendemain de cette conversation, je fis progresser ma monture aux côtés de celle de Théodulf, à travers plaines et marécages. Il ne m'avait encor enseigné que bien peu de choses, mais mon regard, déjà, était frère du sien, et s'attachait à d'identiques observations. Théodulf savait les changements qui, par son moyen, s'étaient faits jour en moi. Il me lançait souvent quelque coup d'œil complice, ou se penchait vers moi pour m'adresser une remarque. J'avais soif de ses explications, de ce savoir qu'il me distillait au fil de notre marche. Les autres ne prêtaient aucune attention à notre manège, trop occupés à scruter la nuit alentour d'où pouvait à chaque instant surgir un péril mortel.

Le danger ? Je n'y songeais plus guère, et les estoiles s'y entendaient bien mieux pour retenir mon attention. Je portais à l'univers un regard neuf, rempli d'admiration. Et plus Théodulf me révélait de secrets, plus les questions jaillissaient sur mes lèvres. J'aurais souhaité tout apprendre en ce jour sur l'ordre régissant le ciel, et je sentais que derrière ceci m'attendaient plus de révélations extraordinaires que nul n'aurait pu le croire.

Pour la première fois depuis la mort de Quadrilba, le monde retrouvait quelque intérêt à mes yeux. Cette curiosité que Théodulf avait fait naître en moi était une printance inespérée. Lorsque je levais les yeux vers les estoiles, j'en oubliais presque mon chagrin, et les disgrâces qu'avait connues mon amour. Hélas, cet heureux état ne devait pas durer et se pervertit lentement à mesure de notre pérégrination.

J'étais contrarié des détours que les circonstances imposaient à mon esprit. Il me fallait souvent cesser de réfléchir ou de m'interroger pour aider ma monture à se sortir d'un mauvais pas. Car les marais plaçaient sans cesse des obstacles sur notre route. Tantôt nous nous enfoncions dans des bassins d'eau saumâtre sournoisement dissimulés par d'uniformes végétations, tantôt de noirs arbrisseaux aux formes tortueuses se dressaient devant nous, tressant entre eux des toiles de lianes épaisses où nous avions grand mal à nous frayer chemin. L'odeur, en outre, était des plus incommodantes. Les latrines les plus infâmes n'ont jamais dégagé plus grande pestilence ! Et la vase remuée par les sabots de nos destriers nous jetait aux narines ses essences les plus repoussantes. En telle situation, comment rêver correctement aux royaumes de lumière et de connaissance que Théodulf m'avait fait entrevoir ? Plus d'une fois, je me surpris à m'égarer dans une grande confusion de pensées. Je voulais m'attacher à raison et observation, mais mon esprit, en cette atmosphère délétère, se voilait comme dans un mauvais rêve. Des créatures aux formes si curieuses que je n'aurais jamais pu les imaginer m'apparaissaient au détour de mes réflexions, et j'en concevais une grande surprise ainsi qu'une grande frayeur. Mon regard, malgré moi, se détachait des estoiles pour se poser sur les ombres brumeuses du paysage qui m'inspirait de sourdes craintes. Je ne laissais pas d'y deviner de subtils mouvements ou d'y déceler des formes estranges ô combien propices à la peur.

Théodulf, lui-même sujet à de semblables perceptions, se mit en devoir de nous convaincre qu'il s'agissait d'hallucinations.

« Nous les devons aux nocives vapeurs qui hantent ces lieux, expliqua-t-il d'une voix assez haute et claire pour être entendu de ceux qui avançaient tout derrière. Elles aveniment nos pensées, mais gardons-nous de prêter oreille à leurs mauvaises suggestions ! »

Il n'avait pas plus tôt achevé ces paroles qu'une lointaine mélodie commença de se faire entendre. Nous échangeâmes des regards emplis d'inquiétude : quelles étaient ces voix femelles qui, presque imperceptibles, flottaient dans l'air avec sensualité ? Quel piège nous tendaient les démoignes, qui, si l'on en croit les légendes, ont leur demeure dans ces marécages ? Umut le narquois, que l'on s'empressa d'interroger, ne connaissait pas la réponse, car il n'avait jamais rien ouï de pareil, mais son expérience lui avait enseigné que, dans le Monde Obscur, ce qui prend de douces apparences est souvent le danger le plus redoutable de tous. A ces mots, les pieuses théories de Théodulf fondirent comme neige au soleil, et Percegarde le premier, qui n'avait pas l'intention de mourir ici, décréta :

« Faites comme bon vous semble, mais, pour ma part, je vais presser le pas, car je n'ai aucune curiosité quant à ce qui produit cette mélopée délicate ! »

Le chant s'intensifia, de sorte qu'on l'aurait cru né de la brume même qui planait sur les mousses gorgées d'eau et de ténèbres. Les chevaux ne piaffaient pas, mais le prestre du Crépuscule ne nous avait-il pas prévenus de leur placidité ? Les chiens, en revanche, poussaient force gémissements et témoignaient de grands signes d'agitation. N'y tenant plus, je piquai des éperons, en même temps que mon ami solaire. Tous enfin firent de même, et nous nous élançâmes dans un galop affolé et maladroit, projetant autour de nous de grandes gerbes de vase. C'était grande pitié que de nous voir fuir de cette façon, mais le cœur le plus hardi n'a-t-il point le droit de s'emplir parfois de terreur ? Nos yeux n'avaient distingué nul danger, et nul monstre n'avait surgi devant nous. Pourtant, tout ce bel équipage, avec son lot de guerriers impavides, prenait son cul parmi l'oreille devant une simple mélodie, comme si tous les griffons lunaires de la Création volaient à leurs trousses, montés par les grands démoignes du Seigneur Sombre ! Et quand la course ralentit, parce que le silence était revenu, aucun d'entre nous n'était fier, et aucune parole n'était lancée en bravade ! Seul le visage d'Irquebraân n'était pas marqué du rouge de l'opprobre, et je devais apprendre par la suite que pour son peuple, la peur n'était pas considérée comme coupable lâcheté, mais comme un message envoyé par le ciel pour garantir d'un péril ; libre au semi-loup, alors, de décider d'y faire face, ou de le fuir au plus tôt.

Théodulf, en d'autres circonstances, se serait assurément montré très affecté par cette irrationnelle dérobade. Notre voyage lui avait-il inculqué quelque humilité ? Il s'abstint de nous sermonner ou d'entrer dans une grande ragerie contre lui-même. Il faut dire que nous avions tous été envahis par le même sentiment effroyable à l'écoute de ce chant mystérieux. L'objet de notre voyage était l'exploration, non d'affronter de plein gré tous les dangers qu'il est possible de rencontrer. Il fut décidé, sans que nous eûmes pour cela besoin de nous concerter, que cet épisode peu glorieux ne serait plus évoqué. Nous n'aurions sans doute que trop d'occasions de racheter notre couardise.

Nous entrâmes bientôt en de volcaniques régions. Plus sèche était la terre que nous foulions, et l'air, quoique chargé de souffre, était d'une tiédeur plaisante. Des rougeoiements peuplaient çà et là l'horizon dentelé. De noires montagnes nous apparaissaient en dépit de l'obscurité, parce que sillonnées de lave. Ces rivières écarlates, nous prenions grand soin de les éviter, préférant mille détours que de nous en approcher d'une quelconque manière. Il existait aussi des volcans dans le Monde Jaune, et Théodulf, pour en avoir rencontrés, connaissait leur danger. Autrefois, il avait manqué se trouver emporté par une coulée de lave, alors qu'il parcourait les Pays Immatures en direction d'Ishaa la Rouge. Il n'était donc pas si pressé qu'il voulût prendre à nouveau ce risque pour nous tous. Profitant de cette lumière supplémentaire pour nous guider parmi les reliefs, il sut nous épargner les flancs de montagnes trop propices aux brusques écoulements de feu et nous mener par les chemins les plus sûrs. Souvent, pour ne point commettre une fâcheuse erreur, il sautait de selle et, s'accroupissant, lisait dans les pierres qui jonchaient le sol de précieux indices qu'il était seul à comprendre. Je devinai qu'il s'agissait là d'un autre visage de cette science qu'il avait entrepris de m'enseigner, et j'y trouvai une nouvelle raison d'attendre avec impatience sa prochaine leçon.

Parfois, un grondement résonnait sous terre et dans l'air, et, si l'on avait le regard assez prompt, on pouvait surprendre une lointaine explosion au sommet de quelque relief. Suivaient quelques sifflements, car il n'était pas rare que de flamboyants boulets fussent alors projetés de toutes parts ; nous nous savions alors très bon gré de ne pas nous trouver à proximité, et nous bénissions la sagacité de notre chevetaigne.

Nous étions très fatigués et, de la journée, nous n'avions pris aucune nourriture. Théodulf décida que nous ferions halte sur une plaine assez épargnée pour qu'une courte végétation y ait fleuri. Quelques arbustes témoignaient de la modeste fréquence à laquelle la lave avait emprunté ce chemin durant les derniers mois. Ces maigres traces de vie montaient même à l'assaut d'un versant voisin qui n'avait pas encor réduit en cendres cette timide initiative. Si volcan il y avait dans les environs, il était en sommeil.

Nous arrachâmes à regret quelques branches à ces arbustes méritants. Irquebraân alluma un feu et y jeta des pommes de terre avec leur peau et leurs germes naissants. Dans l'eau bouillante, il répandit un épice que je ne connaissais nullement et qui donna à ce met très pauvre une saveur tout à fait surprenante. Cependant, nous n'avions le cœur à dire aucune joyeuseté. Nous nous sentions bien peu à l'abri, dans ce bosquet étroit, et la liesse n'eut pas le loisir de naître dans notre compagnie. Sans nous être divertis, nous prîmes place pour dormir, après le rituel de la distribution des tours de garde. Je dois avouer à ma honte que cette triste ambiance m'avait fait négliger mes récentes résolutions. Mon désir de savoir n'avait pas résisté à cette pénible journée. Mais Théodulf veillait mieux que moi sur la bougie de mon esprit et, voyant qu'elle risquait de s'éteindre, se porta vers moi pour m'aider à la raviver.

« Alors ! dit-il. Ne devrions-nous pas avoir une conversation, vous et moi ? Allons, relevez-vous, car j'ai autant de choses à apprendre de votre bouche que vous de la mienne ! »

Il avait parlé d'un air riant, et je fus aussitôt enclin à le suivre dans cette aventure que nous poursuivions tous deux, en esprit seulement, alors que les autres avaient fini de voyager et goûtaient un repos bien mérité. Théodulf salua ma décision d'une bourrade franche et amicale, et m'entraîna à le suivre à l'écart pour nous livrer à nos échanges. Lors mon regard, qui les avait oubliées, retourna aux estoiles.

Estrange Théodulf...parfois si dur, si prompt à la colère, et soudain si serein, si liant ! Où était donc passé son verbe virulent ? Ses discours n'étaient pas non plus pontifiants. Un autre homme se tenait auprès de moi, un homme plein d'humilité qui gardait les yeux tournés vers le ciel, et les lois, les calculs, les savantes déductions et autres hypothèses se déversaient par sa bouche comme un ruisseau d'eau claire. J'aimais à m'y désaltérer, et plus je buvais, plus grande était ma soif.

Enfin, ce fut mon tour de brandir le flambeau de la connaissance. Je n'avais plus, à le faire, la répugnance d'autrefois. J'exposais mon savoir, fondement de mon maigre pouvoir ; je me départissais sans méfiance de ma seule utilité au sein de cet équipage. J'aidais même mon ami à réaliser quelques exercices. Il progressait, je le confesse volontiers, à meilleure allure que moi. Il me faisait mille questions, mais ne dédaignait pas s'interrompre pour fixer ses acquis. Théodulf avait l'intelligence de l'apprentissage, et je pressentais qu'il ne faudrait que quelques semaines pour qu'il n'eût définitivement plus besoin de moi. Oublierait-il ces heures de partage, ces leçons aussi amicalement données que reçues ? Je ne pouvais le croire, entretenant là une dernière parcelle de la naïveté qui, jadis, était la mienne.

Lorsque je voulus m'endormir, mes paupières refusèrent longtemps de se fermer, car je me trouvais dans une grande fièvre de l'esprit. Ah ! Comment avais-je pu ignorer, toute ma vie durant, que les chiffres fussent pareil trésor ? Vraiment, ils n'avaient rien à envier à ces mots dont j'avais l'audace de faire ma gloire !

Je crus que j'étais toujours éveillé, parce que je continuais à voir les estoiles, bien que leur danse fût devenue si alerte que j'éprouvais le plus grand mal à la suivre, mais elles ne brillaient que dans mon esprit. Des cris me l'apprirent en effet, qui me rappelèrent brusquement à la réalité. Je sursautai et, en attendant de retrouver mon bon sens, me mis sur mon séant. Une terrible agitation régnait autour de moi. Tous étaient debouts. A quelques pas de là, sous les arbres à peine éclairés par les dernières lueurs de notre foyer, se déroulait un combat bestial, et les cris et grognements qui m'en parvenaient emplirent mon cœur d'un effroi légitime.

Je me rapprochai de mes compagnons. Percegarde avait bandé son arc, sa flèche pointée dans la bonne direction, mais se lamentait à voix haute de ne pouvoir la décocher. Frottant mes yeux, j'en compris la raison : parmi les créatures qui se roulaient dans la poussière avec force hurlements de rage se trouvaient Rôn et Bilba, dont je distinguai les clairs pelages. Contre qui luttaient-ils avec autant d'acharnement ? Je fis un pas en avant, puis, aussitôt, un autre en arrière, car c'était à un cinorius qu'ils livraient bataille !

J'en avais déjà aperçus, bien sûr, comme tout habitué des palais. Mais ceux dont j'avais pu admirer la redoutable puissance étaient en cage et muselés, élevés dans cet état depuis le plus jeune âge. Pour sûr, on ne leur laissait guère le loisir de découvrir leur naturel belliqueux et leur penchant pour la chair humaine ! Cousins à sang froid de nos braves chiens et goupils, fol eût été celui qui, se fiant à cette lointaine parenté, eût voulu faire d'un cinorius son amical compagnon ! Seules certaines enchanteries parvenaient à adolcier assez le dangereux animal pour qu'on pût le garder auprès de soi sans risquer à toute heure d'être dévoré.

Mais que faisait ici pareille créature ? Les cinorius ont besoin du soleil et de sa chaleur. Je ne consacrai pas plus de temps à m'interroger, car les trois animaux, toujours enlacés, roulèrent dans notre direction. Je fus contraint de faire un bond pour esquiver la queue musclée et recouverte de pointes meurtrières qui, d'accident, avait surgi de la mêlée.

A présent, je distinguais mieux la bête qui faisait claquer sa mâchoire à tout va. Ses écailles, sous la terre qui les salissait, étaient d'un noir luisant et répugnant. Ses pupilles brillaient de la fureur des volcans. L'un des chiens lui avait arraché une oreille, et du sang plus opaque que la nuit coulait de la blessure. De temps à autre, le cinorius ouvrait la gueule, pour quelque attaque ou hurlement, et, l'espace d'un court instant, je pouvais contempler ses dents, plus longues que la dague que je tenais à ma ceinture. Ce spectacle exerçait sur moi tant de fascination que je ne songeai pas une seconde à me munir d'une arme. Telle violence primitive, je dois dire, ne s'était jamais offerte à mon regard auparavant.

Le combat se déroula ainsi : Rôn et Bilba, nos hardis compagnons, poursuivent sans faiblir l'ignoble intrus de leurs mâchoires. D'un même élan, ils n'ont de cesse de bondir encor et encor, pour lui infliger les plus larges blessures. Mais l'ennemi est grand, fort et sans retenue. Ses solides écailles dévient bien des coups de ses adversaires. Aussi fait-il face sans fuir, car il est animé d'une colère sans nom ! Il fouette de sa queue, transperce de ses crocs. Il n'a que faire que l'ennemi soit double ! Soudain, saisissant Bilba par la nuque, il la secoue en tous sens avant de la jeter au loin. La pauvre bête heurte une pierre et tombe inanimée, tandis qu'autour d'elle se répand une large fleur de sang. Rôn s'en est-il aperçu ? Il redouble d'ardeur. Au corps lui est entré une terrible rage. Il rugit de plus belle et se jette à la gorge de son ennemi. Celui-ci se fait prendre et met toutes ses forces à se débattre. En vain, car le chien n'a pas l'intention de lâcher prise. Là, les écailles sont plus tendres, et cèdent sous sa mâchoire. Un flot de sang jaillit : il n'en est que plus ivre. Son corps est agité de soubresauts de haine. Enfin, le cinorius s'effondre. Il n'a pas réussi à se dégager. Il mord dans le vide une ultime fois. Ses pattes se raidissent, car la mort y fait son chemin. Cependant son vainqueur ne veut pas lâcher prise, et son maîstre intervient. Il doit lui parler doucement et lui prodiguer des caresses pour qu'il se décide à desserrer la tenaille de sa gueule. Par le Grand Faiseor, quel effroyable combat !

Théodulf s'assura, du bout de son épée, que la créature n'était plus de notre monde, puis se précipita auprès de Bilba qui gisait non loin de là. Il savait ce qu'il devait à la vigilance de ses deux compagnons. Assurément, ils avaient flairé l'ennemi, tandis qu'il était en maraude non loin de notre campement, et ils nous avaient défendus alors que, plongés dans le sommeil, nous nous apprêtions à constituer le repas de l'horrible créature. Nul ne s'attendait à croiser un cinorius dans ces sombres contrées. Nous devions sans doute cette mauvaise rencontre à la proximité des volcans dont la chaleur était précieuse pour cet animal, plus familier des déserts. Il n'était certes pas exclu que nous en croisions d'autres spécimens.

Il pleurait, le fier Théodulf ! Les larmes baignaient son visage, et il se lamentait sans se soucier de notre jugement :

« Ah ! disait-il. Ma fidèle Bilba ! Ta vaillance fut ton malheur. Sans hésiter tu t'es sacrifiée, et je n'ai pu t'aider ! »

Mais Umut le Narquois, qui s'était tenu à distance, intervint :

« Il n'est point nécessaire que ce cœur pur cesse de battre. Laissez-moi regarder. »

Théodulf ne se fit pas prier, et le prestre du Crepuscule, écartant les larges pans de sa gonelle, s'agenouilla près du malheureux animal. Bilba poussa un court gémissement lorsqu'il lui releva la tête. Sans glaive ni armure, elle avait bien bataillé ! Elle lançait à son maîstre des regards désolés, comme pour lui signifier à quel point elle regrettait de n'être parvenue à terrasser l'ennemi. Umut passa les mains le long de son corps, s'attardant autour des blessures. Elle se laissait faire, résignée.

Le prestre portait de larges bracelets d'argent sur les bras. Ces derniers étaient ornés de reliefs divers qui ne semblaient se trouver là que pour ajouter à la beauté du bijou. Or il s'avéra que c'étaient de petites cachettes dans lesquelles il était possible de ranger discrètement divers ingrédients. Umut sortit de son bracelet une capsule de couleur vive qu'il effrita aussitôt sur la gueule du chien. Puis il lui parla longuement, dans une langue que je ne compris pas. Enfin, il se redressa et nous dit avec soulagement :

« Celle qui vous a sauvés survivra. Pansez ses plaies à présent. J'ai ordonné à son souffle de vie de ne point la quitter et, pour cela, il fut heureux qu'elle appartînt à une forme de vie plus simple que la nôtre. Je préfère vous l'avouer sans tarder : j'aurais été bien en peine de faire de même pour aucun d'entre vous ! »

Tous se félicitèrent, car le chagrin de Théodulf nous avait émus, autant que le courageux sacrifice de son animal. Notre nouveau compagnon, dont les pouvoirs s'étaient révélés si précieux, fut remercié avec chaleur. Pour la première fois depuis qu'il s'était joint à nous, je l'étudiai avec attention. Il n'était certes pas très beau, en dépit du soin avec lequel il se coiffait et se vêtissait ; sa peau semblait tendue à même les os de son visage hâve, et sa chair était marquée de plusieurs blessures qui avaient dû causer leur lot de souffrance. En outre, il était le plus âgé de tous les humains de notre groupe, car il avait vécu plus de quarante années. Ses cheveux n'étaient ni blonds, ni bruns, et ses yeux étaient d'une couleur pareillement indéfinissable. Rien, chez cet homme, ne séduisait le regard. Pourtant, il m'apparut soudain que la bonté habitait ses traits, dont elle adolciait la rudesse. Sans m'en rendre compte, je l'avais jugé sur son apparence sans éclat. Quelle outrecuidance ! Il avait toujours vécu sur la frontière dangereuse de deux mondes, avait affronté mille périls. Il peut rester gracieux, celui qui n'a jamais fait que conter de douces histoires aux habitantes de confortables palais ! Mais celui qui fait régulièrement face à la mort, oui, celui-là a bien des sujets de sacrifier, ne lui en déplaise, la délicatesse de sa figure et de ses manières ! Moi-même, après à peine quelques semaines de voyages, n'avais-je pas changé en tous points ? Je n'osais songer au jour où il me serait donné à nouveau de contempler mon reflet dans un miroir ; pourrais-je seulement me reconnaître ?

Les marques que la vie dépose sur nos corps sont bien souvent aussi injustes que celles qu'elle inflige à nos cœurs.

Le jour suivant ne fut que longue et triste marche. Théodulf portait Bilba devant lui sur sa selle, et c'était grande pitié que de l'entendre gémir lorsque les chaos de la route réveillaient les douleurs de son corps meurtri. Trémégor avait pris la tête du convoi et s'attachait à éviter à la fois les flancs redoutables des volcans en travail, et les chemins d'apparence plus sûre empruntés par des animaux dont nous ignorions tout. En de telles contrées, mieux valait ne croiser aucune sorte de vie, tant il y avait de chances pour qu'elle fût dangereuse.

Pour ma part, je ressassais en mon esprit les événements de la veille. Si j'avais été seul, mes belles connaissances, les neuves comme les anciennes, m'eussent été inutiles. Théodulf lui-même, qui leur prêtait un si grand prix, n'était-il pas un bretteur d'exception ? Je n'entendais rien à cette science-là, qui permet de se battre pour défendre sa vie. J'avais certes été amené à le faire, sur le pont où nous avions livré bataille, mais la chance seule avait guidé mon bras. Je me tins pour très imprudent, de ne pas avoir plus tôt demandé à ce que l'on m'enseignât l'art de croiser le fer !

Frappé de toutes ces réflexions, et voyant Percegarde sans compagnie, je ralentis l'allure de ma monture pour me porter à ses côtés, afin de l'entretenir en ces termes :

« Aimable solaire, m'accorderez-vous faveur qui me tient à cœur ? Vous ne me devez rien, et ce pourquoi je vous sollicite pourrait vous être désagréable… »

Percegarde, se redressant sur sa selle pour saluer mon approche, trancha l'air de la main sans lâcher les rennes de son cheval.

« Rien ne peut m'être déplaisant, si cela vous sert d'une quelconque manière. Dites-moi ce qu'il vous faut, et je vous apprendrai s'il est en mon pouvoir de vous aider ! »

Je lui expliquai ce qui me tourmentait :

« Soit ! Je veux vous confesser l'ennui qui m'indispose. Mon cœur a appris la valeur du courage, et aimerait s'en montrer digne, mais mon bras trahit mes ambitions. Comment attendre quelque secours de sa façon de manier l'épée, lorsqu'on la ménage aussi mal que je le fais ? L'escrime m'est inconnue, et je crains d'être tué cent fois avant d'en avoir compris l'inestimable valeur. Je suis d'une force très moyenne, et ma fatigue n'aide pas. Cependant, pourriez-vous envisager de m'enseigner certaines de ces passes d'arme dans lesquelles vous excellez ? »

Percegarde ne m'opposa pas de moquerie, et ne fut pas fâché non plus.

« J'entends vous rendre ce service, mais il faut d'abord que je vous tire d'une erreur où vous êtes : la force n'est pas la meilleure alliée du bretteur, et j'ai plus d'une fois terrassé des adversaires bien plus puissants que moi. Vous en doutez peut-être : tantôt, je vous en ferai la mostrance. Dans l'art de tuer ses ennemis, l'adresse est davantage nécessaire et recommandable. Elle demande rigueur et exercices, mais si vous êtes prêt à ce sacrifice, je partagerai ce savoir avec vous. »

Je m'étonnai de la facilité avec laquelle il accédait à ma requête.

« Vous n'exigez rien en échange ? »

Le solaire parut surpris et plissa les yeux, tâchant de deviner dans la pénombre si mon visage était celui d'un homme qui plaisante :

« Certes non…Voulez-vous que nous prenions modèle sur Théodulf le raisonnable, qui ne donne que s'il est sûr de recevoir en retour ? Allons, nous sommes amis, et vos intérêts sont les miens. Je vous demande une chose en effet : que votre bras se serve de ce que je lui aurai enseigné pour me venir en aide le jour où cela sera nécessaire. Mais je ne forme aucun doute sur votre loyauté, et sais que ce projet vous est aussi naturel qu'à moi. »

Je le remerciai vivement, et lui fis mille bénédictions, ce à quoi il me répondit d'attendre d'avoir reçu son présent pour lui assurer ma reconnaissance avec tant de chaleur. Je ris avec lui. A Oniriad, goûtant aux douceurs d'une vie facile, j'étais si loin de me douter qu'il me restait tant de choses à apprendre ! Et si l'on m'avait dit qu'il me plairait ainsi d'en être averti, je ne l'aurais pas cru davantage, car je pensais en savoir bien assez sur le monde qui m'entourait.

Théodulf ordonna la halte plus tôt qu'il ne l'aurait souhaité, parce que Bilba accusait les effets de son inconfortable position. Umut rappela que nous étions toujours poursuivis et qu'il serait peut-être plus prudent de continuer un peu. Mais notre chevetaigne haussa les épaules.

« A quoi bon donner à notre voyage les accents de la fuite ? Nous ignorons tout de ceux qui nous suivent, et des raisons qui les mènent. Mon chien a besoin de repos, comme nous tous, d'ailleurs. Je suggère que nous montions la garde avec une vigilance redoublée. L'endroit y est propice, car il offre une bonne vue sur la vallée, et les volcans jettent assez de lueurs dans la nuit pour que nous soyons en droit d'espérer apercevoir une armée si elle se profilait. »

De feu, nous ne pouvions en allumer, car aucun combustible ne se trouvait aux alentours. Il n'y avait là que roches brunes et poussière.

Théodulf déposa Bilba dans une couverture, et s'appliqua à lui prodiguer les soins que son état nécessitait. Rôn vint s'asseoir près de lui, observant avec attention le moindre de ses gestes. Quand son maîstre en eut terminé, il s'allongea contre sa compagne blessée avec beaucoup de délicatesse. Alors il lécha ses propres plaies qui, bien que moins profondes, devaient le faire souffrir.

Dès que nous fûmes restaurés, Percegarde me sollicita d'un air joyeux :

« Venez par là, ami trouvère, que je vous flatte un peu les côtes ! »

Je me saisis de mon épée et m'exclamai en riant :

« Fort bien ! Mais prenez garde néanmoins : il se pourrait que je vous rosse le premier ! »

Le solaire choisit un terrain plat et me fit signe d'approcher.

« Avant tout, dit-il, laissez-moi me faire une idée de ce que vous savez déjà. Il se peut que vous ne soyez pas si maladroit que vous me le laissiez entendre ! »

Aussitôt, il lança sa lame à la rencontre de la mienne, et le tintement qui en résulta acheva d'attirer l'attention de tous nos compagnons.

« Attaquez-moi, sire Aplecraf, attaquez-moi ! »

Serrant le pommeau de toutes mes forces, je plongeai vers le solaire qui, bien trop habile pour moi, esquiva mon assaut sans même user de son arme. Je tentai de nouveau. En vain. Une autre fois encor. Il ne servait à rien. Je croyais combattre un fantôme. Je m'écriai :

« Je ne pourrai jamais vous toucher de cette manière ! Vous êtes bien trop prompt à vous effacer de ma route ! »

Et Percegarde répondit :

« J'entends bien votre désarroi. Qu'il en soit ainsi ! Tous vos ennemis ne seront pas aussi fuyants. Je ne bouge donc plus. Attaquez-moi de nouveau ! »

Il me demande des coups ? Je lui en donne en abondance. Je le presse de vive force. Mais sa lame se trouve toujours en travers de la mienne. Pas une fois il ne vacille.

Je lui fis part de mon découragement.

« Vous avez tort, répondit Percegarde, car vous avez de belles qualités. Certes la persévérance n'en est pas la principale, mais je m'étonne de la puissance de votre bras. Déjà, elle surpasse la mienne. Elle n'est pas celle que l'on pourrait attendre d'un artiste. Prenez confiance en vous, prenez garde aux conseils que je vais vous donner, et vous saurez vous défendre très honorablement ! »

Sur ce, il m'enseigna la garde qu'il convenait d'adopter, quelques parades des plus utiles, et deux ou trois feintes à tenter en attaque. Il parlait vite, s'égarait dans ses explications, mais procédait par ordre. De tout ce qui me fut dévoilé, je ne perdis goutte.

Suant, les muscles endoloris, je retournai enfin auprès de Théodulf qui attendait que j'en aie terminé pour s'entretenir avec moi des affaires de l'esprit.

Au terme de tous ces apprentissages, rompu mais exalté, je m'en allai. Les autres étaient déjà roulés dans leurs couvertures. Théodulf, à l'écart, taillait, à l'aide de son coutel, une phrase dans un rocher. Il lui faudrait beaucoup de temps pour en venir à bout, mais il avait pris le premier tour de garde.

Lorsque je m'allongeai aux côtés d'Irquebraân, celui-ci ouvrit les yeux dans le noir et me dit à voix basse :

« Bientôt, tu sauras trop de choses pour un seul homme. »

J'étais fatigué, et ne saisis pas ce qu'il entendait par là. La communication avec le semi-loup était toujours difficile, et pleine de mystère.

« Que voulez-vous dire ? »

Il se retourna en soupirant.

« Il est louable d'apprendre, mais prends garde. Vie ne dure qu'un souffle. Le temps passe, pour nous tous. Que te restera-t-il si ton cœur, à la fin, est vide ? »

Je crus que je devais me défendre :

« Mon cœur n'est pas vide, sire Irquebraân… »

C'est à peine si je perçus les derniers mots du semi-loup :

« Je te le souhaite, ami, je te le souhaite… »

J'aurais voulu méditer ces paroles, mais le sommeil l'emporta.

Chapitre 10

Comment nos voyageurs sont rattrapés par leurs poursuivants, et croisent de nouveau la route de Descordia

« Par le Grand Faiseor, comment ferons-nous pour passer ? Il faudrait bâtir un pont ! »

Trémégor s'était approché aussi près que possible du fleuve de lave, et, le visage rougi par la chaleur, nous lança sa conclusion en revenant vers nous. Mais, de pont, il n'était bien sûr pas question.

Théodulf, qui était descendu de selle, pestait en regardant le mortel obstacle se dresser en travers de notre route :

« Il faut trouver un moyen ! Il est trop large pour être franchi d'un saut, trop brûlant pour espérer découvrir un gué praticable, mais il ne peut s'écouler ainsi à l'infini ! Il est physiquement impossible qu'il traverse le Monde Obscur du nort au sud. Tôt ou tard, la lave en fusion finit par se changer en pierre. C'est une loi bien connue. Oncques suivrons-nous le cours de ce fleuve, jusqu'à en découvrir la fin ! Je déplore ce retard, mais nous n'avons pas d'autre solution. »

Reprenant Bilba à bouts de bras, il la hissa sur la selle et vint se caler derrière elle. Elle allait mieux, mais ne pouvait encor marcher sur de si longues distances.

C'est ainsi que nous fûmes contraints de changer de cap, et Théodulf nous mena vers le sud, en direction des falaises qui, depuis plusieurs heures, s'étendaient à sénestre. Mal lui en prit, hélas, car un grand péril nous y attendait.

Les montagnes étaient disposées de telle sorte que, pour prendre le chemin que nous désirions, nous étions amenés à nous engouffrer entre deux parois très hautes, qui nous privaient presque entièrement de la faible lumière des estoiles. Il faisait si noir que nous aurions cru explorer une grotte très profonde. Les chevaux avaient obéi, parce qu'ils étaient enchantés, mais à la crainte qui étreignait nos propres cœurs, nous savions bien qu'ils n'auraient jamais pénétré, sans cela, parmi des ombres si terribles. Les volcans, devenus moins nombreux, ne réchauffaient plus l'air, et la rivière de lave dont nous suivions le cours était loin derrière l'aplomb de destre. Les cailloux heurtés par les sabots de nos montures réveillaient de déplaisants échos, dont nous avions le sentiment qu'ils ne nous appartenaient pas tous. Nous marchions les uns derrière les autres, et nos mains se crispaient sur les pommeaux de nos armes. Rôn, qui serrait de près Théodulf, commença à grogner. Mais son maîstre ne fut pas assez prompt à nous ordonner de faire demi-tour, et les ennemis, par dizaines, surgirent de la pénombre, des deux côtés du défilé.

Je les entendis bien avant de les voir. Aussi vous parlerai-je d'abord des sons qui les accompagnaient : nul cri de guerre ne fut lancé, nul défi ou invective. Ils fondirent sur nous dans un complet mutisme, et ne résonnèrent entre les rochers que les grondements de leur cavalcade. Car leurs destriers devaient être immenses, et lourdement armés, pour produire un si grand désordre. Et les cavaliers ne devaient pas l'être moins, si l'on en croyait les tonnerres d'armures et de glaives.

Je songeai : « Voici les grands démoignes du Monde Obscur. Ils nous ont découverts, et c'en est fait de nous ! »

Nous ne pouvions voir que leurs ombres, et leurs silhouettes étaient effroyables. S'ils étaient fervestus, leurs armures étaient ornées de multiples pointes, piques et cornes ; si tel n'était pas le cas, leurs corps devaient être si monstrueux qu'il valait mieux pour nous les affronter en cette pénombre. N'aurions-nous pas perdu la raison si, tout à coup, le soleil s'était mis à briller sur le théâtre des combats ?

Je me repris assez tôt pour sortir mon épée. Devant moi, les armes de Théodulf et Trémégor avaient frappé contre celles de l'ennemi, et c'était bien le bruit que fait le fer contre le fer. Qu'ils fussent ou non démoignes, leurs corps étaient réels. Ils pouvaient donc être touchés et, pourquoi pas, blessés ou même occis. Il ne serait pas dit que j'aurais péri sans combattre. Je piquai des éperons pour me rapprocher de nos adversaires et laisser le champ libre à ceux qui se trouvaient derrière moi.

Sentir le poids de l'épée dans sa main, se dresser sur les étriers tout en poussant son cri de guerre, voici une ivresse qui m'était inconnue, et qui enterra toute frayeur dans mon cœur. Mes compagnons criaient pareillement pour se donner du courage contre ces ennemis sans visage. Car même lorsqu'un éclat d'estoile isolé éclairait l'un d'entre eux, nous n'en apprenions pas plus à son sujet. Leurs armures étaient grises, leurs chevaux étaient gris. Ils ne portaient pas de bannières, et des heaumes brillants leur tenaient lieu de faces. Devant et derrière, ils pressaient notre troupe. Nous n'avions plus aucun moyen de fuite.

Recommandant mon âme au Grand Faiseor, je frappai devant moi, y devinant un cavalier. Mes yeux, qui commençaient de s'habituer à l'obscurité, ne m'avaient point trompé, et ma lame rebondit sur le haubert de mon ennemi. Puis je fus bousculé par le cheval de Trémégor qui venait d'encaisser un redoutable coup de masse. Retrouvant mon équilibre, je remontai sans attendre à l'assaut, et frappai de meilleure force. Cette fois je heurtai le heaume, et l'ennemi vacilla. Je profitai de l'avantage pour le presser encor, car il était si fort, et de si haute taille, que je n'avais nulle envie de goûter à la puissance de ses attaques. Il n'eut pas le loisir de lever son épée, tant la mienne le harcelait, en haut et en bas, à destre et à senestre. J'étais partout à la fois. Je ne contrôlais plus mon cheval, qui allait comme bon lui semblait, mais où qu'il me menât, je m'arrangeais pour trouver une nouvelle façon de mettre à mal mon adversaire. Enfin, ma lame entra dans la chair, à la faveur d'une faiblesse de l'armure. Le cavalier roula à terre, et, après un cri de triomphe, je m'assignai un nouvel adversaire.

Il me semblait alors que personne ne pourrait m'arrêter, car ma victoire avait été aisée. Mais je ne tardai pas à déchanter. Je n'avais pas tant l'habitude de soulever mon épée que ce ne fût plus là un effort conséquent. J'avais certes terrassé l'un de nos ennemis, mais il m'avait fallu frapper à de si nombreuses reprises que mon bras en était fatigué. Ceux qui croisèrent ensuite le fer avec moi furent bien plus coriaces.

Je m'étais trop avancé, car je ne disposais plus d'aucun de mes compagnons pour me garder sur un flanc. C'est donc seul que je fis face à deux nouveaux guerriers. Pour se battre, ils avaient de courtes et lourdes haches, et ma rondache, une fois passée à mon bras, me fut d'un précieux secours. Elle subit à ma place certains assauts qui m'eussent peut-être été fatals, car les rivets de ma broigne étaient de peu d'utilité face à des coups aussi tranchants et redoutables.

Lors des premières passes, je fis bonne figure, rassemblant mes esprits pour appliquer les quelques principes que Percegarde venait de m'enseigner, mais je fus rapidement dépassé, et, la pénombre aidant, je ne sus bientôt plus d'où provenaient les coups, ni comment les parer. L'affolement me submergea. J'oubliai toute raison. J'aurais voulu reculer, mais je gesticulais tant sur mon cheval que ce dernier croyait que je lui ordonnais d'avancer, me plaçant ainsi en plus mauvaise posture. Une lame déchira ma broigne et tailla dans la chair de mon épaule. Je poussai un cri de douleur. Jamais telle cuisance n'était entrée dans mon corps. Peu s'en fallut que je ne tombe !

Je m'aperçus qu'il me coûtait de mourir. J'avais encor tant à découvrir ! Etais-je donc si pressé ? Ce fut soudain l'évidence : je voulais vivre. Mais comment échapper à la rage sanguinaire de ces terribles ennemis ? Ils s'appliquaient à me frapper encor et encor, sans un cri ni un mot, ne surgissant de l'obscurité que pour m'infliger un nouveau dommage. Mais quelles étaient ces muettes et redoutables apparitions ?

J'allais crier merci, oui, invoquer la pitié de mes ennemis, lorsque la lumière se fit sur le champ de bataille. Cessant là les combats, tous levèrent les yeux au ciel. Quel était ce prodige ? Le soleil en personne venait-il jusqu'à nous ? Et pourquoi ce miracle ?

Ce n'était pas le soleil. Juste une estoile descendue à quelques dizaines de galops du sol, inondant le défilé de sa lumière fantasiale, bleutée et scintillante. Bien sûr, c'était une enchanterie, et grâce à elle, nous pouvions enfin voir nos adversaires.

Ils étaient hommes, et non démoignes, mais leurs armures était d'une sorte que je n'avais jamais rencontrée. Tant d'ornements ne sont pas d'usage. Pourquoi leurs heaumes, spallières, brassards et autres cubitières étaient-ils garnis de pointes inutiles et encombrantes ? Etait-ce un signe de reconnaissance, ou ces excroissances avaient-elles une quelconque utilité secrète ?

Je ne me penchai pas davantage sur la question, car j'avais eu raison de penser que je m'étais trop aventuré. Les autres étaient loin derrière moi, où ils oeuvraient pour faire demi-tour. Là-bas, le nombre d'ennemis terrassés était bien plus important, et quelque espoir de sortir de cet enfer était en train de se dessiner de ce côté.

J'étais cerné. Pour les rejoindre, il me faudrait livrer quelques six ou sept combats. Je ne m'en sentais plus la vigueur. Cette courte accalmie n'aurait servi qu'à me décourager davantage. Le cavalier le plus proche de moi leva sa hache. Allais-je m'abaisser à le supplier ? Je décidai qu'il n'en serait rien. Mes retrouvailles avec la tendre Quadrilba ne seraient pas tâchées par la honte.

Mais, alors que j'allais fermer les yeux pour la dernière fois, mon bourreau fut arraché de sa selle par un souffle d'une force démesurée. Je fus long à comprendre. Un autre cavalier fut emporté de même et fracassé contre la paroi, puis un autre encor. Enfin, une voix qui m'était familière cria dans mon esprit :

« Fuis, Aplecraf, fuis ! »

C'était Descordia.

Etait-ce magie ou pure folie de ma part ? Il était trop tôt pour trancher et, saisissant l'occasion, je lançai mon cheval au galop en direction de mes compagnons afin de leur prêter main forte.

Hélas, deux ennemis se dressaient encor sur ma route. J'espérais les voir s'envoler de même, mais il n'en fut rien. Je ne pouvais attendre un nouveau secours surnaturel, et, reprenant courage, de toute la force qu'il me restait, je frappai le heaume du premier cavalier. Lâchant ses armes, il tomba en avant, assommé, sur l'encolure de son cheval.

Son compagnon entendait me faire payer le prix de ma chance et de mon audace : le voici qui me frappe autant qu'il peut. Il est armé d'une masse, et sait s'en servir pour faire le mal. Il me heurte, me presse, me secoue. Ma rondache, sous sa hargne meurtrière, vole en éclats. Je ne peux plus reculer car, derrière moi, trois cavaliers se rapprochent. Mon bras faiblit. Plus d'une fois, je manque lâcher mon épée, dernier rempart contre la violence des assauts.

Mais Rôn, le bon Rôn, était là. Le cavalier ne l'a pas remarqué. Bondissant vers l'une de ses jambes, il lui saisit la cheville avec sa puissante mâchoire, et l'attire vers lui. Les solerets dont le guerrier est chaussé ne suffisent pas à le protéger des redoutables crocs qui savent trouver les faiblesses entre les pièces de fer. Mon ennemi n'a pas encor compris ce qui lui arrive qu'il est déjà à terre ; la selle s'est retournée sous lui. Le chien l'attaque plus haut, le heaume se défait et, aussitôt, la gorge est prise. Le guerrier me regarde. Son visage est livide. Ses yeux sont fous. Il se débat, mais ne crie pas. Son sang coule à foison, son âme le déserte. Enfin, dans un dernier spasme, il ouvre grand la bouche, et je constate avec horreur que, s'il ne dit rien, c'est qu'il a la langue tranchée !

« Aplecraf ! rejoins-nous sans tarder ! Là ! »

Ainsi m'appela Percegarde. Je le rejoignis aussitôt en prenant soin de siffler Rôn afin qu'il ne commît pas la même erreur que moi en restant trop en arrière. Je m'apprêtais à combattre à nouveau, mais mes compagnons avaient achevé d'effectuer leur percée. Aucun d'entre eux n'avait succombé aux coups de l'ennemi. Umut était à terre, mais c'était pour mieux pourfendre le guerrier qu'il avait fait tomber. Aussitôt fait, il remontait en selle.

Irquebraân vint se placer derrière moi, en criant à notre intention :

« Partez ! Je les retiens ici le temps qu'il faut ! »

En prononçant ces paroles très valeureuses, il faisait tournoyer son fléau au-dessus de son chef, et nos poursuivants n'osaient plus avancer. Ils étaient pourtant beaucoup plus nombreux, si nombreux qu'on ne pouvait les compter. S'ils nous rattrapaient, ils auraient sans doute tôt fait de venir à bout de notre résistance. Oui, mais il fallait voir le fier semi-loup, dans son armure légère et étincelante, plein de bravoure et de désir de combattre, juché sur son destrier et faisant siffler la chaîne dans les airs ! Ses cheveux gris se fondaient à la fourrure de sa cape, ses yeux lançaient des éclats de fureur : était-ce un homme ou un animal ? Il était légitime que nul ne souhaitât affronter son courroux !

Ceci nous laissa assez de temps pour fuir le défilé et retourner sur la colline dont nous étions venus.

Montée sur son cheval noir, encor luisante de magie, Descordia nous y attendait.

« C'était donc toi ? » dit Théodulf, qui tenait toujours son chien sur ses genoux.

Elle sourit.

« Oui, c'était moi. Croyais-tu que les estoiles tombaient seules du ciel, et que les vents choisissaient ceux qu'ils faisaient tomber ? »

Théodulf se retourna et, notant qu'Irquebraân commençait à éprouver quelques difficultés à contenir l'armée des hommes sans visage, dit à voix haute :

« Nous en discuterons plus tard. Pour l'heure, il nous faut fuir, car ils sont trop nombreux ! »

La drague tira les rennes de son cheval pour le forcer à faire demi-tour.

« Je sais ! annonça-t-elle. Maintenant, suivez-moi ! »

Elle partit au galop. Nous échangeâmes de brefs regards, puis Théodulf cria au semi-loup de nous rejoindre.

Nous étions moins chargés que nos poursuivants. En peu de temps, nous les eûmes distancés. C'est pourquoi nous fûmes très surpris lorsque Descordia nous mena au bord du fleuve de lave. Nous pensions galoper pendant quelques heures. Pourquoi nous arrêter ici ?

« Quelle est cette nouvelle idée ? s'écria Théodulf. Ne nous as-tu arrachés à nos ennemis que pour mieux nous perdre ? »

Descordia cracha par terre.

« Il suffit ! L'heure des faux-semblants est terminée, Théodulf. Il est temps de me faire confiance, car je ne peux te sauver de ta propre bêtise ! Tu dois tuer l'enfant coléreux qui vit dans ton esprit, ou tu ne survivras pas à ton voyage, et tu sais que j'ai raison ! »

Notre chevetaigne se montra fort troublé par ces propos, et il ne répondit, ni ne demanda d'autre explication. Descordia profita de cette stupeur pour nous parler à tous :

« Nous allons franchir une étape ! Si vous ne croyez pas en moi, si vous n'avez pas foi en ce qui vous a menés jusqu'ici, alors fuyez, car vous n'irez pas plus loin ! La mort attend celui qui ne croit qu'en lui-même et ne connaît pas la confiance. Ce fleuve de lave que vous preniez autant de soin à contourner n'est qu'une illusion destinée à vous ralentir. Je n'ai pas le temps de vous en apprendre la raison. Bientôt, vos poursuivants seront ici. Je vous demande donc de m'accorder votre confiance, sans autre assurance, au détriment de ce que vos yeux verront. Suivez-moi, ou renoncez ! »

Elle n'avait pas plus tôt achevé ces paroles qu'elle poussait son cheval dans la rivière de lave. Elle n'eut pas le temps de crier. Devenue torche, elle se tordit sur elle-même et se consuma en quelques secondes, nous laissant muets de surprise et d'horreur.

« Folle ! s'écria Théodulf. A refuser la réalité, tu t'es jetée de plein gré dans les flammes ! »

Il était vivement bouleversé. Cette affliction semblait des plus sincères. Entretenait-il pour la drague un attachement plus grand qu'il ne le laissait paraître, ou cette émotion n'était-elle due qu'à l'odieux spectacle auquel il venait d'assister ? Cependant, bien que se trouvant dans un grand désarroi, il n'envisageait pas encor de croire aux paroles que Descordia avait prononcées avant que d'être réduite en cendres.

Irquebraân nous laissa sans voix quand il éperonna son cheval à son tour. Il dit seulement :

« Vous avez tort, sire Théodulf, car mon instinct est d'avis que vous vous trompez ! »

Il enfonça sa monture dans la lave jusqu'au garrot. Il périt dans les mêmes souffrances rapides que Descordia. En peu de temps, il ne resta plus rien de lui.

Le visage échauffé par la fournaise, l'esprit troublé de fièvre, nous contemplâmes la triste fin de ce héros, remplis de peur et de doute. Etait-il mort tout de bon ? Je ne pouvais m'y résoudre. Le semi-loup ne m'avait nullement donné le sentiment d'être atteint de folie, et ses actes étaient toujours aussi mesurés que ses gestes. Il fallait donc qu'il ait entendu Descordia, quand elle nous avait dit de ne pas prêter foi à ce que nos yeux voyaient. Avait-il fait le bon choix ? Nous connaissions peu la drague et ne l'avions pas vue depuis fort longtemps. Etait-elle vraiment notre alliée ? Etait-elle encor saine d'esprit ? Ceci représentait un double mystère.

Etait-ce cause du grand trouble en lequel je me trouvais, les propos du semi-loup me revinrent en mémoire : *que te restera-t-il si ton cœur, à la fin, est vide ?* Cessant de raisonner, j'écoutai ce que mon cœur me soufflait. Car Irquebraân avait parlé avec sagesse : aucune science, en pareille circonstance, ne m'indiquerait la route à suivre, et je devais prêter l'oreille à ce que désirait mon âme.

Je compris soudain cette vérité qui devait me guider toute ma vie durant : l'esprit détermine ce qu'il convient de *savoir*, mais seul le cœur peut nous dire en quoi nous devons *croire*. Aimer la connaissance ne devait pas nous priver de la foi.

Et lorsque je me penchai sur mon être profond, lorsque j'interrogeai le lac limpide de mes rêves et de mes souvenances, de mes questes et de mes espérances, je n'aperçus qu'un visage, où se croisaient tous les chemins de ma vie. Quadrilba. Tout de lumière vêtue, les yeux peuplés d'estoiles, la bouche habitée de sourires et de joie, elle me désigna le chemin. De toute sa présence irradiant ma poitrine, elle me disait : « crois ! »

Alors je lui confiai ma vie et, débarrassé de la peur, je poussai mon cheval vers le fleuve mortel. J'entendis les cris de mes compagnons, qui voulaient m'empêcher de courir à ma perte. Je ne me retournai pas. Il était trop tard.

Lorsque mon destrier eut posé les quatre sabots dans la lave, toute chaleur s'évanouit, et il n'y eut plus devant moi que la terre ferme. Descordia et Irquebraân, qui avaient mis pied à terre, m'attendaient, souriants. Un doute me saisit : étions nous des défunts ?

Je fus vite détrompé, car ceux qui m'avaient précédé dans cette épreuve me firent de grands compliments sur mon courage. Je fis mine de me retourner pour appeler les autres, leur annoncer qu'il n'y avait aucun danger, mais Descordia m'arrêta d'un geste :

« C'est inutile, dit-elle. Ils ne peuvent nous entendre. »

La terre trembla, car les cavaliers sans visage se rapprochaient. Effroyable galop que le leur ! Il paraissait que rien ne pût résister à leur charge !

Descordia observait avec beaucoup d'attention nos compagnons qui hésitaient, piétinant sur la rive que leurs sens croyaient percevoir. En vérité, ils ne se trouvaient qu'à six galops de nous. Auraient-ils l'audace de nous rejoindre, ou choisiraient-ils d'affronter les guerriers aux armures bardées de torsades et de pointes ?

Descordia dit :

« Umut va sauter. C'est certain. Il connaît la magie. Sa peur est moins grande pour cela. »

En effet, le prestre ferma les yeux et se jeta promptement dans la lave, sans que nul ne tentât de l'en empêcher. Lorsqu'il rouvrit les yeux, nous tenions son cheval par la bride, et le félicitions. En homme maîstre de lui, il eut vite raison de l'expression de surprise qui traversa son visage.

Puis Descordia dit :

« C'est maintenant au tour de Percegarde, car son âme de solaire commence à frissonner d'extase devant ce nouveau danger. »

Et, comme elle l'avait prédit, Percegarde, dans un cri de triomphe, se précipita à notre rencontre. Ses yeux, il les avait gardés grand ouverts, et il partit d'un bon rire lorsqu'il nous aperçut.

« Ouuuh ! s'exclama-t-il. Je le savais, par tous les dieux et les démoignes, je le savais ! »

Et Descordia dit encor :

« Reste Théodulf le sceptique, car Trémégor ne partira pas avant lui. Vraiment, j'ignore s'ils trouveront assez de foi en eux pour nous rejoindre. Tenez-vous prêts, car s'ils échouent, ce sera comme si nous avions tous échoués, et votre bravoure n'aura servi à rien. »

Umut lui adressa un regard chargé d'incompréhension :

« Cette épreuve aurait-elle été vaine ? Je ne saisis pas… »

Descordia répondit sans même le gratifier d'un regard :

« Entendez-vous rester ici tandis qu'ils se feront massacrer de l'autre côté ? Dans ce cas, ce sera votre choix, ami prestre, et non le mien, car s'ils n'osent traverser, j'irai à leur secours en dépit de leur faiblesse, et les autres, je pense, feront de même... »

Umut se reprit :

« Bien sûr, il va de soi. Je ne comptais pas les abandonner. Mais pourquoi ne pas leur apparaître avant qu'il ne soit trop tard, et leur montrer que, puisque nous ne sommes pas morts, ils peuvent nous suivre sans crainte ? »

Cette fois, la drague plongea son regard dans celui du prestre.

« Est-ce ainsi que vous aimeriez que l'on agisse envers vous ? L'épreuve n'est pas achevée, et elle est aussi capitale pour eux que pour nous. A cette étape du voyage, il est nécessaire que nous sachions ce que chacun porte dans son cœur ! »

Elle n'eut pas le temps d'en dire plus. Alors que Trémégor se retournait déjà pour faire face aux assaillants, tenant fermement son mail de guerre dans les trois doigts épais de sa main destre, et murmurant d'intimes prières dans le secret de sa barbe rousse, Théodulf parlait à ses chiens. Nous entendions mal ce qu'il disait, car les sons nous semblaient très lointains, déformés par l'illusion qu'ils traversaient avant de parvenir jusqu'à nous. Rôn fit sans hésiter quelques pas dans notre direction, et le visage de Théodulf s'éclaira tout à coup. Il invita son compagnon à revenir à ses côtés.

« Habile et obstiné Théodulf, murmura Descordia. Il ne pouvait se résoudre à croire à son propre instinct. Il n'a vraiment foi qu'en sa logique. Le voici qui arrive, parce qu'il a compris que ses chiens ne voyaient aucun fleuve de lave ! »

L'homme de science et le montorin, suivis du fidèle Rôn, galopaient en effet vers nous. Puis,tirant les rennes, ils se retournèrent pour rire de la facilité avec laquelle ils avaient franchi l'obstacle.

« Théodulf, tu as triché ! dit Descordia. Ce n'est pas ainsi qu'il convient de passer une épreuve de foi ! »

Mais Théodulf, comprenant qu'elle ne mettait pas de sérieux dans ces paroles, répartit :

« Mais moi, c'est ainsi que je l'ai passée, ton épreuve. Car je place ma foi où bon me semble ! »

Les cavaliers surgirent de la pénombre, de l'autre côté de l'illusion. Ils n'étaient pas loin de cinquante à se presser ici, les armes à la main, juchés sur leurs gris destriers dont les têtières d'argent reflétaient le pâle éclat des estoiles. Ce n'étaient pas des chevaliers, car ils n'en avaient ni la noblesse, ni le courage : en dépit du fanatisme dont ils avaient fait preuve au cours du précédent combat, ils manquèrent d'audace pour franchir la rivière de flammes. L'hésitation ne fut pas longue : sans un mot, ils firent demi-tour.

« Quel silence estrange que le leur ! remarqua Percegarde. Je n'ai jamais vu combattants aussi muets dans l'effort comme dans la souffrance ! »

Tous approuvèrent ce propos, mais j'exliquai :

« C'est qu'ils ont la langue tranchée ! L'un d'entre eux a fait choir son heaume devant moi. C'était un simple humain, et j'ai pu voir qu'on lui avait coupé la langue. Je suppose qu'ils sont tous dans cet état, et que c'est la raison pour laquelle on ne les entend ni parler ni crier. »

Théodulf ajouta que c'était fort possible, car il avait rencontré en certains pays cet usage, par lequel on empêche les combattants de trahir des secrets. Un guerrier, s'il est fait prisonnier, résiste mieux à la torture s'il ne peut pas produire de sons !

« Quoi qu'il en soit, nous voilà débarrassés d'eux ! » s'exclama Percegarde avec satisfaction.

Descordia était déjà remontée en selle. Et elle dit :

« Pour un temps, il est vrai. Hélas, ils ne seront pas longs à nous poursuivre de nouveau, car c'est leur propre maîstre qui a causé cette illusion. Nous en avons profité, et ils ne s'y attendaient pas. Nous avons eu beaucoup de chance. Remettons-nous en route et, lors de la halte prochaine, je vous apprendrai ce que je sais ! »

Ainsi sommes-nous repartis dans la direction dont nous n'aurions jamais dû nous écarter, tandis que s'éloignait derrière nous l'écho de la chevauchée ennemie. Mais nous savions tous que leur route, tôt ou tard, croiserait à nouveau la nôtre, et que nous n'en avions pas terminé avec eux.

Chapitre 11

Du récit de Descordia et de ce qu'il révèle sur ces mystérieux poursuivants.

Nous aurions pu nous abriter dans les grottes qui creusaient partout la montagne au-dessus de nous, mais elles étaient si inquiétantes que nous préférâmes nous en tenir éloignés. Quelles créatures y faisaient leur repère ? Nul d'entre nous n'était pris de l'envie de l'apprendre. Quelques rochers disposés en cercle furent donc choisis pour abriter notre étape. De toute façon, il n'était pas question de faire de feu, car, bien que nous ne les ayons point revus, nos poursuivants auraient pu nous retrouver et nous surprendre grâce aux lueurs d'un foyer. Dans le Monde Obscur, la moindre flamme se repère de très loin.

Les chevaux attachés près de là, et débarrassés du plus lourd de leur harnachement (les selles ne leur étaient jamais ôtées, car nous pouvions avoir besoin à toute heure de nous enfuir sur leur dos), nous pûmes manger et nous détendre. Des biscuits et du miel furent sortis en bonne quantité d'une sacoche de Percegarde, et chacun fut convié à se rassasier autant qu'il lui plaisait.

Descordia attendait un mot de Théodulf pour entamer son récit. S'en avisant, ce dernier prit la parole lorsque nous fûmes tous rassemblés, assis sur les couvertures que nous venions d'étaler sur le sol afin d'en adolcier l'inconfort :

« Aujourd'hui, nous avons échappé au pire. Que tous les dieux de tous les cultes en soient remerciés, mais surtout Descordia qui, en dépit de mon iniquité, nous a suivis pour nous porter son aide. Il est vrai, je suis parfois trop prompt à la querelle. Descordia, je t'ai traitée avec légèreté. Je te demande devant ces témoins d'avoir assez de mansuétude pour me pardonner. Enfin, je te supplie de nous conter ce qui t'a permis d'arriver jusqu'à nous, et d'intervenir si bien à propos. »

Dans l'assemblée, des sourires furent échangés, auxquels je sus prendre part. Que voici un langage divertissant ! Théodulf rangeant sa fierté sous son bras ! Plein de repentir, il reconnaît ses torts ! Trémégor lui-même, qui le connaissait depuis fort longtemps, en fut amusé. Umut le Narquois étouffa un petit rire plein d'indulgence.

Descordia, qui aurait pu faire usage de son talent pour la moquerie, s'inclina plutôt devant notre chevetaigne avec un profond respect.

« Sire Théodulf, je te rends grâce de ces paroles. Louée soit l'humilité qui te permet de t'adresser ainsi à moi. Ce fut grande cruauté que de me bannir sans m'avoir laissé le droit de me défendre. Je voulais me montrer loyale envers toi, et tu m'as accablée de ton mépris. J'avoue que, les premiers temps, j'envisageai de te poursuivre de ma rancune. Puis je songeai aux torts que j'avais, et refusai que mon cœur ne s'avenimât davantage. Fol était ton aveuglement, mais t'avais-je aidé à ouvrir les yeux ? La vérité est parfois le présent le plus difficile à offrir… »

Elle se tut un instant et m'adressa un court regard. Enfin, elle reprit, se tournant vers nous :

« Mon pardon, je vous le donne très volontiers, à chacun d'entre vous. Je vous supplie de faire de même envers moi, car je ne mérite pas votre colère. Je n'ai jamais voulu vous nuire, même s'il serait faux de prétendre que j'ai croisé votre route par hasard. Tout ce qui est gardé en secret n'est pas plein de perfidie. Je vous ai caché certaines motivations que j'avais, mais vous promets d'être désormais aussi franche envers vous qu'il est possible de l'être. Voulez-vous croire à ce serment ? »

En parlant ainsi, elle sut nous émouvoir. Il n'en eut pas un qui refusât de l'assurer de sa confiance et de son estime. Ne nous avait-elle pas amplement prouvé la sincérité de son attachement ? Ceux qui, autrefois, s'étaient défiés d'elle étreignirent les mains qu'elle nous tendait en lui jurant, comme les autres, un sentiment sans failles.

Le visage de la drague, lisse et pâle comme la neige, avait toujours très peu reflété les états de son âme. Elle nous offrit cependant un sourire qui, bien que timide et fugace, nous apparut plein de soulagement. Nul n'osa formuler la moindre réserve sur l'authenticité de cette attitude, même si certains d'entre nous, tel qu'Umut le Narquois, se montrèrent moins prompts aux transports d'amitié. Il faut avouer cependant qu'il la rencontrait pour la première fois et que cette journée, si elle avait ébranlé certaines de ses convictions, n'avait peut-être pas suffi à effacer tout à fait la réputation qu'il connaissait aux dragues.

Après cette réconciliation, chacun reprit sa place, et Descordia s'avança au centre du cercle que nous formions. A cause du froid, elle avait passé uoe longue chape, doublée de fourrure sombre, par-dessus sa robe de laine à la pudeur contestable. Le visage, à la fois gracieux et austère, cerné par son camail de velours mauve, elle avait l'air d'une statue et, dès qu'elle se tenait immobile, on craignait presque qu'elle se figeât à jamais. Debout dans l'obscurité, elle était plus belle qu'elle ne l'avait jamais été. Faite pour ce lieu, la noirceur de ses cils répondait à la nuit, comme les quelques mèches de cheveux qui troublaient la virginité de son front.

Tous l'observaient avec fascination car elle savait, lorsqu'elle parlait, faire évoluer son corps de sorte à être écoutée. C'est ainsi qu'elle nous fit un récit plein de vie de ce qui lui était arrivé, et les eï, toujours au nombre de sept, dormaient sur son sein.

Voici ce qu'elle nous raconta :

« Faisant fi de mon ressentiment, j'ai décidé de vous suivre à la trace. Je caressais l'espoir de vous montrer sous peu à quel point je vous étais indispensable, et combien vous aviez mal fait de m'accabler de reproches. Je fis usage de magie pour vous pister à bonne distance sans qu'aucun d'entre vous ne pût s'en douter. Je savais que les sœurs de ma communauté n'étaient pas loin ; cependant, je renonçai à les trouver pour leur faire mon rapport. Il était trop tôt, et la seule idée de me présenter devant elles me causait de la honte, car j'avais échoué à faire la plus grande partie de ce qu'elles m'avaient demandé. Depuis plusieurs semaines, croyez-moi si vous le voulez, j'étais prête à désobéir à leurs ordres, mais voici que je n'avais pas à le faire, puisque leurs directives épousaient les inclinations de ma volonté. Elles avaient compris que le monde risquait de s'enfoncer dans la folie et l'absurde, et que ceci ne servait pas leurs intérêts. Je savais donc qu'elles ne tenteraient pas de me nuire. Je savais également que vous ne pourriez vous passer de ma magie. Mais puisqu'aucun danger ne vous menaçait encor, je vous ai laissés rejoindre le Temple du Milieu. Pour ma part, je me cachai dans les montagnes du sud, non loin des grottes de l'orage, en attendant que vous soyez prêts à entrer dans le Monde Obscur. Il faudrait alors que je vous presse de plus prêt, car les périls sont plus célères et plus imprévisibles lorsqu'ils surgissent de la nuit.

« J'interrogeais les vents avec discrétion, car je savais que demeuraient dans ce Temple d'habiles magiciens qui eussent été capables de me deviner. C'est ainsi que je ressentis la présence toute proche d'une armée, qui prenait grand soin de contourner le repère des prestres du Crépuscule. Ils étaient ceux-là dont nous nous savions poursuivis. Je décidai que rien ne pourrait nous être plus utile que de découvrir leur identité et, peut-être, ce qu'ils attendaient de nous. Aussi me coulai-je dans les ombres du couchant pour me rapprocher d'eux autant qu'il était possible. Je pris l'apparence d'un falve, aux pattes plus douces et silencieuses que le velours et me trouvai sans tarder à quelques pas de leur campement. Les chevaux étaient attachés à une rangée d'arbres. A bonne destinée, ils ne pouvaient déceler mon odeur de prétadeur, car le vent était face à moi.

« Je comptai près d'une centaine d'hommes, fervestus, les armes ceintes au côté, l'escu autour du cou et le heaume attaché comme s'ils partaient pour le combat. Pourtant, ils se tenaient immobiles, debout, tournant le dos au soleil couchant. Je n'avais jamais rien vu de pareil, car les ribalts, les soldats, ou même les chevaliers, ont coutume de faire certain tapage lorsque leur est permis de prendre du repos. Mais ceux-là respectaient un complet silence. Ils étaient loin du Temple. Quelle troupe pouvait se montrer aussi inutilement disciplinée ? Mais j'ignorais encor le rôle que jouaient leurs langues tranchées dans cette surprenante attitude. Je m'attardai également à observer les dessins de leurs armures, essayant vainement d'en reconnaître l'origine.

« Un homme de haute stature leur faisait face, qui captiva toute mon attention. Il ne possédait aucune arme visible, mais il était très richement vêtu, à la manière des Mystiques de haut rang qui hantent les palais et les royaumes voués au culte du Grand Faiseor afin de prêcher la lumière, la bouche pleine de mensonges. Celui-là portait une longue robe d'étoffe claire, orfraisée en abondance, par-dessus laquelle il avait jeté une aumusse blanche en fourrure d'hermine, toute bordée de queues de goupil. La capuche lui cachait le visage, et il tenait ses bras croisés contre lui. Il paraissait se trouver en prière. Aucune parole n'était prononcée par sa bouche. Cependant, tous lui témoignaient de l'attention. Je compris que le Mystique s'adressait à eux. Certains magiciens ont le pouvoir de se passer du verbe pour faire entendre leurs pensées. Je glissai donc mon esprit parmi la foule des guerriers, et perçus la même voix qu'eux. Et leur guide leur disait ceci : « Vous les laisserez avancer encor, jusqu'à ce qu'ils n'aient plus aucun espoir de reculer. Je serai derrière vous, toujours, et je surveillerai chacun de vos gestes. Vos bras ne faibliront pas, car il vous en naîtrait si grand dommage qu'il durerait toute votre vie et au-delà encor. Je sais de terribles souffrances qu'il convient de redouter bien plus que le trépas. Je les arrêterai, et vous les occirez. Tel est le vœu de nos maîstres. Trop grande serait l'insulte pour votre dieu, si vous laissiez aller librement les blasphémateurs. Fermez vos cœurs à la pitié. Dans le noir, les pêchés n'existent pas, parce que nul ne peut les voir. Je le sais mieux que pers… » Il s'interrompit brusquement, comme s'il venait de ressentir une présence étrangère parmi ceux qui l'écoutaient. Sans hésiter, il tourna le chef dans ma direction. J'étais dissimulée de parfaite façon, mais il adressa un signe à ses hommes, qui désignait l'endroit où je me trouvais. Aussitôt, ils accoururent. Je sus qu'il ne me serait sans doute jamais donné une autre chance de mettre à mal le chevetaigne de nos ennemis, et j'étais certaine, à présent, qu'ils formaient le projet d'attenter à vos vies. Notre expédition avait peut-être trop fait parlé d'elle dans les divers royaumes où Théodulf avait prospecté, et certaines personnes d'importance avaient décidé de l'empêcher par la force. L'occasion était trop belle.

« J'invoquai Wakinyan, le Donneur d'Oisels, qui fit naître pour moi dans le ciel deux grands egles, l'un de feu et l'autre de pierre. Sans sortir de ma cachette j'ordonnai au premier de fondre sur le Mystique qui se tenait toujours au même endroit, et qui n'esquissa pas la moindre fuite devant le danger. L'egle de feu entra dans sa poitrine. N'importe quelle créature eût été aussitôt terrassée. Mais le Mystique n'en fut nullement incommodé. Les flammes s'étaient comme noyées en lui, sans lui causer aucun mal.

« Oncques lançai-je le second egle, qui était fait de pierre lourde et dure. Pas davantage le Mystique ne voulut esquiver. Immobile, il reçut le pesant sortilège au milieu du visage. Il n'en fut pas plus affligé ; l'oisel de pierre se brisa sur lui, et c'est à peine si son capuchon s'en trouva rabattu.

« C'est alors qu'il se tourna vers moi, et qu'il me fut donné de contempler sa face. Que Wakinyan me foudroie si je mens : il n'était pas humain. Ni montorin non plus, ni aqueux, ni solaire. Il n'appartenait à aucune de nos races pourvues d'humanité. Sa figure semblait faite de verre, ou de cristal. Elle en possédait les reflets et les contours. Mais elle devait être dure comme le diamant pour avoir subi sans broncher l'assaut que je lui avais posté. Le Mystique leva vers moi un bras sur lequel son aumusse glissa, m'apprenant que tout son corps était semblable, que rien n'était de chair en cette créature. Avant qu'il ne ripostât, j'avais compris ce qu'il était. Ceux d'entre vous qui connaissent l'histoire de notre monde l'ont deviné : il s'agissait d'un fogtraïth, un esclave divin ! »

A ce point de son récit, n'y tenant plus, Théodulf bondit sur ses pieds et rugit :

« Ne me tiens pas rigueur de mon emportement, mais vraiment, tu vas trop loin ! J'ai reconnu tantôt que tu avais raison, que les légendes prenaient corps, et j'ai sur ce point un avis qui m'est propre. Cependant je ne peux me résoudre à croire ce que tu prétends. Les fogtraïths n'appartiennent pas aux contes : ils ont bel et bien existé, nous le savons tous, mais cela fait près de trois mille ans qu'ils ont disparu ! Je peux inventer une théorie expliquant que les créatures imaginaires s'incarnent, mais que les êtres du passés ressuscitent est une toute autre chose ! »

Trémégor fronça ses sourcils broussailleux et, contre son habitude, prit part à la controverse :

« Quelle histoire incroyable ! Je ne comprends rien à votre affaire, et ce qui étonne mon ami n'est pas ce qui me chagrine pour ma part. Par quel miracle un fogtraïth se trouverait-il au service des Mystiques ? Vous connaissez comme moi la légende : ils furent les esclaves grâce auxquels le Grand Faiseor aurait bâti notre monde. Mais leur tâche terminée, inquiet de la puissance qu'ils avaient acquise et persuadé qu'ils lui étaient désormais inutiles, leur divin Maîstre a décidé de les exterminer. Certains se sont soumis à cette volonté, mais les autres sont partis se cacher sous terre pour échapper à cette fin inique. On dit qu'ils vivraient toujours, dans leur royaume des profondeces, qu'ils entretiennent leur pouvoir, leur force, leur magie, en vue du jour où ils pourront se revanchier du Grand Faiseor. Dans ce cas, qu'ils existent encor, qu'ils soient morts, imaginaires, ou je ne sais quoi, je ne vois pas comment ils pourraient se retrouver à nouveau au service de celui qu'ils tiennent en haine… »

Théodulf, cette fois, n'était pas d'accord avec le montorin :

« Tu nous parles d'une légende, Trémégor, rien de plus : une simple légende ! Il faut s'en tenir aux faits ! Par le passé, des fogtraïths ont été vus dans notre monde. Ils étaient une race parmi d'autres. Mystérieuse, mais réelle. Des sépultures ont été retrouvées, avec des corps reconnaissables. Cette histoire d'esclaves divins pleins de rancune et de colère, préparant leur retour, n'a été inventée que bien plus tard.

Ces fables sont nées des siècles après leur disparition… »

Percegarde, timidement, voulut intervenir :

« Si vous me permettez, il me semble qu'une chose doit être rectifiée. J'ignore d'où Trémégor tient ses sources, mais la version que je connais de cette légende est assez différente. A Gadwin l'Immortelle, on racontait plutôt que… »

Le montorin refusa de le laisser poursuivre :

« Et depuis quand les solaires ont-ils meilleure mémoire des temps anciens que les montorins qui vivent deux fois plus d'années que le plus âgé d'entre eux ? Allons, sois sérieux, mon garçon… »

Descordia dut hausser la voix :

« Je n'ai pas terminé ! »

Ayant ainsi obtenu le silence, elle reprit :

« Que chacun pense ce qu'il voudra, mais qu'on entende d'abord ce que j'ai à dire, car ce n'est pas ici que mon récit prend fin ! »

Ceux qui l'avaient interrompue lui firent leurs excuses et la prièrent de poursuivre.

« Je disais donc que le Mystique levait la main vers moi, animé de la ferme intention de me faire payer mon audace. La terre se mit à trembler, prête à s'esbaer, et me sachant perdue si je demeurais sans agir, j'invoquai une dernière fois Wakinyan afin qu'il fît de moi l'un de ses oisels le temps de quatre soupirs, car nul, par magie, ne peut habiter le ciel plus longtemps.

Le sol se déroba sous mes pieds, et je manquai chuter dans l'insondable abîme. Cependant, je n'étais plus un falve, mais un corb aux ailes solides, et je m'élevai dans les airs, prenant garde de retenir mon souffle afin de rendre aussi longues que possible les quatre respirations qui m'étaient permises. Les guerriers, qui n'avaient ni arcs ni arbalestes, ne purent rien tenter pour me retenir, et je ne laissai pas le temps au fogtraïth de me lancer une autre enchanterie.

« Dès lors, j'attachai le plus grand soin à vous suivre d'assez prêt pour ne point me trouver rattrapée par ces hommes. L'étonnement qui fut le vôtre, croyez bien que je le connus également. Il ne me plaisait pas plus qu'à vous de savoir un fogtraïth en vie, dont on peut redouter à juste titre les pouvoirs. J'aurais payé cher pour savoir s'il était seul de son espèce, ou si les Mystiques, qui sont décidément très propres à comploter, ne nous en réservaient pas toute une armée. Je pensais qu'il était encor inutile de venir vous prévenir, car je ne pourrais être crue de vous. J'ignorais d'ailleurs que Théodulf avait accepté l'idée que le monde de l'invisible déversât ses créatures dans notre réalité. A ce sujet, je serais d'ailleurs curieuse de connaître son interprétation, mais je crois que nous serons très vite amenés à reparler de ces choses.

« Concernant les jours qui suivirent, je me montrerai plus brève. Seule dans les marécages, j'ai rencontré des créatures qui n'ont sans doute pas osé vous approcher. J'ai fait plus d'une fois usage de ma magie. J'ai fui comme vous le chant des banshees qui nageaient dans les eaux nauséabondes, et de connaître leur nom, je mis plus de hâte encor à m'éloigner de ce péril mortel. Tandis que je marchais derrière vous, je sentais dans l'air la puissance du fogtraïth qui voyageait derrière son armée, les guidant et les préservant par ses pensées dont je recevais parfois quelques bribes. C'est en partie ce qui m'aida à deviner le piège qu'il s'apprêtait à vous tendre.

« Car, enfin, je sentis que les mailles du filet se resserraient, et de très forts courants de magie me dépassèrent, dans le ciel et dans la terre. C'était cette illusion, ce fleuve de lave que le fogtraïth allait faire naître devant vos pieds afin de vous contraindre à un détour. Il savait que vous entreriez dans le défilé. Il ordonna donc à ses cavaliers de vous y attendre. Je dus me montrer très discrète pour approcher du lieu de l'embuscade. J'étais certaine que, si je vous ouvrais la voie le moment venu, tout en éclairant vos pas, vous pourriez vous sortir sans peine de ce mauvais état, et je désirais vivement savoir enfin comment ces guerriers, qui jamais n'enlevaient leurs heaumes, s'y entendaient dans l'art de manier leurs belles armes. Comme je m'y attendais, vous avez su leur échapper. Il me plut ensuite que vous ayez à franchir l'épreuve de foi, car je craignais que certains parmi vous ne soient pas assez forts pour aller plus loin. Je me suis trompée, et j'en suis heureuse. Le fogtraïth ne devait certes pas s'attendre à ce que nous retournions ainsi son maléfice afin d'accroître notre valeur. Car je peux vous l'avouer : j'ai passé cette épreuve comme vous tous. La vérité est que rien ne prouvait la nature de ce fleuve. Je le savais magique, mais tout ce qui naît de la magie n'est pas irréel. Notre ennemi nous a sous-estimés. Il pensait, dans le mépris qu'il nous portait, qu'une simple enchanterie suffirait à nous arrêter. C'était sans savoir ce dont un cœur rempli de foi est capable. Il est drôle que la drague ait connaissance de cela, quand le Mystique trouve son armée arrêtée par sa propre illusion ! »

Pour ces explications, tous firent montre d'un grand étonnement. Tant de points restaient à éclaircir ! Que de mystères nous poursuivaient ! Nous pensions bien plutôt les trouver devant nous, au cours de ce voyage extraordinaire ! Percegarde, le premier, risqua un commentaire :

« En tout cas, ce fogtraïth peut revenir à la charge ! Nous saurons bien surpasser ses soldats, car nous les avons déjà proprement décimés ! A moi seul, j'ai pris l'âme de cinq d'entre eux ! »

Descordia lança un regard navré au solaire plein d'optimisme :

« Hélas, tu as peut-être pris leurs vies, mais non leurs âmes ! C'est la raison pour laquelle le Mystique reste toujours en arrière, sans jamais se placer en danger lui-même : grâce à sa négromance, il tient ses guerriers debout. A cent ils sont venus, à cent ils resteront. Ce sortilège a pour nom *La-mort-qui-marche.* Ceux que vous avez tués se sont déjà relevés, et ils n'auront de cesse de vous combattre afin que leurs âmes soient enfin libérées. Pour une grande part, ce sont des cadavres qui vous poursuivent à présent. Vous pourrez les occir mille fois, ils reviendront toujours, tant que vous ne serez pas tous vaincus, ou que le Mystique en personne ne sera pas mort ! »

Une légion de défunts à nos trousses ! Il n'y eut aucun d'entre nous, si valeureux fût-il, à qui la chair ne frémit. Irquebraân ferma les yeux et porta trois fois la main à sa bouche en murmurant trois mots dans sa langue natale : *Yoorth, Tréfulnook, Lopahan.* Je devais apprendre plus tard qu'il s'agissait des noms donnés par son peuple aux trois loups qui, depuis le début des temps, portent sur leur dos les âmes des hommes défunts pour les mener vers les montagnes du ciel. Par ce geste, Irquebraân leur demandait pardon du sacrilège commis par les magiciens.

Théodulf lui-même était saisi de crainte. Il finit par demander très humblement à la drague :

« Descordia, je n'y comprends mie. Ma connaissance ne suffit plus. J'ai besoin de savoir tes conclusions. Je tombe rarement d'accord avec toi, mais tu parviendras peut-être à donner un peu de lumière dans les ténèbres où mon esprit se débat…»

Visiblement satisfaite, Descordia s'exprima alors à voix si basse que l'on peinait à l'entendre, et ceci donnait un tour très grave à son discours :

« J'ai en effet mon idée sur ce qui se trame à notre insu. La question que vous vous posez tous, bien entendu, est celle-ci : pourquoi ce Mystique nous veut-il du mal ? »

Et tout le monde d'approuver pour l'inciter à continuer.

« Il me semble que c'est la question qui trouve le plus simplement et le plus logiquement sa réponse : quelqu'un veut empêcher Théodulf de faire la découverte qu'il entend arracher à la Grande Ténèbre. Qui ? Les Mystiques, bien sûr, tous les Mystiques, tous ceux qui n'ont de raison d'être que si le monde entier continue de croire au Grand Faiseor ! Imaginez que nous revenions, demain, pour annoncer partout que le monde est rond ! Que penseraient les gens d'un culte qui de tous temps prétendit le contraire ? Assurément, ils se détourneraient de lui, et ceci n'arrangerait pas les affaires de ceux qui le servent, et en tirent pouvoir, richesse et renommée ! »

Théodulf acquiesça :

« Ce raisonnement me paraît bon. Tu as le don de me surprendre, Descordia. Je n'ai parlé qu'à très peu de personnes du véritable objectif de cette expédition, mais il n'est pas exclu que nous ayons été espionnés et que quelqu'un nous ait percés à jour. Il est vrai que cette révélation sur la forme de notre monde pourrait mettre fin du même coup aux religions comme aux superstitions. Mais ceci n'explique pas le fogtraïth. S'il existe, et que tes sens n'ont pas été trompés, comment expliques-tu sa présence ? Penses-tu qu'il s'agisse d'une de ces incarnations que nous avons croisées ? Cela m'étonnerait fort… »

Descordia leva les paumes vers le ciel pour témoigner qu'elle n'était pas certaine de ce dont elle allait nous faire part.

« Je me suis longuement penchée sur la question, sire Théodulf, et j'en suis venue en effet à certaines idées qui n'ont rien de définitives. Comme Trémégor, connaissant les légendes, je me suis demandé : pourquoi un fogtraïth se rangerait-il du côté des Mystiques ? Les légendes recèlent toujours une part de vérité. Si cette race n'a pas été dégastée par le Grand Faiseor en personne, il n'est en revanche par absurde de penser que ses représentants s'en sont rendus responsables. L'histoire n'aurait alors retenu que le nom du dieu de ceux qui mirent fin à l'existence des fogtraïths ! Race disparue ou non, au fond, là n'est pas le problème essentiel. La question est : comment les Mystiques ont-ils fait pour s'attacher leurs ennemis ? La réponse la plus évidente est que les fogtraïths sont à nouveau esclaves, ou n'ont peut-être jamais cessé de l'être. Quelque chose les tient à la merci des Mystiques. Ont-ils fait un pacte ? Une importante récompense est-elle en jeu ? J'ai même pensé que les fogtraïths étaient peut-être maintenus en vie par leurs maîstres. De plus, nous avons tous entendu parler des expériences menées par les Mystiques dans les catacombes d'Heplome-la-main-blanche. Tout est possible. Ce qui me paraît clair, c'est que notre adversaire est bien réel, et tout à fait redoutable, quelles que soient les raisons de son existence et de son alliance avec la religion majeure de ce monde ! »

Il y eut un long silence, puis la conversation s'abrasa de nouveau, et chacun se lança dans toutes sortes d'hypothèses. En vérité, ceci ne servait à rien, sinon à nous soutenir dans l'effort que nous faisions pour dominer notre peur. Car nos cœurs, après ces révélations, étaient remplis d'effroi.

Enfin, après deux longues heures de vaines discussions, Umut le Narquois s'occupa de soigner convenablement mon épaule, dont la blessure n'était pas assez profonde pour inquiéter qui que ce soit. Les autres partirent dormir. Seul Percegarde resta à mes côtés pour m'assister dans les douleurs qu'il m'en coûterait ; car, bien qu'il fût très habile, le prestre du Crépuscule m'arracha quelques cris et gémissements. La peste soit des nobles attitudes auxquelles j'aspirais ! Certes, Irquebraân le preux, ou Théodulf le fier, n'auraient pas sourcillé pour des maux aussi insignifiants, mais j'avais beau serrer les dents, les glapissements de cuisance sortaient tous seuls de ma bouche. Peu s'en fallut que mes larmes ne jaillissent ! Je le confesse : je fus moins vaillant qu'une pucelle. Et pour ajouter à ma déconvenue, Percegarde, souhaitant sans doute m'occuper l'esprit, m'accablait de ses commentaires :

« Tu aurais dû nous écouter. Nous t'avions dit de prendre un vrai haubert, aux mailles d'acier bien trempé, ou même une armure de plates ! Ceci ne te serait pas arrivé. En dépit des rivets qui la renforcent, ta broigne est trop légère ! Elle est faite d'une peau si usée qu'un voile de mousseline t'aurait mieux préservé de ce coup d'estoc ! Ah, tu n'as pas agi sagement, mon bon trouvère… »

J'aurais voulu l'envoyer se faire pendre ! Je m'en empêchai, parce que nous étions amis, et qu'il parlait sans perfidie. Nous étions plus familiers l'un avec l'autre, depuis qu'il était mon maîstre d'arme, et je ne voulais pas le fâcher au point de me priver de sa bienveillance. Elle m'était trop précieuse, dans ces contrées sinistres. Je laissai le solaire me harceler de ses conseils mal à propos, puis proposai de prendre le premier tour de garde, le temps que mon mal s'apaise. On me recommanda de bien ouvrir l'œil, car nos ennemis pouvaient nous avoir retrouvés et surgir à chaque instant.

Rendu à la solitude, le combat que ma douleur livra à ma lassitude ne se déroula pas comme je l'avais présumé. Je m'étais assis sur un rocher en hauteur, d'où je voyais à la fois les estoiles et le paysage alentour. De ce dernier, je distinguais fort peu de choses, car des nappes de brumes passaient dans le ciel, telles des nefs opaques dont les passagers eussent été des fantosmes. Le Monde Obscur devait sa maigre clarté à la plus grande des estoiles, celle que Théodulf nommait *la mère des astres*, mais celle-ci se trouvait voilée par les masses nuageuses.

De temps à autre, je me retournais vers les grottes qui nous surplombaient. Plus noires que la nuit, leur vue me donnait de l'angoisse. Je me demandais comment ces montagnes dures, aux flancs abrupts et aux sommets acérés, avaient pu se trouver ainsi percées de mille gouffres. Mais la fatigue de la journée eut raison de mon inquiétude. Mes pensées se tournèrent vers les royaumes de la déraison, et s'engagèrent sur un sentier bordé d'incohérentes visions. Que vous conterai-je de plus ? L'opprobre soit sur ma faiblesse : je me suis endormi.

Je fus, comme mes compagnons, réveillé par les hennissements. Bondissant sur mes pieds, déjà plein de colère contre moi-même, je crus d'abord que nous étions attaqués par les cavaliers à la langue tranchée. En vérité, c'étaient nos propres chevaux qui produisaient tout ce bruit. Nous les avions laissés un peu plus loin, derrière les rochers. Je me précipitai, mais n'arrivai pas avant les autres. Ils s'approchaient déjà, les armes à la main. Bilba, restée couchée dans la couverture de son maîstre, lançait force aboiements, mais Rôn était déjà sur place. Lors nous vîmes des ombres immenses s'élever dans les airs. Des ailes sans mesure se déployèrent. Les créatures qui s'enfuirent à notre approche semblaient de grandes chauve-souris, aux corps noirs et membraneux, pourvues de serres plus larges et plus puissantes que celles d'un egle des pays immatures. Elles possédaient un bec très fin et très pointu, long comme un javelot. Leurs ailes étaient si vastes et si délicates que l'on pouvait apercevoir les estoiles au travers. C'étaient des êtres immondes et silencieux, gros comme la moitié d'un griffon lunaire. J'en comptai deux bonnes dizaines, mais leur courage n'était pas à la mesure de leur taille, car ils refluèrent aussitôt vers les grottes qui leur avaient donné naissance. Leur vue nous avait causé tant de surprise et de dégoût que nul ne songea à leur lancer quelque projectile bien senti. Peut-être aurions-nous pu en abattre un ou deux si nous nous étions montrés assez prompts.

Plus grand encor fut notre regret de ne pas avoir essayé de les tuer lorsque nous découvrîmes l'horrible présent qu'ils nous avaient laissé. De nos chevaux, il ne restait plus que peaux ratatinées sur leurs ossements, vidées de leur sang, de leur chair et de leurs entrailles ! Les odieux prédateurs avaient planté leur dard sous le garrot de nos malheureuses montures et, par ce procédé, en avaient bu le contenu. Toutes étaient affligées de cette plaie béante ; aucune n'avait survécu. Attachées, elles n'avaient pu tenter aucune sorte de fuite au contact des serres sur leur dos. Leur mort, assurément, avait été atroce. Cependant, elle avait été rapide car, entre le moment où nous avions entendu les hennissements et notre arrivée sur les lieux, il ne s'était écoulé que très peu de temps.

On ne m'adressa aucun reproche, mais les mâchoires étaient serrées et les regards fuyants. Je voulus me charger de ramasser les sacoches qui restaient intactes parmi les cadavres, mais Théodulf m'en empêcha :

« C'est inutile, dit-il, nous ne saurions les porter nous-mêmes. Il ne faut y prendre que ce qui nous est absolument nécessaire. Nous partirons aussitôt que ce sera fait, car nous ne devons pas rester ici, et nous ne pouvons plus compter sur le galop de nos montures pour nous placer hors de portée de nos poursuivants ! »

C'est donc à pieds que nous reprîmes la route, courbés sous nos fardeaux trop lourds. Mon cœur était bien tourmenté, et je me tenais pour très malheureux. Les fées du sommeil avaient su me charmer, et comme j'avais tôt fait de leur prêter l'oreille ! Quelle infortune ! Par ma faute, nous avions perdu nos précieuses montures mais, par-dessus tout, je ne pouvais me pardonner d'avoir causé la mort de ces innocentes créatures. Depuis tant de jours, elles nous portaient fidèlement ! Par confiance, elles avaient accepté d'entrer en des territoires aussi effrayants que Shabalzède Itra, la Grande Forêt de Larmes. Ah ! Comme je les avais mal récompensées ! Mon destrier m'était devenu aussi familier qu'un vieil ami. Je lui parlais souvent afin de l'apaiser ou de l'encourager, et mes compagnons agissaient de même. L'homme aurait tort de mépriser les animaux qu'il a apprivoisés. Ne croyez pas que j'avais l'âme en paix. Je me sentais coupable et plein de tristesse.

Me voyant dans cet état, Percegarde finit par me dire, après plusieurs heures de marche :

« Aplecraf, ne t'accable pas ainsi. A tout prendre, il vaut mieux que ce soient nos chevaux qui aient servi de repas à ces monstres que nous-mêmes. Tu n'es pas seul responsable. Si nous n'avions pas eu à les enchanter, ils auraient flairé le danger et nous auraient appelés plus tôt à l'aide. Le destin en a voulu ainsi. Ceci marque peut-être notre fin mais nous ne sommes pas maîstres de ce qui est décidé par-delà le ciel… »

Comme ses paroles ne m'étaient d'aucun réconfort, je lui dis :

« Ami, je suis sensible à ton attention, et je t'assure de ma reconnaissance, mais tes mots ne sont pas toujours les mieux choisis pour mettre fin à mon tourment. Si tu veux me rendre ma jolieté, il faudrait mieux que tu ne suggères point que nous allons trépasser par ma faute...

— Ah ! Mais je n'ai jamais dit cela ! s'exclama le solaire. J'ai seulement émis l'hypothèse...mais rien n'est sûr ! N'est-ce pas ? Nous avons encor une chance. C'est certain, même si les autres affirment le contraire... Allons, mon camarade, je te demande d'excuser ma maladresse. Je ne voulais que te donner un peu de soulagement. »

Et je répondis :

« Louée soit ta bonté, Percegarde, mais je ne peux encor oublier ce dont je me suis rendu responsable. Ma faute est grande, et mon remords ne l'est pas moins ! »

Le solaire me témoigna qu'il prenait beaucoup de part à mon malheur et me laissa à mes pensées. Sa compassion m'avait fait du bien, mais je savais que jamais je ne pourrais oublier les hennissements de terreur qui m'avaient tiré de mon coupable sommeil.

Beaucoup plus tard, ce fut au tour d'Umut le Narquois de venir me trouver. Nous passions en-dessous de très lourds nuages et nous éprouvions les plus grandes difficultés à nous voir les uns les autres. Souvent, nous trébuchions, parce qu'il était difficile de distinguer le sol où nous posions les pieds. Cette obscurité était-elle propice aux confidences ? Le prestre en profita pour m'entretenir. Comme Percegarde, ses intentions étaient louables. Il me dit :

« Prenez garde de ne pas sombrer dans l'abîme du remords. Le repentir, quelquefois, se change en colère, puis en haine. Ce n'est pas le chemin vers lequel il convient de guider son cœur. »

Je ne distinguais que les parties blanches de ses habits, si bien que j'avais l'impression de converser avec l'esprit d'un homme qui eût été coupé en deux par la hauteur. Son visage était pâle, et je sentis pour la première fois que celui-ci était chargé d'un nombre trop grand de sentiments pour un seul homme. Il était impossible de les démêler. Certes, comme je l'ai dit, la bonté habitait ses traits, mais c'était à une autre face de son âme, sans doute, qu'il devait son surnom d'Umut le Narquois. La nuit était trop dense pour que je puisse en apprendre davantage sur lui d'un simple regard. Je lui répondis aimablement :

« Sire, je n'y peux rien. Ma volonté n'intervient plus dans le chagrin et la honte que je ressens. Cependant, je ne vois poindre aucune haine en moi. »

Les volcans étaient loin derrière nous, à présent, et le froid se faisait de plus en plus piquant. Umut essuya d'un revers de main les larmes que la faible température lui causait, et reprit :

« Je vous conseille seulement de vous montrer prudent. L'âme peut s'avenimer en moins de temps qu'il n'en faut pour le dire. Les hommes sont à l'image de leur monde : à moitié de lumière, à moitié de ténèbres. Il ne faut jamais l'oublier. Je suis bien placé, croyez-le, pour vous en avertir. »

Glissant sur une pierre couverte de givre, je manquai tomber en avant, mais mon voisin me prêta le secours de son bras. Je le remerciai, puis il continua à parler sans qu'il me fût nécessaire de l'en prier :

« Comme vous, je n'en ai pas toujours été conscient. J'ai grandi dans le Monde Jaune, et je ne pensais que d'une seule manière, qui ramenait tout à la lumière. Les ombres que je sentais dans mon âme d'enfant me causaient grande peur. Je ne les reconnaissais pas. Je voulais les anéantir. J'étais un bâtard. Oui, vous avez bien entendu, un bâtard. Oh ! je le dis sans honte à présent, parce que j'ai prouvé qui j'étais, que je valais mieux que ce père qui me dédaigna. Mais mon cœur, à l'époque, était plein de colère. Je regrettais d'être en vie, j'en voulais à tous ceux qui m'entouraient. Un jour, j'ai décidé d'en finir. J'ai pris mon maigre bagage et j'ai marché vers le Monde Obscur dans l'intention d'y mourir ou de m'en rendre maîstre. Martyr, héros, ou seigneur des ténèbres, que m'importait du moment que je m'arrachais à cette existence qui me faisait horreur ? Mais ma route a croisé celle des prestres du Crépuscule, qui m'ont arraché à mon funeste projet. Ils m'ont élevé, m'ont transmis leurs lois, leurs croyances, leurs devoirs sacrés. Surtout, ils ont chassé la ragerie de mon âme. Et savez-vous comment ils m'ont permis de trouver la paix ? »

Je l'assurai que j'avais envie de l'apprendre.

« Ils m'ont appris à accepter ma part de ténèbres. Oui, tout simplement. Je croyais devoir choisir entre le sombre et le lumineux. Mais pas du tout. Au Temple, j'ai réalisé que j'étais les deux à la fois, que tel était notre équilibre à tous, et qu'il en serait toujours ainsi. Voilà comment j'ai trouvé le repos de l'esprit et du cœur ! »

Je le remerciai pour ses précieux conseils, n'osant lui opposer l'idée qui était mienne : être homme, selon moi, n'était pas se résoudre à deux parts égales de ténèbres et de lumière, mais toujours lutter pour réduire la première au profit de la seconde. Accepter les choses telles qu'elles étaient me semblait un peu trop complaisant. Car depuis mon départ, j'avais compris que, plût au Grand Faiseor, je n'aurais de cesse, toute ma vie durant, de livrer un combat en moi-même qui jamais, sans doute, ne prendrait fin. Umut ne concevait pas les choses de cette manière et, comme cela ne regardait que lui, que je le respectais, et que je désirais qu'on me laissât, je ne fis rien pour l'amener à en débattre.

Chapitre 12

Comment Aplecraf le trouvère doit finalement affronter le Fogtraïth

Nous avions marché, encor et encor, sans prendre aucun repos. Nous ignorions où se trouvait le fogtraïth, et toute halte pouvait nous être fatale. Nous avions laissé les montagnes derrière nous, et des plaines leur avaient succédé. La terre que nous foulions était gelée. Pourtant, nous rencontrions parfois des petits bois d'arbres aux formes déconcertantes, couverts de feuillages sans couleur.

C'est alors que nous avons découvert la *maison des amants*.

Blottie au pied d'une colline, une aimable chaumière, dont la cheminée fumait paisiblement. Ici, au beau milieu de nulle part, de l'infini obscur et glacé, du froid éternel et des créatures de cauchemar. Une maisonnée comme celles de milliers de paysans. Toute de bois et de pierres, pourvue de quatre fenestres éclairées qui semblaient autant d'estoiles tombées à même le sol. Une écurie était bâtie sur son côté, dont surgit un chevalier.

Bouches bées devant ce prodige, nous le laissâmes approcher sans toucher à nos armes, bien que ce fût d'une grande imprudence. En vérité, nous avions tous l'intime conviction d'être plongés dans un songe dont nous sortirions bientôt.

Il avait belle allure, cet habitant de l'obscurité. Il tenait sa lance bien haut, et son bras était ferme. Nul gonfanon n'en ornait la pointe, mais elle était brillante sous le ciel ! Son heaume était noué, et sur son haubert, il avait passé un gambison d'une étoffe très épaisse de couleur blanche. Mais aucun motif n'éclairait l'observateur sur sa provenance. De longues manches, coupées dans ce même tissu et taillées en barbe d'écrevisse, retombaient sur ses bras tout recouverts d'acier. Au cou, il ne portait point d'escu ; c'est qu'il devait bien se servir de l'épée qui pendait à son baudrier ! Même les anneaux de ses chausses donnaient à ses jambes l'éclat de l'argent. Son milsoldor n'est pas moins joliment paré : il va d'un bon galop, couvert de flancheries aussi blanches et brillantes que le pourpoint de son cavalier. Dans cette même étoffe claire, sa têtière à été cousue. Ses yeux roulent, sa bouche écume, ses naseaux crachent de grand nuages de brouillard ! Le mors lui-même qui lui tire les lèvres est étincellant de blancheur ! Quelle apparition extraordinaire ! Si nous avions dû donner aussitôt un nom à ce chevalier, assurément, nous l'aurions appelé le chevalier nacré !

Sans peur, il avança, et s'arrêta à dix galops. Il se tint là un instant sans rien dire, tandis que son destrier grattait la terre avec son sabot. De toute sa hauteur, il nous jaugea, puis lança cet avertissement :

« Je vous somme de retourner sans attendre d'où vous venez. Vous ne trouverez rien ici, sinon votre perte. Je vous causerai les plus grands dommages que nul ne subit jamais. Partez, ou nous aurons bataille ! »

Nous étions si interloqués qu'une longue minute s'écoula avant que Théodulf n'osât faire un pas en avant pour répondre :

« Chevalier, nous voyons bien que nous vous avons causé un outrage, mais telle n'était pas notre intention. Nous sommes des voyageurs qui…

— Fuyez, et sans tarder ! rugit le chevalier nacré. Epargnez-moi le ridicule de vos ruses ! Fuyez avant que n'éclate mon courroux ! Il n'y a rien à prendre en ma maison, et si c'est nous que vous venez quester, pour nous occire ou nous enlever, alors retournez auprès de votre seigneur et dites-lui de venir me trouver lui-même. Il me plaira de le revoir. Sanglante en sera ma lame jusqu'à l'or du pommeau ! »

Oubliant toute diplomatie, Théodulf haussa la voix à son tour :

« Je vous répète, chevalier, que vous vous trompez ! Voyez les glorieux adversaires que nous faisons : nous sommes à pieds et épuisés. Ceux que vous attendez ne sont pas là. Nous ne sommes ni des larrons, ni des assassins. Juste des voyageurs ! Et nous vous demandons l'hospitalité ! Ou bien votre séjour dans le Monde Obscur vous a-t-il fait perdre toute souvenance de ce mot ? »

Le chevalier nacré abaissa sa lance. Mais au lieu de charger, il dit d'une voix adolciée :

« Vous jurez sur le Grand Faiseor que vous n'êtes animés d'aucune intention vile ? »

Chacun le jura haut et fort.

« Cela fait de longues années que je n'ai plus fait confiance à personne. Comment puis-je être sûr de votre parole ? »

Et Théodulf répondit, non sans adresse :

« Le principe même de la confiance est d'agir sans recevoir aucun gage en retour. »

Après une courte réflexion, le chevalier rétorqua :

« Sire, vous dites bien, et je vous ouvre ma porte. Sachez cependant que je n'ai aucune pitié envers ceux qui trahissent leur serment. Oncques acceptez de me suivre, et considérez dès à présent que ma demeure est vôtre ! »

C'est ainsi que nous entrâmes dans la chaumière. Les murs en étaient très épais, la porte lourde et propre à retenir la charge d'un brohon dont on aurait enlevé les petits. A l'intérieur régnait une douce chaleur, car un bon feu était allumé dans la cheminée. Quelques meubles en bois formaient tout le mobilier, comme dans la plus modeste des demeures de manants. Mais je n'eus pas le temps d'en voir davantage, car mon regard s'arrêta sur une femme d'une grande beauté qui se tenait assise au coin de l'âtre. Certes, sa robe était de modeste confection, comme le tissu de la guimpe qui entourait son visage, dissimulant ses cheveux, son cou et ses épaules, mais elle était d'une délicatesse de traits sans pareille. Nul n'a jamais vu de peau aussi blanche que la sienne ! Son teint était aussi pâle et brillant que le harnois de son chevalier. Elle n'était pas moins nacrée que lui ! Elle gardait les paupières baissées et ne leva pas les yeux à notre approche. Pourtant, elle nous souhaita la bienvenue :

« Approchez ! Entrez, et réchauffez-vous ! Vous êtes épuisés. Etroite est notre maison, mais vous pourrez vous y reposer et y manger à votre faim. Asseyez-vous près de moi. Mon mari va nous rejoindre sans tarder. »

Après avoir déposé nos armes et sacoches près de la porte, nous prîmes place sur les petits bancs de bois qu'elle nous indiquait. Umut le Narquois, légèrement acerbe, dit :

« Nous louons votre bonté, madame, car notre voyage fut long et périlleux. Vraiment, vous nous réservez meilleur accueil que votre mari qui manquât nous occire en nous trouvant devant chez lui… »

Et il lui fut répondu :

« Mais ne vous a-t-il pas ouvert la porte de sa maison ? Vous ne devez lui tenir rigueur de sa méfiance. Nous n'habitons pas un pays où l'on a souvent l'occasion de recevoir des gens de passage. Depuis tant d'années, nous n'avons vu personne. Vous pouvez être sûr qu'à l'heure qu'il est, mon mari se félicite au contraire de votre présence. »

Elle s'exprimait avec douceur et bonté. Quand elle eut achevé ces paroles, elle leva le visage vers nous d'une façon fort gracieuse, et nous donna à contempler à la fois son sourire et ses yeux. Le premier était charmant, plein de sincérité. Mais ses pupilles étaient aussi blanches que celles d'un aqueux, parce qu'elle était aveugle. Ceci ne l'empêcha pas de se tourner tour à tour vers chacun d'entre nous. Puis elle dit :

« Mais combien êtes-vous ? Sept, c'est bien ça ? Sept voyageurs au beau milieu du Monde Obscur, voilà qui n'est pas courant ! Eh ! Vous avez des chiens ? Je sens leur présence. Vous avez des chiens. J'aime tellement leur compagnie… »

Elle se baissa pour caresser Rôn qui se tenait si près du feu que son poil en était déjà brûlant. La porte s'ouvrit de nouveau, et une bourrasque d'air glacé s'engouffra dans la pièce avec le chevalier nacré. Il avait ôté son heaume. Par le Grand Faiseor, il n'avait pas moins belle figure que sa dame. Il portait les cheveux courts, et ces derniers étaient aussi noirs que ses yeux. Point de barbe pour obombrer la blancheur de ses joues. Sans cette expression farouche et déterminée, il aurait pu passer pour jeune ; mais on voyait bien que les saisons, avec leur lot de souffrances et d'efforts, n'avaient déjà que trop éprouvé cet homme !

L'entendant entrer, sa femme s'adressa à lui :

« Eh bien, Orwalth, n'avais-je point raison ? Tu t'es encor tout armé et fervestu pour rien, ou peu de chose. Ces hommes ne sont pas malveillants. »

Il s'agenouilla près d'elle et lui donna un baiser plein de respect au coin des lèvres.

« Sans faute, tu avais deviné, ma tendre Gwelnayane ! Cependant, je devais m'en assurer. Et ma peine ne fut pas inutile puisqu'à mon fidèle Afinaël, elle redonna un court instant la fougue belliqueuse de sa jeunesse, lorsque nous joutions ensemble et que son galop faisait frémir d'appréhension tous les adversaires !

— Cette excitation n'est pas bonne pour lui. Il est trop vieux pour cela.

— Les années sont passées, il est vrai, mais il aime sentir dans sa bouche le mors en argent. Il est encor redoutable. Plus que moi, il a besoin de combattre. C'est ainsi qu'il mourra, et je sais qu'il ne rendra pas son dernier souffle tant qu'une bataille ne lui en aura pas donné l'occasion ! »

Le chevalier se tourna vers nous et nous fit les formules de politesse qui étaient en usage. Il nous assura que, bien que vivant lui-même de peu de choses, et entretenant de maigres réserves, il nous servirait un souper digne de ce nom.

« Je ne puis vous promettre que vous fassiez bombance, ajouta-t-il en désignant le montorin du regard, mais vous aurez de quoi vous rassasier. J'ai chassé, il y a quatre jours de cela, un copieux animal dont je préfère ne vous faire aucune description afin de ne point vous couper l'appétit. Tenez-vous en à ma parole : sa chair est délicieuse. C'est le principe même de la confiance, m'avez-vous dit tantôt : vous ne pourrez être certain que je vous dis la vérité qu'après y avoir goûté par vous-même ! »

Il rit, et nous de même.

Mais avant que de passer à table, je voulais en apprendre un peu plus sur les raisons qui avaient amené ce chevalier et sa femme à venir vivre ici. Je n'étais pas sans savoir que mes compagnons étaient habités de la même curiosité et ne se retenaient d'interroger notre hôte que par crainte de le fâcher par leur indiscrétion. Etant sans doute le plus rompu aux finesses du langage et des mondanités, je pris sur moi de l'interroger :

« Sire, c'est le Grand Faiseor lui-même qui vous a placé sur notre route, et nous bénissons la fortune qui nous permit cette rencontre. Nous marchions par des terres froides et hostiles et rien ne nous laissait à penser que nous allions rencontrer un ami. Au nom de tous, je veux vous assurer de notre immense gratitude. Cependant, nous avons peur de vous gêner par notre présence, car nous comprenons bien que de grandes disgrâces ont dû vous mener ici. Je ne puis m'empêcher de m'interroger sur les causes de votre établissement dans ce pays maudit. Vous formez avec votre épouse un couple si aimable qu'il serait légitime de s'attendre à vous trouver en de plus belles contrées. »

Orwalth, le chevalier nacré, poussa un soupir chargé de mélancolie. Il prit la main de sa dame et l'étreignit avec amour.

« Soyez certains, braves voyageurs, que votre présence ne nous importune nullement. Vous seriez sans doute aussi méfiants que moi si vous viviez ici. Or vous avez raison de penser qu'un funeste destin nous y a menés. C'est une longue histoire mais, s'il vous plaît de l'entendre, je vous la raconterai après que nous ayons dîné. Je vois que, bien qu'une drague se tienne etsrangement parmi vous, vous n'êtes pas de mauvaises gens. Comme les visages sont moins menaçants lorsqu'ils se trouvent en pleine lumière ! »

Ne possédant pas de table assez longue pour notre assemblée, il nous servit les nourritures aux places que nous occupions, en rond devant la cheminée. Il dégusta cette viande singulière avec nous, comme Gwelnayane, son épouse, non sans avoir veillé à ce que nous ayons pris les meilleurs morceaux. Il n'avait pas de vin, mais nous offrit une eau très claire et très pure, dont il nous jura qu'elle jaillissait à quelques pas de la maison. Il ajouta que l'obscurité dissimulait parfois des choses très surprenantes. Sur la demande de Trémégor, il nous apprit ainsi ce qui, en ces régions apparemment stériles, pouvait être consommé. Chasse, pêche et cueillettes constituaient presque ses seules sources de nourriture et, sachant nos réserves fortement entamées, le montorin se montra très attentif à ces révélations.

Enfin, Orwalth nous interrogea sur les raisons du voyage qui nous amenait à courir d'aussi grands dangers. Théodulf me surprit en exposant honnêtement ses objectifs, au risque de nous faire passer pour des hérétiques. Mais le chevalier, loin de nous blâmer, fit montre d'intérêt pour les fondements de ces théories. Il ajouta qu'il regrettait fort de ne pouvoir nous renseigner davantage sur ce qui nous attendait au-delà de sa demeure. Il ne s'était guère aventuré qu'à quelques heures de galop. Gwelnayane précisa qu'il ne s'éloignait jamais parce qu'il redoutait de la laisser seule, bien qu'elle lui ait mille fois juré qu'elle était capable de se défendre. Ces mots, venus d'une femme aveugle, étaient des plus touchants, et le regard qu'Orwalth lui porta était chargé d'une émotion très vive. Comme il la contemplait avec tendresse ! Je me demandais si mes yeux brillaient du même amour visible lorsque Quadrilba s'était tenue devant moi.

A la fin du repas, Orwalth nous demanda si nous désirions toujours entendre son histoire, et chacun le pria de nous l'apprendre. Il prit une nouvelle fois la main de sa dame dans la sienne, et entendez le récit qu'il nous fit :

« J'ai grandi comme vous autres, en pleine lumière, dans un royaume du Monde Jaune que vous ne tarderez sans doute pas à reconnaître. Je suis le fils que Keth Malmor eut avec Elean Malmor, son épouse légitime. Parmi les humains de ce pays, ma famille constituait l'une des plus anciennes lignées. A l'âge de seize ans, je fus fait chevalier, et, l'année suivante, je participai à ma première bataille. J'acquis rapidement une certaine renommée, car je réalisai quelques exploits et autres faits d'armes dont l'énumération, ici, ne nous intéresse pas. J'étais adroit et valeureux, ce qui suffit à faire de moi l'un des combattants les plus en vue à la cour du roi. Le fils de ce dernier, le prince Jasirius lui-même me porta très vite envie, sans que je n'en sache rien. De frêle constitution, souffrant des poumons, il ne pouvait se distinguer sur le champ de bataille, et les seules victoires qu'il comptait à son actif étaient celles que les nobles lui cédaient avec diplomatie lors des joutes. Mais ceci, en cette époque d'insouciance, ne me concernait pas et, en eussé-je été informé que je n'y aurais pris garde.

« C'est au cours d'une bataille sanglante à laquelle je prenais part que je fis la connaissance de la belle Gwelnayane. J'avais tout juste dix-neuf ans. Notre roi, Jabala'n le Kessirien, était en guerre depuis déjà trois années avec son voisin le plus proche. Hélas, ce dernier avait levé une importante armée aux confins de son royaume et venait de pénétrer nos défenses. De jour en jour, il s'enfonçait davantage à l'intérieur de nos terres. Ce combat était notre dernière chance de l'empêcher d'assiéger notre capitale, Akumaan. Je m'étais battu hardiment, et, de mon épée, j'avais jeté l'âme hors d'un grand nombre d'ennemis. Hélas, tandis que je bataillais durement contre un chevalier de race solaire, un soldat à pieds, plein de vilenie, m'imprima par derrière un terrible coup de vouge. La longue lame éventra mon haubert et s'ouvrit un passage dans la chair de mon flanc. La douleur me fit perdre un instant la vue, mais je savais bien où trouver le félon qui m'avait causé ces dommages. Je me retournai et, fendant l'air de mon épée, lui tranchai le chef. Je l'entendis rouler sur l'herbe. Mais le chevalier solaire voulut saisir l'occasion, d'autant plus que les miens étaient en train de reculer. Je criai le nom de notre roi, afin de les appeler à l'aide, mais nul ne vint me porter secours, et le chevalier solaire me fit des moqueries : « Je ne vois que des lâches qui fuient, disait-il. Cessez donc d'appeler et demandez grâce ! ». Je rassemblai mes dernières forces pour lui lancer un assaut en lieu où j'avais entendu sa voix. Malheureusement, il sut le parer, et m'assomma d'un coup de masse. Je perdis connaissance, mais ne tombai pas de cheval.

« A l'époque, je montais déjà mon fidèle Afinaël. Il dut comprendre que la partie était perdue, et voulut me sauver la vie. Il s'enfuit au galop, me portant toujours sur son dos, en direction de la forêt à la lisière de laquelle nous avions combattu. J'ignore si mon ennemi fit mine de me poursuivre ou me laissa pour mort. Je finis par tomber, car Gwelnayane m'a raconté depuis qu'elle m'avait découvert étendu parmi des fougères, me vidant de mon sang. Avec l'aide d'Afinaël , elle m'emmena chez elle, dans la petite maison que son père, Habash le rebouteux, avait bâti pour sa famille au fond de cette forêt, de longues années auparavant. Depuis sa mort, Gwelnayane y vivait seule. Elle me soigna, comme son père lui avait appris à le faire, et, quelques jours plus tard, je repris conscience tandis qu'elle était penchée sur moi pour laver ma plaie. Je crus que j'étais mort, et que l'une des quatre Passeuses, à la beauté légendaire, préparait mon corps à l'audience que donne le Grand Faiseor aux nouveaux défunts. Mais son sourire m'apprit que j'étais vivant, et qu'elle était humaine. Jamais, chez aucune des pucelles de la cour, ni chez les catins de la ville, je n'avais rencontré beauté aussi émouvante ni aussi naturelle. Nul n'était besoin d'apparat pour ce visage-là. Sa splendeur résidait dans sa nudité. Et le regard qu'elle m'offrit était un lac d'une eau très pure où mon âme se reflétait à loisir, délivrée de tous ses pêchés. Ah ! mais je ne sais pas parler de ces choses-là, et vous n'avez qu'à regarder celle qui me fait le bonheur de se tenir encor à mes côtés.

« Je suis resté quelques jours avec elle au fond de la forêt. Je n'étais guère patient, et lui fis part de mon amour. Elle y répondit par le sien, et je trouvais que cette blessure était la chose la plus merveilleuse qui me fût jamais arrivée. J'aurais souhaité l'épouser sans attendre, mais il me fallait apprendre d'abord quelle était la situation du royaume. Je partis aux nouvelles après avoir promis à ma bien-aimée de revenir sans tarder, si nos ennemis n'avaient pas tout rasé sur leur passage.

« Je chevauchai toute la journée, et le premier quart descendant avait commencé lorsque je parvins en vue d'Akumaan, glorieuse capitale de notre royaume, bien assise dans les branches de son arbre-pierre. Je scrutai les alentours, afin d'y relever tous les indices susceptibles de me renseigner sur l'identité de ceux qui tenaient la cité. Comme tout paraissait normal, je me décidai enfin à m'engager sur la passerelle, et je me trouvai très vite devant le chastel du roi, bâti sur la grand place, au cœur des cercles de rues. Ses longues tours encerclaient le pilier fondateur, au sommet desquelles les tentures avaient déjà été abaissées afin que le sommeil de chacun fût plus doux. J'entrai, et demandai à voir le roi.

« La cité, en effet, était toujours à nous. La bataille pour laquelle j'avais versé mon sang, et qui paraissait si mal engagée, s'était finalement soldée par une victoire. Le visage de la guerre en avait été changé, et le roi ne pouvait me recevoir, puisqu'il se trouvait à la frontière du royaume, occupé à bouter les envahisseurs. Son fils, Jasirius, me reçut à sa place. Dans ma joie de savoir le royaume sauvé, je contai toute mon aventure au prince, qui se montra très bien disposé à mon égard. Il me félicita d'avance pour les épousailles que je désirais célébrer au plus vite, mais me suggéra d'attendre quelques jours. « Vous devriez d'abord aller prêter le secours de votre bras et de votre vaillance à votre roi. La situation n'est pas mauvaise, mais vous savoir en vie, et guerroyant à ses côtés, lui donnera de la chaleur. Assurément, il vous en portera reconnaissance, et se montrera bienveillant envers vos projets. » Ainsi s'adressa-t-il à moi et, croyant que c'était là mon devoir, je lui obéis.

« Je fus absent pendant deux longues semaines. L'ennemi tenait bon, et nous n'étions pas assez nombreux pour en venir à bout. Nous fûmes contraints de signer une trêve, et notre roi, Jabala'n le Kessirien, renonça pour un temps à s'approprier les richesses de notre voisin. Il était lui-même lassé de cette guerre et n'en avait pas attendu la fin pour rentrer chez lui. Je n'étais d'ailleurs pas sitôt arrivé qu'il repartait à Akumaan, appelé par d'autres affaires. Nous avions donc continué à combattre sous le commandement de son sénéchal, puis, sur ordre de sa majesté, la guerre prit fin. On laissa quelques troupes aux frontières et la meilleure partie de l'armée s'en retourna. Pour moi, je ne pensais qu'à retrouver ma bien-aimée, et je songeais qu'elle devait s'inquiéter grandement du temps que je mettais à revenir. Je me reprochais de n'avoir pris la peine d'aller la prévenir de mon départ pour la guerre. Trop sûr de moi, j'avais estimé que je serais de retour sous trois jours.

« Avant de rentrer à Akumaan, je partis trouver Gwelnayane dans la forêt. Mais, à ma grande surprise, la maison était vide. Etait-elle partie ? Je me fis d'abord les reproches les plus cruels, parce que je croyais que c'était par ma faute, que, déçue, elle s'en était allée très loin pour ne plus me voir. Puis je notai quelques signes de désordre dans sa demeure, et commençai de nourrir une sourde inquiétude.

Que lui était-il arrivé ? Comme je ne pouvais en apprendre plus en restant ici, je rentrai à Akumaan, dans l'intention de solliciter l'aide de mon roi.

« Mais il était dit que je serais trahi comme jamais homme ne fut trahi sur cette terre ! J'entrai dans une ville en liesse, parce que l'on y célébrait les noçailles du prince. Jasirius venait de se marier ! Trois jours de fêtes avaient été ordonnés par décret royal. Ne comprenant encor mon infortune, je m'en allai au chastel où j'appris le nom de cette épouse : Gwelnayane ! Jasirius, ce fils de hyène, avait pris Gwelnayane pour femme ! Et sur l'instant, je le confesse avec une grande honte et un grand repentir, je donnai mille insultes à ma bien-aimée dans le secret de mon cœur, parce que je la croyais complice de cette félonie ! Mais j'eus tôt fait de me reprendre. Je me fis grande remontrance : était-ce ainsi qu'il convenait d'avoir foi en son amour ? Je me souvins du désordre dans la maison, des objets tombés, des meubles renversés, et je partis me renseigner auprès de personnes en qui j'avais confiance. Je sus ce dont je n'aurais jamais dû douter : Gwelnayane avait été contrainte par la force à ce mariage ! Le lendemain de mon départ, excité par la description que je lui avais faite de la jeune femme vivant seule dans la forêt, Jasirius était parti à cheval pour la quester. Il l'avait trouvée. Elle avait refusé ses avances quand il avait tenté de me supplanter dans son cœur. Il avait insisté, elle s'était débattue. Il avait alors menacé de la tuer, et de me faire pendre également pour trahison. Ce dernier argument avait eu raison de ses réticences. Elle l'avait suivi. Trop heureux du tour qu'il me jouait, Jasirius l'épousait quelques jours plus tard.

« Mon cœur s'en lamentait de telle façon que j'en serais sans doute mort si je n'avais trouvé le moyen de revoir Gwelnayane. J'avais tout lieu d'être empli de colère. Cependant, je pris sur moi pour réfléchir à la situation. Etablissant mon repère dans une forêt à l'extérieur de la cité, je m'avisai d'un stratagème. Le roi donnait souvent de grandes fêtes afin de faire oublier à chacun l'austérité imposée par ces dernières années de guerre. Jasirius y mangeait et y buvait tant qu'il en perdait son bon sens. Il ne pouvait être plus distrait qu'en ces instants-là où les chopes remplies et les tétons de ses servantes occupaient toute son attention. Un compère que j'avais au chastel m'apprit que des ordres avaient été donnés afin que je fusse surveillé de près et emprisonné au premier faux pas. Mieux valait ne pas me montrer ; cela m'épargnerait bien des désagréments. Je fis parvenir un message à ma bien-aimée pour la prévenir de laisser sa fenestre esbaée lorsque les tentures de la ville seraient abaissées, parce que je la rejoindrais par ce chemin. Nul doute que ceci lui parut des plus extravagants, car ses appartements étaient si bien gardés, et situés à une telle hauteur, que tenter de les atteindre eût relevé de la folie. Mais je savais qu'elle aurait assez de confiance en moi pour faire ce que je lui avais demandé.

« Je partis trouver un vieil ami qui habitait dans les profondeces de la cité. Il se nommait Ephel Temesop et vivait depuis de longues années du commerce des potions. Rares étaient ceux à savoir qu'il avait connu dans sa jeunesse l'apprentissage des enchanteors. C'était un ami de feu mon père et c'est la raison pour laquelle j'en étais averti. Je connaissais ses pouvoirs comme sa probité, et je lui annonçai sans détour mes intentions. Pour mettre mon projet à exécution, j'avais besoin qu'il m'apprenne à me changer en oisel comme il lui arrivait lui-même de le faire. Il tenta d'abord de me dissuader d'une entreprise aussi dangereuse, puis m'expliqua qu'il me faudrait de longues années d'étude avant de maîtriser l'art imparfait des modifications de corps. Cependant, il dénicha une potion qui répondait aussi bien à mes attentes : « Une seule buvée, m'expliqua-t-il, et tu te changeras en corb. Attention à ton affaire, car tu ne devras pas respirer plus de quatre fois lorsque tu te tiendras dans les airs. A ta cinquième inspiration, tu retrouveras ton corps d'humain. Inutile de te dire que tu as tout intérêt à t'être posé auparavant. Il y a dans ce flacon assez de buvées pour te permettre de faire l'aller et le retour par la voie du ciel. Fais-en bon usage et n'oublie pas mon conseil ! » Puis il me souhaita bonne chance et refusa l'argent dont je voulais le payer en retour.

« La musique de la fête résonnait déjà depuis longtemps dans toute la cité lorsque, profitant de la pénombre, je portai le flacon à mes lèvres. Je crus d'abord que cela n'avait rien produit, sinon une forte nausée, avant de m'apercevoir que je possédais des ailes. J'étais un corb, et je venais de perdre sottement ma première respiration à m'étonner de ce que je m'attendais pourtant à voir. Je m'élançai dans les airs le plus naturellement du monde, comme si je n'avais toujours voyagé que par ce moyen, prenant garde, cette fois, à retenir mon souffle comme ces aqueux du nort qui plongent au fond de la mer pour remonter des coquillages aussi gros qu'eux-mêmes. En quelques battements d'ailes, je me trouvai sur le bord de la fenestre de Gwelnayane qui ne put retenir un cri de surprise en me voyant pénétrer dans sa chambre et reprendre aussitôt mon corps de jeune homme. « Ah ! dit-elle. Quelle folie d'avoir souhaité me voir ! Le prince me fait sans cesse surveiller, et tes tours ne te sauveront pas de sa colère si jamais il te surprend ici ! » Et je lui répondis : « Gwelnayane, ma bien-aimée, ne me fais pas de reproches. Je préfère mourir sur le champ que d'être condamné à ne plus jamais te revoir. Il faut que tu t'enfuies avec moi. Me suivras-tu si je viens te délivrer ? ». Elle me jura qu'elle n'osait plus rêver d'une pareille félicité mais qu'elle ne saurait aller contre la volonté de son cœur et qu'elle me suivrait jusque dans le Monde Obscur s'il le fallait. Elle ne savait pas encor comme le destin allait lui donner raison.

« Soudain une voix tonna dans les corridors, de l'autre côté de la porte, qui ordonnait à Gwelnayane de se montrer sans tarder. A l'écoute de cette injonction, et ayant reconnu les intonations de son mari, le perfide Jasirius, Gwelnayane fut prise de panique et me supplia de m'en aller avant qu'il ne me découvre. Hélas, elle me pressa si bien, avec des gestes si désordonnés, que la fiole que je tenais en ma main m'échappa et se brisa sur le plancher. Comment partir à présent ? J'étais prisonnier et ne pouvais plus sortir par la fenestre ni par la porte. Je me cachai en toute hâte derrière un paravent.

« Jasirius entra, accompagné de l'énorme goupil qui lui servait pour la chasse et qu'il promenait partout avec lui, puis demanda à son épouse de répondre de sa si longue absence. Il ajouta avec colère que les invités finiraient par se poser des questions à leur sujet si elle persistait à refuser de se montrer. Gwelnayane présenta ses excuses et feignit d'être indisposée. Elle promit de descendre prendre part à la fête dès lors qu'elle irait mieux, ce qui ne manquerait pas d'arriver puisqu'elle était justement en train de prendre l'air à sa fenestre. Jasirius lança un regard suspicieux autour de lui, tandis que son goupil faisait le tour de la pièce, reniflant ma présence. Il pointa bientôt son museau derrière le paravent et je me crus perdu. Mais il ne me trahit pas. Gwelnayane possédait un don particulier avec les animaux : elle savait leur ordonner sa volonté sans que cela ne nécessitât la moindre parole.

« Hélas, notre malheur voulut que Jasirius sentît le verre brisé du flacon crisser sous son talon. Il flaira aussitôt la supercherie, mais comme il était aussi couard que maligneux, il fit mine de ne s'être aperçu de rien et sortit avec son goupil, nous rendant à notre solitude bien plus tôt que nous ne l'aurions espéré. Bénissant cette fortune, je quittai ma cachette dans l'intention de trouver sans tarder un moyen de quitter le chastel. Mais je venais à peine de me mettre à découvert que les gardes entraient derrière le prince qui leur ordonna de me mettre aux fers. Je n'eus pas le temps de me défendre. De toute façon, ils étaient trop nombreux.

« On ne m'avait pas encor emmené lorsque Jasirius commença de cracher des insultes au visage de son épouse. De peur que l'on me fît du mal, elle n'osa lui répondre. Il dut se sentir fort, ce prince au corps débile et au cœur corrompu. Echauffé par le vin et d'humeur vengeresse, il prit alors le visage de ma bien-aimée entre ses mains, et lui enfonça les doigts dans les yeux jusqu'à les avoir crevés. « Ceci pour te punir d'avoir levé le regard sur un autre homme que moi, immonde putain ! On ne t'y reprendra plus ! » Elle poussa un cri de douleur et s'écroula, inanimée. Moi, je hurlais toutes les promesses de tortures et de mort que je savais, me débattant en vain, plein de fureur et de larmes. Je ne cessai de maudire à haute voix le prince que lorsque je me trouvai au fond de ma geôle. Encor fut-ce pour me laisser aller aux sanglots les plus amers. J'aurais mille fois préféré qu'il s'en prît à ma personne et me fît subir tous les supplices imaginables. S'il s'était tenu devant moi, je crois que j'aurais pu occire Jasirius sans le toucher, par la seule puissance de la haine que je lui vouais désormais.

« Mais je savais que je ne le reverrais plus, sinon de loin, lorsqu'il me faudrait monter sur l'échafaud. Quel sort me réservait-on ? Je m'en faisais une idée, mais cela m'importait fort peu. Plusieurs jours s'écoulèrent. J'ignore combien car j'avais renoncé à les compter, et j'étais tombé dans une profonde prostration. C'est alors que, par l'étroite lucarne de ma cellule, un serpent long comme la moitié de mon bras se faufila, se laissant tomber sur la paille répugnante de ma couche. J'allais me munir d'une pierre pour l'écraser lorsqu'il se déroula et s'agrandit au point de me dépasser en taille. Ce n'était plus un serpent qui se tenait devant moi, mais mon vieil ami Ephel Temesop. « Oh ! Modère ton ardeur, jeune Orwalth. Si tu me brises le crâne, qui te tirera de cette vilaine situation où ta bêtise t'a fourré ? Je reconnais bien là que tu es le fils de ton père, aussi pressé de faire le bien que de faire l'idiot ! Mais le vieil Ephel n'est pas un ingrat, et au nom des services que me rendit ton aïeul, je te prêterai main forte. Prends cette fiole, et, cette fois, ne la perds pas. Bois lorsqu'on viendra te quester pour ton exécution en place publique. L'effet en est retardé de quelques minutes. J'espère que cela conviendra. Tu te changeras en egle si grand que tu pourras enlever ta potence dans les airs si l'envie t'en prenait. Surtout ne perds pas de temps. Fuis, et n'oublie pas : tu n'as droit qu'à quatre respirations ! » Ah ! Le brave homme ! Je le serrai dans mes bras et lui infligeai toutes les effusions qu'il redoutait sans doute ; mais je n'avais pas d'autre moyen de le remercier, et il se contenta de ce dédommagement. Après d'ultimes recommandations, il redevint serpent et quitta ma cellule.

« Je passai les heures qui suivirent dans la plus cruelle inquiétude qu'on puisse imaginer. Je ne m'en étais certes pas ouvert à Ephel, qui n'aurait pas compris, mais je ne comptais pas m'enfuir. Ma métamorphose, je l'emploierais plutôt à me venger du prince, et à lui enlever Gwelnayane si j'en avais l'occasion. Cependant, lui serait-il permis d'assister à l'exécution ?

« Enfin, les pas des soldats retentirent au fond de la prison. C'était pour moi qu'ils venaient. Je bus le contenu de la fiole et me laissai emmener. La magie faisait-elle effet dans mon corps ? Je ne sentais toujours rien lorsqu'on me fit monter sur l'échafaud sous les huées de la foule. J'étais sale, hirsute, et je devais avoir l'air d'un vulgaire coquin. Un regard vers les tribunes m'apprit que Jasirius était là, sans Gwelnayane. Pourquoi l'aurait-il laissée venir, puisqu'elle ne pouvait pas voir mon trépas de ses yeux ? Elle devait écouter depuis sa chambre la clameur publique, et trembler pour moi comme j'aurais tremblé pour elle. Toutes mes pensées se résumèrent à cette unique intention : tuer ce scélérat de Jasirius.

« Mais je ne me transformais toujours pas en egle. On me passa la corde au cou. Les roulements de tambour faisaient vibrer les planches de l'estrade. Je sentis le sol se dérober sous mes pas. Ephel s'était trompé, ou m'avait trahi. Je tentai de me débattre et m'élevai soudain dans les airs. Une multitude de cris accompagna ce miracle. J'étais un egle comme nul n'en vit jamais, plus grand qu'un cheval, et mes ailes étaient comme les voiles d'une immense nef. Lors je comptai mes respirations, comme il appartenait de le faire.

« La première fut nécessaire pour me précipiter vers la tribune royale. Les archers, pleins d'épouvante, n'avaient encor encoché aucune flèche lorsque je fus sur le prince.

« Mon second souffle, je l'employai à plonger mes serres dans la poitrine de ce traître pour lui arracher le cœur. Le roi, qui se tenait à senestre, hurla de terreur, persuadé que j'allais l'occire à son tour. Cependant, lorsque la voix que j'aimais cria mon nom depuis une fenestre du chastel. « Orwalth ! Ici ! » C'était Gwenlayane, qui avait assisté à la scène.

« Je pris mon air une troisième fois pour parvenir jusqu'à elle et l'aider à monter sur mon dos tandis que les flèches commençaient de siffler autour de nous.

« J'usai de toute ma volonté pour garder le plus longtemps possible dans mes poumons l'air de ma quatrième respiration, car nous devions nous envoler au plus loin de la cité. Je descendis en piquée le long de l'arbre-pierre. Nos poursuivants étaient largement devancés mais, bientôt, nous fevrions fuir les battues. Je ne me posai qu'à la dernière limite de mes forces. Je n'avais pas encor touché terre que je reprenais mon corps. Nous étions dans la forêt où je m'étais établi quelque temps. Déjà nous pouvions entendre hurler les goupils et résonner les sabots des cavaliers sur les ponts de la ville. A bonne destinée, nous n'étions pas loin de la cabane où je m'étais caché, et Afinaël était là, qui m'attendait où je l'avais laissé quelques jours plus tôt. Il avait le galop le plus rapide du royaume, même s'il était alourdi de deux cavaliers. Nous chevauchâmes longtemps, très longtemps.

« La suite, vous la devinerez sans peine. Nous savions que le roi, pour la mort de son fils, ne trouverait la paix tant qu'il ne nous aurait pas tués. J'avais privé Jabala'n de son héritier, et il me poursuivrait à jamais de sa haine. Cela m'était égal. Mais, comme ma bien-aimée ne pourrait plus jamais revoir la lumière du jour, et cela par ma faute, je formai le vœu qu'il en serait de même pour moi. Nous entreprîmes donc ce long et périlleux voyage afin de nous rendre au cœur du seul pays où nous ne serions jamais rattrapés : le Monde Obscur. Nous ne verrions plus jamais le soleil, mais nous serions enfin autorisés à vivre notre amour. Nul territoire, aussi regorgeant de merveilles fût-il, n'était en mesure de nous offrir cette paix à laquelle nous aspirions.

« En chemin, nous nous sommes mariés, taisant les précédentes épousailles de Gwenlayane, qui n'avaient aucune importance dans la vérité de son cœur. Sur le dos d'Afinaël, nous sommes allés aussi loin que nous le pouvions. Nous avons affronté ensemble tous les dangers que vous connaissez sans doute, puisque vous êtes arrivés jusqu'ici. Marécages, puis volcans : vous savez ce qu'il en coûte de marcher dans les tréfonds de la nuit. Lorsque nous avons jugé que nous nous étions assez éloignés, nous nous sommes arrêtés, afin de nous établir. L'endroit était le moins hostile que nous ayons traversé. J'ai bâti cette maison de mes mains, afin de nous garantir autant de sûreté qu'il était possible. J'ai trouvé les moyens de nous nourrir, de nous désaltérer, de nous chauffer, de nous protéger. Cela fait maintenant dix ans que nous vivons ainsi, dans une parfaite harmonie. Nous n'avons pas besoin des autres, de ce monde veule et méprisable. Nous sommes heureux. Notre seule crainte était celle-ci : que Jabala'n, ou quelque autre individu de cette espèce, nous retrouve un jour, que quiconque nous force à revenir. Car nous aimerions mieux mourir que d'échanger notre vie d'amour contre la folie qui règne sous le soleil ! »

Ce récit fut salué par un long et respectueux silence. Tout le temps qu'il avait duré, la main frêle de Gwelnayane était restée dans celle de son chevalier. Nulle tristesse ne se lisait sur ses traits. Son âme, noble et claire comme un paysage de froidure, semblait en paix. Ils étaient loin, pour ces gens-là, les tourments qu'ils venaient d'évoquer. C'était le prix qu'ils avaient payé pour leur quiétude d'aujourd'hui.

La belle dame sans regard dit enfin :

« Vous voyez que la nuit n'abrite pas que laideur impie. Sa noirceur, au fond, est très relative. Le Monde Obscur ne nous a pas arrêtés, parce que notre amour était pur, j'en suis persuadée. Pourtant, des armées entières assoiffées de conquêtes s'y sont à jamais perdues, mais on ne rencontre ici que les ennemis qui vivaient déjà en nous. Ils ont raison, ceux qui prétendent que les démoignes se cachent dans l'ombre, mais c'est dans celle de notre cœur. Portons nos pas dans le Monde Obscur, et ils sortent de nous, grandissent et nous terrassent. Mais vous ne dites rien ? Je fais le vœu que ce récit ne vous ait pas donné de l'humeur ou de la mélancolie. Si vous m'en croyez, nous nous esbaudirons plutôt jusque tard de nous être rencontrés et d'avoir pu discuter en bons amis. »

Nous étions tous émus et animés d'une grande bienveillance. Moi en particulier, car cette histoire n'avait pas été sans me rappeler la mienne, et la cuisante souvenance de Quadrilba était revenue me harceler. Comme je voyais en Orwalth un frère, à la fois plus brave et plus chanceux que moi, je lui appris que j'étais trouvère, et lui promis que, s'il m'en donnait la permission, sa vie serait un jour connue de tous à travers le Monde Jaune et que justice serait faite dans le cœur des hommes à la pureté de son amour pour Gwelnayane; j'en faisais mon affaire. Il me répondit qu'il m'accordait volontiers ce que je lui demandais, à la condition que j'eusse la bonté d'attendre qu'il fût mort, avec sa bien-aimée. Son souhait n'était pas tant que l'on apprenne l'injustice de son sort que de vivre en paix jusqu'au dernier instant auprès de celle qu'il chérissait. Je lui donnai ma parole, et nous restâmes encor à veiller et à discuter longtemps des aventures d'Orwalth, des nôtres, et de ce qui nous attendait peut-être. Théodulf disserta sur le Monde Obscur, et donna raison à Gwelnayane : comme elle, il pensait que celui-ci n'était qu'une sorte de miroir, une épreuve dont on ne pouvait sortir vainqueur que par la force d'une âme pure et valeureuse. Et Descordia, d'un ton pénétrant, suggéra : « Mais la vie elle-même, dans son entier, n'est-elle pas telle que tu décris ? ». Puis Percegarde lança d'un ton léger : « Reste à savoir ce que valent nos âmes respectives... »

Enfin, avant que nos hôtes ne se retirent pour aller dormir, Théodulf, gêné, dit à Orwalth:

« Sire, je dois me montrer aussi franc envers vous que vous l'avez été. Je me trouve maintenant dans un grand embarras de vous avoir demandé l'hospitalité, car nous nous savons suivis de près par un nombre important de guerriers guidés par un puissant Mystique. Ils nous veulent du mal, et, lorsque nous serons repartis, je crains que, s'ils ne vous trouvent, ils ne vous fassent subir leur courroux à notre place. »

Le visage du chevalier nacré devint grave:

« Ces guerriers, qui sont-ils? Et pourquoi vouent-ils une telle haine à votre équipée? »

Théodulf, honteux de n'avoir abordé ce sujet plus tôt, expliqua:

« Ils espèrent, selon nous, nous empêcher d'apporter au monde la révélation que nous projetons de lui faire. Ils sont les ennemis de la science, les ardents défenseurs du fanatisme aveugle. Nous pensons que certains de ces guerriers sont déjà morts et qu'ils ne tiennent encor debouts que par la magie de leur maîstre. C'est lui qui nous inquiète, car il semblerait que ce soit un authentique fogtraïth...

— Un esclave divin ? s'exclama Orwalth. Il n'y en a plus dans notre monde depuis fort longtemps.

— Il est vrai, chevalier, et nous ne pouvons expliquer ce mystère. Mais Descordia, qui l'a vu de ses yeux, est formelle. Moi-même, je dois avouer que j'ai grand mal à le croire. Quoiqu'il en soit, que deviendrez-vous si nos ennemis s'en prennent à vous ? »

Orwalth n'eut pas le cœur de nous blâmer. On eût dit que la perspective d'un affrontement lui était presque plaisante. Sa grande noblesse, qui pourrait la conter ? Au lieu de s'inquiéter, et de nous causer du remords, il déclara que tous les fogtraïth du passé pouvaient frapper à sa porte, il saurait bien les accueillir. Il annonça :

« Je destine à vos ennemis un trépas si funeste que leurs plaintes et gémissements résonneront jusqu'à la fin des temps ! »

Là-dessus, il nous laissa et nous étendîmes nos couvertures sur le plancher, autour de la cheminée bienfaisante. Nos os étaient réchauffés; nos coeurs ne l'étaient pas moins. Nous nous sentions à l'abri. Pourtant, chacun de nous à tour de rôle dut s'éveiller pour monter la garde devant la porte, car nous craignions toujours une attaque dont la surprise nous aurait laissés sans défense.

Après avoir dormi tout notre saoul, nous prîmes congé de nos hôtes. Nous étions tristes et fâchés de nous séparer, et nous leur fîmes mille remerciements. Ils nous bénirent et, de nouveau, nous assurèrent que notre fuite serait couverte. Orwalth était déjà fervestu, et sa main gantée caressait le pommeau de son épée. J'avais bien des scrupules à le laisser affronter seul nos ennemis, mais comme personne ne souffla mot, je ravalai ma honte et ma culpabilité. Etait-ce folie ou lâcheté ?

Jusqu'au dernier instant, je m'attendais à ce que Théodulf nous ordonnât de rester pour attendre le fogtraïth de pied ferme aux côtés d'Orwalth, mais il n'en fit rien et, le cœur plein de funèbres prémonitions, nous abandonnâmes nos nouveaux amis à leur destin.

Nous n'avions pas marché plus d'une heure que Descordia, brisant le silence, dit à Théodulf:

« Voilà un homme bien remercié de la bonté qu'il nous témoigna ! Dans quelques heures, il sera mort, pour nous avoir ouvert sa porte et donné son amitié ! »

Sa voix grinçait d'une ironie macabre et déplaisante. Quelle langue perfide, et pourtant pleine de vérité! Théodulf répondit avec ennui, déjà hésitant:

« Nous ne pouvons nous permettre de perdre du temps à attendre avec lui un ennemi dont nous ne savons même pas s'il daignera s'intéresser à la halte que nous avons effectuée sous ce toit inespéré. Orwalth sera peut-être laissé en paix, et nous n'avons pas le droit de risquer nos vies aussi sottement. Nous poursuivons de grands desseins. Le monde a besoin de nous pour conserver la raison ! »

Descordia ricana avec amertume :

« Bien sûr, bien sûr ! Il est entendu que nous avons mieux à faire qu'à mourir, tandis que ces gens en ont tout le loisir. Qu'ils trépassent donc pour couvrir notre fuite ! Qu'ils lavent notre honte de leur sang répandu ! »

Théodulf se retourna, furieux :

« Nous ne ferions peut-être qu'attirer l'attention sur eux si nous faisions demi-tour !

— Le fogtraïth les trouvera, et il les tuera. Tu le sais. Mais tu t'en vas quand même...

— Je n'ai pas peur ! Je n'ai que faire de ma propre vie ! Je réfléchis, c'est tout. Et même s'il me coûte de le dire, la vérité est que notre sacrifice serait vain et ôterait tout espoir au monde de retrouver un peu la lumière de l'esprit et de la logique, de renvoyer ces démentes incarnations d'où elles viennent !

— Je sais que tu n'es pas guidé par la crainte. Ai-je prétendu que tu étais pusillanime ? Ton obsession, elle seule, te commande. Elle te mènera à ta perte si tu oublies toute compassion.

La raison, telle que tu la conçois, est plus froide qu'une vipre ! Elle n'est pas digne d'un être humain ! »

Que cette conversation, à laquelle nul n'osa se mêler, avait un tour singulier ! Une drague incarnant la morale, et défendant les valeurs humaines ! C'était à n'y pas croire. Si nous n'avions mieux connu la personnalité complexe de Descordia, nous aurions tout bonnement éclaté de rire. Mais elle n'était pas comme les autres sorcières de ce monde, ou alors toutes les sorcières n'étaient pas telles que nous les considérions. Sous ces traits froids et impitoyables brûlait une âme d'une étonnante chaleur, pour laquelle bonté et loyauté n'étaient pas de vains mots. Chez elle, le mensonge, qu'elle n'avait pas dédaigné en temps utile, s'accordait sans peine à ces nobles valeurs. Je n'avais jamais rencontré personne sachant ainsi user de ruse et de malice pour servir de purs idéaux, d'ombre pour glorifier la lumière ! Tout en elle était dualité, séduisant paradoxe. Et, comme nous, Théodulf se laissa fléchir par cette troublante alchimie. Il perdit sa contenance et, maudissant son destin, accepta que nous retournions sur nos pas. Il continuait à pester vainement :

« Mais s'il s'avère que nos hôtes ne courent aucun danger, nous cesserons sur le champ ces enfantillages. Je vous préviens tout net ! Nous ne perdrons pas davantage de temps ! »

Cependant, alors même qu'il parlait ainsi, il pressait le pas, en prise au même pressentiment que nous. Sans nous concerter, nous avions tous compris le raisonnement cruel et inhumain qu'avait pu se tenir le fogtraïth nous sachant dans la demeure d'Orwalth: il serait plus simple d'attendre que nous soyons séparés. Ensemble, nous aurions fait une belle résistance. Et quelle meilleure stratégie que d'occire nos alliés derrière nous afin de nous couper tout espoir de retraite? Ceci nous paraissait maintenant évident, parce que Descordia nous avait ouvert les yeux, levant dans nos cœurs le voile du mensonge, d'autant plus opaque qu'il ne s'était incarné en aucune parole! Bien que l'obscurité habitât toujours le paysage, il me semblait qu'une lumière nouvelle éclairait nos pas.

Lorsque nous débouchâmes au-dessus de la chaumière, la première chose que nous vîmes fut la silhouette d'Orwalth, le glorieux chevalier nacré, plus scintillante qu'une estoile. Autour de lui se pressait une multitude grise de cavaliers dans laquelle il tranchait vaillamment avec son épée. Mais l'ennemi était nombreux et les coups de hache pleuvaient. Pas plus que lorsqu'il nous avait reçus, Orwalth ne détenait d'escu. Il parait, esquivait ou encaissait les coups sans se protéger. Il résultait de cette attitude une extraordinaire mobilité. Il était partout à la fois, et les ennemis, engoncés dans leurs armures démesurées se donnaient bien de la peine pour lui faire goûter du tranchant de leurs haches de guerre. Ils le cernaient et néanmoins ne parvenaient à le contenir. Lorsqu'ils s'approchaient de trop, Afinaël, le vieux milsoldor, se cabrait et, par ses coups de sabot, contribuait à repousser les assaillants.

L'espace d'un instant, il nous parut presque possible qu'Orwalth vînt à bout de toute cette armée sans notre aide. Et c'eût peut-être été le cas, si les morts n'avaient eu cette fâcheuse tendance à se relever pour remonter en selle quelques instants après avoir été terrassés. Ils avaient dès lors un air de pantins malhabiles, mais leur bras ne frappait pas avec moins de vigueur. Au contraire. On voyait bien que le trépas du noble chevalier était le prix donné à la libération de leurs âmes.

Soudain, une lame surgie de la multitude hostile bondit mieux que les autres vers Orwalth qui n'eut pas le temps de s'y soustraire. Les mailles de ses chausses cédèrent sous la violence de l'assaut, la hache pénétra profondément dans la chair de sa cuisse, et du sang coula en abondance sur la jambe du chevalier. Les autres, excités comme des loups par l'odeur que dégageait la blessure, se ruèrent en avant pour achever la besogne. Orwalth était cerné de toutes parts. Il frappait encor, mais sa force le fuyait. Il ne pouvait reculer, et son cheval ne disposait plus de l'espace nécessaire pour se cabrer. Ce dernier distribuait encor des coups de dents, mais cela ne suffisait plus. Bientôt, le chevalier disparaîtrait sous l'avalanche de coups.

C'était un spectacle à la fois effrayant et fascinant, et nous ne bougions plus. Nous regardions le chevalier nacré se débattre, comme nous aurions assisté à la fin tragique d'un noble cerf, au terme d'une chasse longue et épuisante. La beauté qui se meurt, la grandeur vaincue, n'éveillent pas la pitié, mais le sentiment que la scène n'est pas réelle, qu'elle est une vision pénétrante, un songe aussi horrible que fantasial. Estrange état que celui-ci, où l'on assiste impuissant à la fin d'un destin, convaincu de son inexorabilité. Cela était faux, bien sûr, et ne nous était suggéré que par les émotions profondes que le dernier combat du chevalier nacré éveillait en nous. Un muet respect, certes, mais aussi une curiosité macabre qui nous poussait à attendre, impassibles, pour voir si cela était vrai, si une telle valeur pouvait en effet être vaincue et foulée à terre...

Je me débattis contre cet état languissant. Une voix intérieure me prédit que, si je restais sans rien faire, je m'en voudrais à jamais, que cette faute serait plus impardonnable encor que mon assoupissement au cours de la halte qui avait coûté la vie à nos chevaux. Orwalth était en grand péril, et il m'appartenait de le sauver. Sa mort n'avait pas encor été écrite par la main du Grand Faiseor.

Seul, à pieds, sans escu ni rondache, je dévalai la colline en criant, l'épée brandie. Je ne jetai pas même un coup d'œil par-dessus mon épaule pour voir si mes compagnons m'avaient suivi. Cela m'importait peu, car mon cœur était résolu à ne pas souffrir de nouveaux tourments.

Un cavalier se porta à ma rencontre, ni mort ni vivant sous son heaume cabossé. Sa hache fendit l'air mais ne rencontra que le vide, car j'avais tourné sur moi-même, tourbillon de colère et de haine, me dérobant à son assaut mais achevant mon mouvement par un terrible coup d'épée au bas des reins. Je ne m'attardai pas davantage et plongeai dans la mêlée. Je ne voyais plus Orwalth. Avait-il été désarçonné, réduit en bouillie par les sabots ennemis ? Je frappai tout ce qui passait à ma portée, me baissant, me faufilant, roulant même parfois à terre entre les jambes des chevaux, apparaissant, disparaissant. Je ne pensais plus aux passes que Percegarde m'avait enseignées. J'étais animé d'une hargne farouche.

C'est alors que Théodulf souffla dans son corn par deux fois. Je compris qu'il désirait que nous nous rallions, et regardant autour de moi, je constatai que mes compagnons luttaient maintenant à mes côtés.

Un cheval bondit soudain très haut au-dessus des autres, offrant la vue de son ventre sanglé à tous les combattants. C'était Afinaël qui, en quelques sauts, eut porté son maîstre en sûreté, devant la solide maison construite par ses soins. Je battis en retraite à mon tour et, bientôt, nous nous fûmes tous rejoints. Théodulf nous enjoignit de nous abriter derrière les murs épais de la chaumière pendant que les cavaliers se réorganisaient. Irquebraân aida Orwalth à descendre de selle, puis s'occupa de faire pénétrer le cheval avec nous dans la demeure. Trémégor entra le dernier après avoir écrasé le chef d'un guerrier sans visage sous son mail de guerre. Irquebraân et Théodulf fermèrent aussitôt et barricadèrent la lourde porte. Déjà, ils poussaient de l'épaule, prêts à contrer des coups de bélier. Mais nul ne tenta de violer la demeure d'Orwalth et de sa dame. Un rapide coup d'œil par la fenestre nous apprit qu'après s'être rassemblés, les cavaliers s'enfonçaient dans la nuit.

Gwelnayane, l'oreille attentive, était toujours assise près de la cheminée. Lorsque le danger se fut éloigné, elle demanda à ce qu'on lui menât le corps blessé de son mari. Nous nous exécutâmes, sans qu'il nous fût possible de savoir comment elle avait appris ce qui s'était passé. Orwalth avait perdu tant de sang que sa conscience l'avait déserté. On aurait pu le juger mort, si son pouls n'avait battu faiblement. Sans l'initiative de son milsoldor, il eût assurément péri, car nous étions encor loin de lui quand Théodulf avait sonné le rassemblement.

Gwelnayane toucha la blessure de son bien-aimé, en évalua la profondeur et soupira:

« Il est vivant et le restera si quelque malheur ne s'abat pas à nouveau sur lui. Il ne pourra plus vous aider avant qu'il soit longtemps. S'il était éveillé, il prétendrait le contraire, mais il faudrait refuser de le croire. Il vous blâmerait également de votre retour inconsidéré, mais il ne faudrait pas y prêter davantage attention. Vous l'avez sauvé, et je vous en porte une gratitude éternelle. »

Théodulf répondit, plein d'une humilité déconcertante :

« Nous ne l'avons point sauvé, mais lui avons causé les blessures qui le navrent. Pour nous protéger, il a combattu, il a risqué sa vie. Nous aurions dû nous tenir à ses côtés dès les premiers instants, ou, mieux encor, ne jamais vous mêler à cela. Je vous demande pardon, dame Gwelnayane, pour notre folie, cause de tous vos maux ! »

Terrassé par l'expression de noble bonté que la belle aveugle peignit sur son visage, il s'agenouilla devant elle, plein de repentir, et implora de nouveau son pardon. Elle lui caressa le front et murmura :

« Vous n'êtes pas fou, cher Théodulf, mais un feu vous dévore. Pour cela, je vous plains et vous admire, car le destin que vous poursuivez est trop grand pour un homme. Mais vous auriez tort de considérer que la tendresse, l'amitié, l'amour font partie de ces faiblesses que vous abominez. Au contraire, ce sont des sentiments pleins de richesse et de valeur. Mais d'ailleurs, n'êtes-vous pas revenu? Je gage que vous avez donc compris. Aussi vous aiderai-je, puisqu'Orwalth ne le puit plus. »

Elle nous apprit alors comment vaincre le fogtraïth.

Pour sûr, nous n'attendions pas qu'elle fût en mesure de nous honorer d'un présent si précieux. D'où tenait-elle cette connaissance ? Selon elle, son double retranchement dans l'obscurité lui avait enseigné bien des choses invisibles aux autres hommes, lui avait permis de rencontrer de nombreuses créatures insoupçonnées, de ressentir des présences et des forces telles que notre imagination ne pouvait concevoir. Elle ne prononça pas le mot, peut-être inconnu d'elle; pourtant, il s'agissait de cela : Gwelnayane avait, sans l'aide de personne, redécouvert la magie. Une magie naturelle, simple, évidente. Une magie pure, instinctive, délivrée des concepts d'ombre ou de lumière, des réticences morales et intellectuelles. Une magie du cœur.

Elle avait, en esprit, approché le fogtraïth, avait ressenti toute sa colère et son désespoir, sa souffrance inhumaine et terrible. Elle était entrée en lui tandis qu'il était occupé à faire avancer sa légion de cadavres. Elle avait vu, au-delà des reflets de ce visage minéral et brûlant, l'âme de cette créature. Une âme maudite à jamais.

« Le fogtraïth est damné, dit-elle gravement. Il traîne son existence honnie comme le plus lourd des fardeaux. Il fait partie d'un peuple oublié, dont le temps est révolu. Seule la magie des Mystiques a permis à certains d'entre eux de revenir du Royaume des Morts. Leur destin leur avait laissé un tel goût d'amertume qu'ils ont accepté ce pacte sans retour. Marché de dupe, en vérité: ils y ont perdu leurs âmes, dans l'espoir de régner enfin sur toutes les races de notre monde. Pour cela, les esclaves divins méritent doublement leur nom, car ils sont au service d'un culte qu'ils abhorrent. Leur dieu s'est détourné d'eux. Pourtant, ils obéissent à ses dignitaires mortels. Ils pensent acheter ainsi leur liberté, mais ils sont aussi pitoyables que puissants. Vous devez plaindre ce fogtraïth, et mettre fin à son existence misérable comme je vais vous dire. »

Afinaël, le milsoldor, qui occupait une large place dans la chaumière où nous nous étions retranchés, leva le chef, les naseaux frémissants, et donna deux coups de sabot sur le plancher. Gwelnayane lut dans cette attitude un mauvais présage :

« Vos ennemis seront bientôt de retour. Ils sont en marche. Rien ne sert de les affronter, car ils se relèveront toujours. C'est leur maîstre qu'il faut atteindre, le Mystique qui se tient soigneusement en retrait. Vous devrez vous frayer un chemin jusqu'à lui. C'est votre seul espoir. »

Elle se leva et s'approcha d'Afinaël dont elle flatta l'encolure.

« Son galop vous mènera à lui. Mille coups d'épée ne viendront pas à bout de votre adversaire, car sa chair est plus dure que la pierre. L'armure la plus lourde n'est rien en comparaison. Vous devrez aussi prendre garde de ne jamais le toucher, car on dit que les fogtraïth furent forgés par le Grand Faiseor dans le feu du soleil ; assurément, vous seriez réduits en cendres, parce qu'ils sont tout entiers rouges et ardents comme un charbon allumé. Inutile également d'espérer le surprendre, car un fogtraïth ne possède pas d'yeux, mais voit par chaque parcelle de son corps. Il est tout à la fois œil, bouche, oreille, esprit. »

Percegarde, qui commençait d'être inquiété par ce discours, s'impatienta :

« Alors, comment, dame Gwelnayane ? Comment pouvons-nous le vaincre ? »

Gwelnayane hocha le chef avec gravité.

« Sur l'arme que je m'en vais vous donner, je n'ai point de certitude. Sentant le danger approcher, j'avais donné à Orwalth, mon bien-aimé, le voile que voici. »

S'approchant de son mari inconscient, elle dénoua de son brassard un large voile immaculé et le tendit à Théodulf.

« Orwalth devait tenter de traverser les lignes ennemies pour jeter ce tissu au visage du Mystique. Comme vous l'avez vu, il n'y est pas parvenu. Mais vous êtes à présent plus nombreux, et le sort vous sera peut-être plus favorable. »

Théodulf prit le voile en sa main, puis demanda, perplexe :

« Est-ce avec cela que vous prétendez me donner la victoire, dame Gwelnayane ? Sauf votre respect, j'ai peur de ne pas comprendre… »

Elle sourit d'une manière qui prouvait qu'elle n'était pas insensible à l'humour de la situation, puis expliqua avec naturel :

« Le fogtraïth, d'après ce que m'en ont appris les vents de la nuit, ne peut être vaincu que par son contraire. Avant le combat d'Orwalth, j'ai invoqué Frudd Nan, la déesse-neige, et je l'ai suppliée de verser une larme sur ce voile. Elle m'a entendue, et aucune flamme, désormais, ne peut résister à ce tissu. Si ce voile venait à toucher le corps brûlant du fogtraïth, à qui la chaleur tient lieu d'existence, il lui ôterait sans doute la vie. Je sens que vous vous agitez, et j'en comprends la raison, mais je préfère me montrer franche envers vous : je ne saurais vous garantir le résultat. Avez-vous une meilleure idée ? »

Nous dûmes convenir que c'était là notre seul espoir de venir à bout du Mystique qui avait juré notre perte et jouait avec nous depuis le début de notre voyage. D'une façon ou d'une autre, nous devions en finir.

Il fut convenu que Théodulf monterait Afinaël et partirait en queste du fogtraïth. Pendant ce temps, nous ferions diversion en nous lançant à l'attaque des cavaliers. Nous n'avions, bien sûr, aucune chance d'en venir à bout, mais si leur maîstre périssait, les lois de la magie voulaient qu'ils fussent aussitôt rendus à la mort qu'il leur interdisait par sa volonté. Y'en avait-il un seul, parmi eux, qui ne fût pas défunt depuis longtemps déjà ?

Espérant les surprendre, nous quittâmes notre refuge pour marcher à leur rencontre. Théodulf, tenant fermement le voile dans sa main, monta sur le destrier d'Orwalth et attendit en arrière que le combat fût engagé pour sortir à son tour.

Nous avancions depuis quelques minutes à peine lorsque le sol trembla de la chevauchée de nos ennemis. Sous la lumière bleutée de la mère des astres, ils apparurent soudain au fond du vallon, formant une masse indistincte. On eût dit qu'un animal gigantal fonçait sur nous, à l'abri de son énorme carapace bardée d'épines. Mes jambes me suppliaient de faire demi-tour, et mon cœur m'enjoignait de leur obéir, mais mon esprit refusait cette couardise. De plus, il n'y avait pas plus de salut dans la fuite que dans l'affrontement. Autant se montrer braves, et dignes de la confiance que Gwelnayane mettait en nous. Si nous venions à échouer, ne périrait-elle pas avec nous ? Il nous fallait vaincre maintenant, ou mourir dans la honte.

Trémégor, mail à destre et rondache à senestre, se jeta à la rencontre de la première rangée de cavaliers. Debout, il était aussi grand qu'eux, montés sur leurs chevaux. Solidement campé sur ses sabots, il ne s'ébranlait que pour faire choir un ennemi avec son bouclier, ou répandre la cervelle d'un autre avec son mail de guerre. Les heaumes s'esbaaient sous ses coups, et le sang, à foison, coulait de ces ouvertures. Tout en frappant, le montorin rugissait, criant des noms de dieux oubliés ou d'augustes ancestres.

Percegarde et Irquebraân firent d'abord usage de leurs arcs, et moult flèches pénétrèrent dans les hauberts fatigués des cavaliers. Quelques chevaux tombèrent, mais cela ne suffisait pas. Renonçant aux projectiles, ils entrèrent dans la bataille.

Umut hésita un instant entre l'usage de la magie et celui de ses sabres. Ces derniers, finalement, emportèrent sa préférence, et il les délogea de leurs fourreaux pour leur faire trancher chefs et membres. De cette façon, il fallait bien plus de temps aux ennemis défaits pour se relever et retourner au combat. La magie de leur maîstre devait d'abord leur rendre ce qui leur avait été enlevé.

Descordia lança ses eï contre le premier cavalier qui eut le malheur de s'approcher d'elle. En dépit de son armure, il ne put se soustraire au feu de leurs piqûres et connut des tourments que l'on ne saurait décrire. Le second, elle esquiva son assaut, puis sauta en selle derrière lui avec une adresse extraordinaire. Elle le pressa contre elle et, lui relevant le heaume, mordit à pleines dents dans sa nuque. Quel estrange baiser ! Comme si elle venait de boire toute vie en lui, il s'écroula, inerte. Un troisième cavalier s'approcha d'elle, la hache levée. Toujours en selle, elle se contenta de l'effleurer du bout des doigts, et il n'avait pas encor abaissé le bras qu'il s'abrasait comme une torche et roulait à terre pour achever de se consumer. Puis je perdis de vue la drague.

Je me montrai moins adroit que mes compagnons, et je n'avais pas donné un coup d'épée que je fus bousculé et jeté à terre. C'était une très dangereuse posture, mais le combat faisait rage autour de moi, si bien que je ne parvenais pas à me remettre sur pieds. J'évitais tant bien que mal les sabots des chevaux dont je craignais à juste titre qu'ils ne me piétinent jusqu'à ce que mort s'ensuive. Je rampais pour gagner quelque lieu moins fréquenté. On se souciait peu de moi, et je parvins enfin à m'écarter du tumulte et à me relever. Je vis alors Théodulf qui, au grand galop, contournait le champ de bataille. Rôn, la truffe au vent, le suivait, en inséparable compagnon qu'il était. Bilba était demeurée auprès de Gwelnayane car elle n'était pas encor en état de suivre une pareille course. Je me félicitai de voir que notre diversion s'était avérée efficace.

Hélas, j'avais été trop prompt à l'optimisme, car un second groupe de cavaliers, qui était resté en arrière, se précipita à la rencontre de Théodulf. Nous nous pensions rusés ? Le fogtraïth l'avait été plus encor. Il avait percé à jour notre intention et s'était bien gardé de jeter toutes ses forces dans la bataille ; Habilement, il avait dissimulé dans l'obscurité une petite troupe dont la mission était d'intercepter son assassin avant qu'il ne fût sur lui. Ah ! L'esprit retord et malfaisant ! Comme il s'était joué de nous et de notre naïve stratégie !

Théodulf s'aperçut trop tard de la traîtrise. Il était lancé à pleine vitesse. Il tenta de contourner la troupe, mais celle-ci s'était largement déployée afin de lui ôter tout espoir de fuite. Le filet se referma sur lui, impitoyable.

Théodulf bataillait ferme, mais il fut vite évident qu'il ne pourrait s'extraire de ce piège. De tous, j'étais le plus proche de lui et le moins affairé. Sans connaître moi-même mes intentions, je volai à son secours. Mon ami m'aperçut, hésita un instant, donna du glaive autour de lui pour se ménager un peu d'espace puis, avisant la gravité de la situation, noua le voile blanc au pommeau de la selle avant de sauter à terre. Lors, à ma grande surprise, il poussa un cri pour exhorter Afinaël à prendre la fuite. Le cheval, libéré du poids de son cavalier, se campa sur ses postérieurs et bondit pardessus la mêlée comme je l'avais déjà vu faire. Avait-il donc des ailes, ce noble milsoldor ? Nul ne put l'arrêter : déjà, comprenant ce que

Théodulf attendait de lui, il galopait vers moi afin que je prenne place sur son dos. Tout dépendait de moi, à présent. J'étais le seul dont la liberté de mouvements ne fût pas entravée. Je saisis les rennes, conscient de mon devoir, et sautai prestement en selle. La dernière fois que je vis Théodulf, il luttait de toutes ses forces bien que du sang ruisselât sur sa face. Son chien, toutes babines retroussées, donnait à ses côtés force coups de mâchoires et de griffes. Mais ils disparurent à ma vue, enfouis sous une multitude d'ennemis aux haches et masses d'arme haineusement levées.

Le valeureux Afinaël n'avait point besoin que je dirige sa course. Il filait comme le vent, sans doute guidé par l'invisible main de Gwelnayane. Je me cramponnais à sa crinière. Jamais coursier n'avait été aussi rapide. Le voile flottait à son côté, bannière immaculée en laquelle reposaient nos dernières espérances. Bientôt, je n'entendis plus le brouhaha des combats, mais seulement le sifflement du vent à mes oreilles. Enfin, j'aperçus une silhouette rougeoyante au sommet d'une colline, juste devant moi. Elle était vêtue de tissus et de fourrures blanches que je distinguais fort bien, mais le capuchon rejeté sur les épaules laissait apparaître un visage tel que je n'en avais jamais vu, lisse comme l'émeraude, brillant comme le verre, et habité des lueurs de la braise. Pas de nez, de bouche ou de paupières : seulement les reflets de cette flamme sans pareille, cette flamme prise autrefois au soleil, brûlant de son éclat éternel. Le fogtraïth, l'esclave divin, me considérait.

Tandis que les sabots de mon destrier me précipitaient vers lui, je sentis que je traversais des rideaux presque palpables de haine et de désespoir. Je détestai aussitôt cette créature, et pourtant en avais pitié. Une telle souffrance n'est pas faite pour ce monde, et ne s'y trouve pas à sa place. Comment telle puissance pouvait-elle s'accoutumer de cette servilité ? Comment le fogtraïth avait-il pu accepter de se grimer ainsi, de s'humilier en portant les habits de ses maîstres haïs ? Il devait se tenir lui-même en aversion, celui qui avait accepté cela pour revenir à la vie.

Je n'avais pas peur. Vraiment, aussi estrange que cela puisse vous paraître, je n'avais pas peur. Je n'eus point besoin de songer à Quadrilba pour apaiser mon cœur ou cesser de trembler. Je savais trop que nul, après moi, n'aurait une autre opportunité d'abattre notre ennemi.

Le fogtraïth leva une main gantée, et trois estoiles tombèrent du ciel. La première se brisa dans une terrible explosion à quelques pas de moi. La seconde, Afinaël l'évita de justesse, et je sentis dans mon dos le souffle brûlant qu'elle généra en heurtant la terre. La dernière manqua m'emporter dans un chaos de flammes et de pierres, mais quelqu'un veillait sur moi.

Je ne doutais pas de devoir à l'intervention de Gwelnayane la nuée de cristaux de neige qui emplit soudain le ciel et se fondit à l'estoile avant qu'elle ne m'atteigne. Je levai les yeux pour la voir s'effriter et choir doucement en une froide et inoffensive poussière.

Je dénouai le voile magique et, lorsque je me trouvai assez près, le jetai au visage du fogtraïth avec le vague sentiment d'accomplir un acte dérisoire et un peu ridicule. Il ne fit rien pour s'en défendre, et je le soupçonnai de n'avoir lui-même pas compris le sens de ce geste. Il s'attendait sans doute à une attaque, mais envisageait-il qu'elle prît cette apparence ? C'est peu probable.

Ou alors... Une autre hypothèse subsiste. Elle peut certes paraître insensée, mais aujourd'hui, c'est celle que je serais tenté de considérer comme la plus juste. Dans l'instant, cette idée ne m'a pas traversé l'esprit. Elle ne m'est venue que plus tard, beaucoup plus tard, lorsque la vie m'eût appris certaines choses qui semblent folles, ou indignes d'attention, à un esprit immature. Je crois à présent que le fogtraïth, au dernier instant, voyant venir à lui une seconde chance de mourir, l'a saisie. Je suppose qu'il a compris que ce voile contenait sa perte, et qu'il a souhaité en être recouvert, préférant sa morsure glaciale à l'abomination qui lui tenait lieu de vie. J'y ai souvent pensé, et je suis presque certain de ce que j'avance, d'autant plus que je fus aidé dans ma réflexion par une présence en moi dont je ne vous ai pas encor parlé, parce qu'elle date de cet instant précis.

Le fogtraïth, en effet, réagit au contact du voile comme nous réagirions à une horrible brûlure. Je l'avais tenu en ma main, et ce n'était que banale étoffe, mais, pour lui, elle était insoutenable. Un hurlement inhumain, qu'aucune bouche n'avait émis, déchira la nuit, dernière malédiction du fogtraïth à l'encontre de son destin, et du dieu qui l'avait abandonné. Ce cri était si déchirant, si maléfique et désespéré, qu'il résonne encor en moi à sa seule évocation. L'esclave divin tomba à genoux, porta les mains à son visage fumant, puis vola en éclats. L'explosion fut cent fois plus importante que celle des estoiles. Elle dut secouer la terre entière, et on dit qu'elle fut entendue jusqu'aux confins du Monde Jaune.

Or je n'avais guère eu le temps de m'éloigner de lui. Je serais mort assurément, transpercé par les mille morceaux brûlants du fogtraïth, si le brave Afinaël, le vieux milsoldor d'Orwalth, ne s'était pas cabré à ce moment précis, me faisant un rempart de son corps. Il fut criblé d'éclats et traversé de flammes. Une douleur fulgurante me pénétra le bras à senestre, ainsi que le flanc et la cuisse du même côté. Je fus projeté avec ma monture au bas de la colline.

Je ne me suis pas évanoui tout de suite. J'ai eu le temps de me traîner vers le vieux cheval, alors que tout mon corps semblait se consumer de l'intérieur sous l'effet des projectiles incandescents qui s'étaient frayés un chemin dans ma chair, de ces parcelles de mon ennemi qui étaient entrées en moi. Afinaël, le mors couvert de sang, agonisait. Il n'a pas eu la force de relever le chef ou de hennir une dernière fois. Etendu sur le côté, les flancheries déchirées et ensanglantées, le pelage brûlé, il respirait avec peine. Il tenait ses yeux ouverts et la nuit, déjà, s'y reflétait plus qu'elle n'aurait dû. « Noble compagnon, ai-je murmuré, tu m'as sauvé la vie. Tu l'as enfin trouvée, la bataille où il te convenait de mourir. Merci, mon ami… »

Il a rendu son dernier souffle, et, les yeux pleins de larmes, j'ai perdu connaissance.

Chapitre 13

Où Aplecraf, acquitté de sa dette, décide malgré tout de poursuivre sa queste.

La voix me disait :

« Eh ! Où crois-tu aller, Aplecraf ? Ce n'est pas le chemin. »

Je me concentrais pour déterminer son origine, parce qu'il m'avait semblé reconnaître les intonations de Quadrilba, mais j'ignorais dans quelle direction orienter mes recherches. Tantôt le paysage était noir et l'horizon bouché de falaises vertigineuses, tantôt il était prairie baignée d'une douce lumière, mais nulle silhouette ne se profilait. Parfois même, j'étais sur l'océan, et, couché au fond d'une barque, j'entendais le ressac. Et la voix, toujours, me parlait, m'invitait à la suivre, à ne pas aller par ci, ou par là. Mais son propriétaire restait invisible, et je ne comprenais pas son acharnement à s'adresser à moi.

Je ne pouvais pas lui répondre. Ma voix était brisée. Quand j'essayais de prononcer un mot, je tremblais, et je sentais une grande affliction m'envahir. Une fois seulement, je parvins à faire sortir de ma bouche le nom de Quadrilba. Ce fut plus un cri qu'autre chose, et il m'avait coûté de pénibles efforts. Pour toute réponse, un vent chargé d'une pluie très fine me rafraîchit le front, et je ne savais toujours pas dans quelle direction marcher. D'ailleurs, il y avait tant de brume que je ne voyais pas mes propres jambes. Une autre voix résonnait dans mon crâne, qui me répétait que tout espoir était perdu, que je n'avais qu'à lever les yeux pour m'en assurer. Et, en effet, lorsque je regardais au-dessus de moi, je m'apercevais que de grands vols de corbs obombraient le ciel. Est-ce cela, la mort, me demandai-je : un simple vol de corbs ?

Les heures ne passaient plus. D'où me venait cette détresse continuelle, logée au fond de ma poitrine ? Je me tenais pour bien malchanceux, et rien ne semblait vouloir me sortir de cet état. Etais-je coupable de quelque crime ? Je traquais en moi quelque souvenance de forfait impuni, de félonie passée, mais les images qui me revenaient étaient confuses, et j'avais le sentiment que la plupart ne m'appartenaient pas.

Et puis, il faisait si chaud ! La brume – je ne tardai pas à m'en apercevoir – était issue de pierres plates et brûlantes étalées sur le sol. Mes pieds nus n'en finissaient pas de souffrir à leur contact. Tésofal Bliau, le forgeron chez lequel mon père m'emmenait parfois lorsque j'étais enfant, se tenait près de moi, le visage suant et rubicond. C'est ainsi que j'appris que je me trouvais dans sa forge. Des flammes nous entouraient.

«Je ne suis pas forgeron, m'écriai-je. Je n'ai rien à faire ici ! »

Mais Tésofal leva le doigt d'un air sentencieux.

« Tout le monde est forgeron, mon garçon, tout le monde… »

Puis il m'expliqua comment je devais m'y prendre pour me confectionner une épée. Je répondis que je voulais d'abord retrouver Quadrilba, mais le forgeron insista :

« Fais d'abord ton épée. Tu la retrouveras après, ta mignonne. Il sera bien temps. L'épée avant tout ! Un homme n'est rien s'il ne s'est pas fait une épée ! »

Je ne sais pourquoi, je lui obéis. Tandis que je me mettais à l'œuvre, je demandai :

« Et avec cette épée, est-ce que je pourrai tuer ce qui se tient dans mon cœur et me cause tant de tourments ? »

Et Tésofal rétorqua :

« Peut-être bien, mon garçon, peut-être bien. Mais il faut que ton épée soit très droite, et très pure. Allons, concentre-toi ! »

Il prit mes mains pour les guider. Ses paumes étaient calleuses, ses doigts épais et courts.

Soudain, je les vis s'allonger, s'affiner. Ils se firent doux et caressants. C'étaient les mains de Quadrilba. Je voulus me retourner vers elle, mais sa voix me l'interdit :

« Pas encor, Aplecraf, pas encor. Tu serais déçu.

— Déçu ? Je ne comprends pas…

— Tu n'as pas fini ton épée. Tu me verras plus tard.

— Je n'ai que faire de cette épée ! Je veux te retrouver, maintenant ! Je suis si fatigué, si triste !

— Je sais mon ami. Mais il faut se montrer patient. Tu dois te relever et reprendre ta route. Quelle que soit la direction que tu choisisses, ce n'est qu'au bout de ton voyage que tu trouveras ce que tu questes…

— Me relever ? Que signifient tes paroles, Quadrilba ?… »

Je m'aperçus que je n'étais pas du tout dans une forge, mais assis dans la poussière d'un chemin. Les mains de Quadrilba avaient disparu. Au loin, par-dessus les montagnes, brillait un immense soleil. Me souvenant des conseils de ma bien-aimée, je rassemblai mon courage pour me remettre sur pieds. Dès que cela fut fait, je me mis en marche vers la glorieuse lumière qui baignait l'horizon.

« Bien, vous voilà réveillé ! Non ! Ne bougez pas ! Vous n'avez pas d'inquiétude à avoir. Vous n'êtes pas aveugle. J'ai seulement négligé d'allumer les chandelles. Pour moi, vous comprenez, cela fait peu de différence. Restez donc tranquille ! »

La voix de Gwelnayane m'apaisa aussitôt. Une bougie fut allumée, et j'aperçus son doux visage aux paupières baissées.

« Qu'est-il arrivé ? Où sont les autres ? »

Gwelnayane sourit.

« Bien sûr, bien sûr…Je vais tout vous conter, soyez sans crainte. »

Elle abrasa d'autres chandelles et remua les braises dans la cheminée. Aussitôt, la pièce que je connaissais fut envahie de lueurs rassurantes. J'étais couché dans un coin, sous d'épaisses couvertures. Je discernais le bruit de la pluie qui, au-dehors, tombait doucement sur le Monde Obscur. Mais où étaient les autres ? Mes derniers souvenirs affluèrent : la bataille, le fogtraïth, le voile magique sur son visage, l'explosion, puis la mort d'Afinaël.

Gwelnayane ne me laissa pas davantage en proie à mon désarroi :

« Rassurez-vous : tout le monde va bien. Notre bon Afinaël fut seul à périr dans le combat. Mais ce ne fut pas en vain, car, grâce à lui, vous avez réussi. Certains furent blessés, mais vous, vous êtes resté un certain temps entre la vie et la mort. »

Je me redressai, stupéfait. J'étais persuadé que mes souvenances ne remontaient qu'à quelques heures tout au plus.

« Un certain temps ? C'est à dire ? »

Gwelnayane posa sa main sur la mienne afin d'adolcier l'effet de la nouvelle :

« Cela fait huit jours. »

Je la considérai avec des yeux incrédules. Huit jours ? J'étais resté huit jours dans l'inconscience, huit jours à errer dans les abîmes qui séparent notre monde du Royaume des Morts ? Je ne pouvais le croire. Pourtant, il était évident qu'aucun mensonge ne pouvait salir la bouche de ma bienfaitrice. Devinant mes pensées, elle continua de m'enseigner ce qui s'était passé durant ce temps-là :

« Bien qu'il soit encor faible, Orwalth s'est rétabli plus vite que vous ; en ce moment, il est parti relever ses pièges. Vos amis, quant à eux, sont restés deux jours à attendre que vous reveniez à vous. Mais, voyant qu'il y avait peu d'espoir, ils résolurent de poursuivre leur voyage. Théodulf, votre chevetaigne, m'a chargé d'un message pour vous. Il voulait que je vous dise, si vous échappiez à la mort, que vous aviez largement payé votre dette envers lui, et que vous pouviez user de votre vie retrouvée comme bon vous semblerait. Il aurait souhaité que vous lui appreniez encor d'autres choses, mais le sort en a décidé autrement. Vous êtes libre de retourner dans le Monde Jaune, cher trouvère. Vous avez été valeureux. Pour vous aider dans vos futures entreprises, Théodulf m'a confié le nom de personnes de sa connaissance que vous devrez aller visiter…

— Ils sont tous partis ? »

J'étais nu sous les couvertures et, si la pudeur ne me l'avait interdit, je me serais levé d'un bond tant cette révélation me causait de l'émotion.

Je me croyais lié à ce voyage pour le restant de mes jours, contraint d'y expier mes fautes, d'y traîner mes souffrances. Et voici qu'on m'annonçait que tout était terminé, qu'on se passerait désormais de moi. Je m'étais fort bien accoutumé à l'idée de ne plus être maîstre de mon destin. Etant le débiteur de Théodulf, je n'avais plus eu à faire de choix véritable depuis longtemps. Je me laissais porter, et ceci m'était doux. Il me rendait ma liberté ? Très bien, mais je n'en avais cure. L'idée de décider de mon sort ou de former des projets me faisait horreur. Gwelnayane le comprit, et me dit :

« Vous ne devez point déplorer ce que la fortune a placé sur votre route. Le Grand Faiseor a souhaité que vous puissiez retourner à la lumière, et il convient de s'en féliciter. J'eusse aimé qu'il en fût de même pour moi. Je vous porte envie, cher trouvère, et vous supplie de ne pas tenir en mépris un don si précieux. »

Ces paroles me ramenèrent à de plus justes sentiments, et je ne persistai pas dans cette attitude.

« Je vous demande pardon, dame Gwelnayane, si je n'ai pas l'air heureux, mais ma surprise est encor trop grande. Il me coûte d'être séparé de mes compagnons et, bien que je conçoive les causes qui les ont poussés à partir, j'en ressens du chagrin et de l'inquiétude. Cependant, je me soumettrai à ce qu'il plaira au Grand Faiseor d'ordonner de mon sort.

— A la bonne heure ! lança Gwelnayane avec gaieté. Le temps chassera cette consternation de votre cœur, vous verrez. Mais il vous faut prendre du repos, car vous êtes encor faible. Nous reparlerons de tout cela plus tard. Dormez maintenant ! »

Elle ne m'avait pas sitôt intimé cet ordre que mes paupières, vite oublieuses de mon émoi, se firent trop lourdes pour que ma volonté suffît à les tenir ouvertes. Je me rendormis dans la tiédeur bienfaisante de la chaumière.

Deux jours passèrent, pendant lesquels Gwelnayane prit le plus grand soin de moi. Orwalth, qui ne gardait de sa blessure qu'une boiterie provisoire, vint souvent à mon chevet pour s'enquérir de mon état ou deviser avec moi. En revanche, il cédait à sa femme la responsabilité de laver mes plaies, de les panser, ou de m'administrer les breuvages qui devaient faire baisser ma fièvre, ce dont elle s'acquittait avec une grande diligence et une grande délicatesse. Je concevais bien comment pareille femme pouvait inspirer de l'amour, et j'enviais Orwalth de tenir auprès de lui le cher objet de ses égards. La passion qu'ils entretenaient l'un pour l'autre, vraiment, ne donnait pas l'impression de pâtir des sombres hospices où elle demeurait. La noirceur éternelle des nues, au contraire, paraissait amicale et complice.

J'appris ce qui s'était passé après l'explosion du fogtraïth. Les cavaliers gris, aux armures aussi tourmentées que leurs âmes, furent sur le champ privés de l'énergie qui les animait encor. Ils tombèrent, inertes, avec leurs montures, car chacun d'eux avait perdu la vie avant cet instant. Mes compagnons, par décence, prirent le temps de leur creuser une sépulture commune, ce qui fut long et pénible. Ils avaient pour eux de la pitié, car leur fanatisme ne nous avait jamais paru naturel. A n'en point douter, ils étaient liés depuis longtemps par quelque sortilège abominable, dévoreur d'esprit et de volonté. Comme nous le soupçonnions, ils avaient tous la langue tranchée.

Théodulf en particulier les avait vus s'effondrer avec soulagement, car il n'aurait pas soutenu une seconde de plus leur fureur meurtrière. Bien que navré de plusieurs blessures, il fut le premier à se rendre auprès de mon corps inanimé, que tous croyaient privé de vie. Il s'aperçut que je respirais encor mais, constatant que trois éclats du fogtraïth m'étaient entrés profondément dans la chair, il se lamenta. Enfin, on me porta jusqu'à Gwelnayane qui confirma le grand péril en lequel je me trouvais. Il faudrait que tous les dieux de tous les êtres de foi me tiennent en amitié pour que je survive à cela. Espérant me sauver malgré tout, elle déploya tous ses talents de rebouteuse, qu'elle tenait de son père, et toute sa connaissance des magies naturelles qu'elle avait découvertes depuis qu'elle vivait dans le Monde Obscur. Elle ne put extraire de mon corps que deux morceaux du fogtraïth, sur trois qui s'y étaient frayés passage. Celui que j'avais dans le côté, le plus profondément enfoui, elle ne put me l'enlever ni peu ni prou. En vain, elle s'y essaya de cent façons. Il était dit qu'il demeurerait à jamais au fond de moi, brûlant de toute sa haine et de son désespoir.

« Il fera toujours partie de vous, m'enseigna Gwelnayane. Votre chair à présent s'est refermée sur lui, a accepté cet hôte puissant et démoniaque. Une partie de celui que vous avez occis vous habite désormais, vous accompagne et survit en vous. Ne l'oubliez jamais. Il vous causera parfois de profondes douleurs, mais, qui sait? Il vous sera peut-être un jour de quelque secours. Les chemins du destin font parfois des détours, et nul n'est dans l'intelligence des jours qui seront... D'ailleurs, il n'est pas fou de dire que, à certains égards, chacun d'entre nous est affligé d'une semblable malédiction. Qui donc peut affirmer ne détenir aucun éclat de fogtraïth au fond de quelque vieille blessure ? »

Un feu continuel couvait dans mon flanc à peine cicatrisé, et, si je me concentrais sur cette douleur térébrante, je sentais mon entendement s'engourdir comme par le fait d'une drogue, et des visions fulgurantes me traversaient. Hélas, mon esprit humain n'était pas assez vif pour les saisir un tant soit peu. Elles me pénétraient mais ne me laissaient aucun souvenir précis, aucune image sur laquelle porter mes réflexions. J'évitai donc de songer à cet inconvénient, car il en résultait toujours un malaise. Trop vif et trop insaisissable était mon sentiment de me pencher sur un abîme inconnu et terrible, d'effleurer des univers qui n'étaient pas faits pour moi et que je ne devais surtout pas connaître.

Au terme de ces deux jours de convalescence, ma résolution était prise. Il m'importait peu que Théodulf me recommandât à quelqu'un de ses amis afin de m'aider à m'établir loin d'Oniriad dont j'étais banni. Plus personne ne m'attendait dans le Monde Jaune, sinon d'amères souffrances, chaque jour plus fortes de n'être point distraites. Je n'avais aucun avenir en ces contrées où le soleil donne à chacun l'illusion d'un bonheur permanent. Je ne pouvais pas abuser plus longtemps de l'hospitalité d'Orwalth et de Gwelnayane. Mon destin m'appelait, et je le sentais plus que jamais inéluctable. Le sort avait voulu que je poursuive mon voyage dans la solitude. « Qu'il en soit ainsi, me dis-je. J'irai seul par le Monde Obscur. J'affronterai seul ses périls, et je rejoindrai mes compagnons. Mes yeux ne contempleront pas moins le bord-du-monde que ceux de Théodulf! Aucun dieu ni démoigne ne saurait m'en empêcher. »

Il y avait du défi dans la résolution que je pris, et c'est l'esprit farouche que j'annonçai à mes hôtes mon intention de reprendre ma route le lendemain. Tout d'abord, ils n'épargnèrent rien pour me convaincre de rester, ou de rentrer sous la douce lumière qui leur manquait. Mais aucun des arguments qu'ils m'opposèrent ne fut à même de m'écarter de mon dessein.

« Je me sens bien mieux, assurai-je, et cela grâce à vous. Mais mon épreuve n'est pas terminée, et j'ai d'excellentes raisons de ne point vouloir retrouver la lumière. A ce jour, si je la sentais à nouveau sur ma peau, elle me brûlerait l'âme et me serait odieuse. Car le soleil n'est rien s'il n'éclaire pas un être cher à notre cœur. Je dois finir mon voyage, où qu'il me mène. Demain, je vous ferai mes adieux, mais je ne vous oublierai jamais, mes amis. Donnez-moi votre bénédiction. »

Orwalth et Gwelnayane me dirent mille gentillesses et me firent don de provisions. Pour remplacer ma broigne malmenée, je reçus même un haubert aux solides anneaux récupéré sur le corps d'un de nos défunts ennemis. Je voulus refuser, parce qu'il me paraissait que j'en serais bien trop alourdi, mais mes amis insistèrent avec tant de douceur et de persuasion que je finis par l'essayer, pour m'apercevoir qu'en effet, j'étais désormais assez fortement bâti pour ne point m'en trouver encombré. Gwelnayane m'offrit également un flacon empli d'un liquide bleuté en m'expliquant ses fonctions :

« J'ai préparé ce breuvage pour vous. Je n'ai pu tout à fait soigner votre blessure, mais ceci en allégera les tourments. Lorsque vous sentirez l'éclat du fogtraïth trop présent dans votre côté, brûlant au point d'avenimer votre cœur, vous ne vous laisserez pas malmener, et vous prendrez une buvée de cette potion. Elle adolciera vos souffrances et rendra quelque fraîcheur à votre esprit. Buvez avec parcimonie, car je ne sais s'il existe quelqu'un d'autre dans le monde qui connaisse le secret de ce breuvage. Je fais le vœu que vous soyez rapidement assez fort et sûr de votre caractère pour vous en dispenser. »

Le lendemain, dès la première heure du premier quart montant, je pris congé de mes hôtes. Nous avions le cœur lourd, et nous versâmes beaucoup de larmes. Ils m'étaient chers, les amants du Monde Obscur. Il serait toujours doux et réconfortant de les savoir ici, loin des turpitudes de l'humanité, à l'abri des regards, ne s'adonnant qu'aux joies de l'amour.

Gwelnayane me donna encor un conseil :

« N'oubliez pas que le Monde Obscur ne vous opposera guère plus que les démoignes que vous portez en vous. Celui qui vient d'entrer dans votre chair n'est pas le moindre; prenez garde, surtout ! »

Après avoir étreint mes amis une ultime fois, je m'enfonçai dans l'obscurité. J'en savais maintenant assez sur les estoiles pour retrouver ma route. Le ciel n'était tâché d'aucun nuage. Pour la première fois, je songeai qu'il n'était pas noir, mais d'un bleu sombre et profond. Ce monde, en vérité, était aussi effrayant que splendide.

Je passerai vite sur les jours qui suivirent, car ils furent semblables les uns aux autres. Une steppe glacée s'étendait au-delà de la maison des amants, et plus j'avançais, plus le froid était vif. Mon mantel suffisait à peine à me préserver de sa morsure. Mes pas s'enfoncèrent bientôt dans une neige épaisse mais durcie par le gel. Ce n'étaient que terres plates et battues par les vents. Je pensais quelquefois à l'idée de Théodulf selon laquelle notre monde aurait été rond, et je ne comprenais pas comment il pouvait envisager cela alors qu'il était si évident que le sol sur lequel nous marchions ne connaissait aucune sorte de courbure prolongée. Dans les contrées que je traversais, cette constatation était particulièrement frappante, et je redoutais la déconvenue de mon ami. Il plaçait tant d'espoirs dans cette découverte...

Je marchai seul durant dix jours. Aucune partie de mon voyage n'avait encor été si paisible. Nulle créature ne bondit sur moi, nul ennemi ne me provoqua. Pourtant, ce furent les jours les plus éprouvants que je connus. Rien ne venait distraire mon regard. La steppe s'étendait sans surprise, désertique, nimbant toute chose de sa lumière bleutée. Mes pieds ne se réchauffaient jamais, et je ne pouvais que très rarement faire du feu. Les pires instants étaient ceux que je consacrais aux haltes qu'il me fallait bien effectuer. Je ne pouvais espérer aucun abri, aucun confort. Je me plaçais entre quelques arbrisseaux afin d'être un peu protégé du vent, et je creusais un trou dans la neige avec mon épée. Je cassais alors de menus branchages que j'étalais au fond de cette couche avant de m'y installer, roulé dans ma couverture. Inutile de préciser que mon sommeil n'était pas quiet et traversé de songes bienfaisants. Je n'étais guère reposé lorsque je me remettais en route. Parfois cependant, je parvenais à rassembler assez de brindilles sèches pour allumer une flambée sur quelque pierre, et je restais éveillé aussi longtemps que la dernière braise n'était pas morte, offrant successivement à sa chaleur chaque parcelle de mon corps. On pourrait croire que je profitai de cette solitude pour beaucoup réfléchir et faire de la méditation un état quotidien. Au lieu de cela, je le confesse, toutes mes pensées étaient tournées vers ce froid qui glaçait mes os et pétrifiait ma barbe naissante, vers la nourriture que j'absorbais avec avidité, vers l'inquiétude que me causait la diminution de mes réserves, vers le cap qu'il me fallait tenir, ou encor vers des rêveries absurdes dignes d'un fol esprit. Je crois même qu'il m'arriva de parler, m'entretenant avec moi-même dans des conversations dérisoires et stupides, dont les idées m'étaient sans doute suggérées par ce vent qui n'en finissait pas de balayer la steppe, soulevant çà et là des gerbes de cristaux qui venaient parfois crépiter contre le tissu huilé de mon mantel.

Il est surprenant de constater combien la déraison a tôt fait de se loger dans un esprit humain. Trois jours y avaient suffi pour ma part. Je n'étais certes pas dément, mais mes pensées m'échappaient, comme animées d'une vie propre et capricieuse. Elles exploraient de nouveaux territoires, aussi inconnus que ceux que je foulais de mes pas. Je n'étais plus moi-même. Ou peut-être, au contraire, l'étais-je trop profondément, accédant à des sphères de l'être qui ne trouvent jamais à s'exprimer lorsque l'on est en compagnie. L'âme possède mille visages, et l'on ne saurait les contempler ensemble. Tantôt les uns se révèlent, tantôt les autres, et certaines de ces apparitions plongent dans la stupéfaction, la peur ou la folie, car on ne peut croire qu'autant de personnes puissent vivre et cohabiter à l'intérieur d'un seul corps. En outre, l'humain est sans doute le plus complexe parmi les races pensantes, et je ne crois pas que les solaires, les aqueux ou les montorins soient dotés d'âmes aussi multiples. D'après ce que j'ai pu en voir au cours de ma vie, il semblerait que ce soit une malédiction propre aux humains que de ne jamais pouvoir être tout à fait un.

Ma descente dans les abysses de l'égarement fut encouragée par la présence de ce nouvel hôte planté dans la chair de mon flanc. Car l'éclat du fogtraïth ne fut pas long à exercer son influence sur mon état physique et mental. La douleur, bientôt, se réveilla à chaque pas, mais je me refusais à boire la précieuse potion de Gwelnayane de peur de la gaspiller trop rapidement. Ces conditions ne contribuèrent pas peu à ce que mon esprit s'embrumât. J'attribue à cette influence maléfique les changements qui s'opérèrent en moi. J'avais, depuis assez longtemps, oublié la haine enfouie dans mon cœur à l'égard des auteurs de mon malheur. Je conservais certes le projet de me venger, mais les instants de félicitée passée l'avaient emporté, et leur souvenance me délivrait plus de réconfort que les rancunes ressassées. Or, sous l'effet de ma blessure, la vindicte dont je poursuivais la princesse Déléïsse et le chevalier qui nous avait trahis refit surface en moi. La haine entreprit de me torturer, et l'évocation de cette période de ma vie cessa de m'être bienfaisante. Songer à Quadrilba, la merveilleuse Quadrilba, ne me rendait plus sujet à des bouffées d'amour et de reconnaissance, mais de colère et de désespoir. Comme le fogtraïth avait dû souffrir pour qu'une si petite partie de lui-même fût à ce point chargée de mauvais sentiments ! Il survivait, le Mystique que j'avais occis. Chaque seconde, il se tenait devant moi, et mon visage, plein de peurs et de doutes, se reflétait dans le miroir de sa face.

Il en fut ainsi jusqu'à ce que, après dix jours d'une marche aussi épuisante pour le corps que pour l'esprit, je découvris *la cathédrale.*

Je prends la liberté de la nommer ainsi, bien qu'elle ne fût point l'un de ces bâtiments de culte auxquels vous pensez. Ce n'était qu'une montagne de glace, parfaitement lisse, immense jusqu'à se perdre dans la nue, effilée d'une façon qui évoquait les tours dont les Mystiques aiment à parer leurs plus beaux temples. Son fondement n'était pas très large. Aucune terre ni pierre ne semblait en former l'armature. Elle n'était que glace et se dressait inexplicablement au milieu de la steppe, scintillante comme un glaive. Etait-elle née de quelque mystérieux hasard ? Fallait-il y voir une bizarrerie de la nature, ou le fruit d'un travail ? Dans ce cas, qui avait pu ériger une telle tour, par quel moyen, et en hommage à quel dieu, à quelle force ? J'eusse aimé maîtriser assez de magie pour en apprendre davantage sur cet édifice. J'aurais peut-être su, ainsi, qu'il ne fallait pas s'en approcher.

Mais cette cathédrale était la première curiosité que je rencontrai depuis mon départ de la demeure d'Orwalth. Comment aurais-je pu en détourner mon attention, dans ce décor monotone et obsédant ? Je me mis bientôt à courir dans sa direction pour savoir au plus tôt de quoi il retournait. Je venais d'essuyer une tempête de neige, mais lorsque la tour de glace m'apparut, les flocons cessèrent subitement de tomber, et les nuages furent poussés par des vents très inattendus.

Le pied de la cathédrale était si brillant et si lisse que je m'y reflétais comme dans un miroir. Je vis à quel point j'étais fatigué, car jamais je n'avais été affligé de traits si tirés. La barbe mangeait déjà la moitié de ce visage dont la délicatesse, autrefois, m'avait donné de la fierté. Mes sourcils étaient prisonniers de gangues de givre, mon nez était rougi par le froid. Je rejetai en arrière le capuchon de mon mantel pour constater que mes cheveux étaient trop longs et sales. Où était passé le jeune homme raffiné qui ravissait les belles d'Oniriad ? J'avais plutôt l'air d'un vagabond, d'un ribalt sans foi ni loi, recouvert d'armes et d'armures disparates volées sur des cadavres. Cette vision, l'espace d'un instant, réveilla dans un sursaut la conscience du trouvère superficiel et sans souci que j'avais été. Il n'était donc pas mort: il sommeillait quelque part au fond de moi, tel l'éclat du fogtraïth.

Puis, poussé par un funeste pressentiment, je tentai de discerner quelque chose au-delà de mon propre reflet, au fond de la glace pure et transparente. D'abord, je ne pus rien voir. Mais je ne fus pas longtemps sans réaliser qu'une silhouette était prise dans la glace. Au début, ce n'était guère qu'une ombre, puis, soit que mon oeil s'aiguisât, soit qu'une magie s'en mêlât, elle se précisa si bien que je me demandai comment j'avais pu tant tarder à la remarquer. C'était une femme, les bras le long du corps, dans une robe mauve. Elle était comme suspendue dans les airs. Les yeux fermés, elle semblait concentrée sur cette glaciale lévitation.

« Quel éblouissant prodige ! pensai-je. Est-ce là la tombe de quelque voyageuse du passé, ou le corps immortel d'une déesse ? »

Je me souvenais que Gwelnayane avait parlé de Frudd Nan, la déesse-neige, et je me demandai si je ne venais pas de la rencontrer.

Mais le visage se fit moins flou. Muet de stupeur, je le reconnus.

Quadrilba se tenait devant moi, pétrifiée dans un cercueil de glace.

Je ne m'interrogeai pas sur les causes de sa présence en ces lieux, je ne doutai pas de la réalité de ce que mes yeux voyaient, je ne fus à même ni de raisonner, ni de m'étonner. Non.

Rien de tout cela. Je tombai plutôt à genoux, et, l'esprit tout à fait déserté par la raison, fus pris d'interminables sanglots. Il n'en fallait pas davantage pour me faire perdre pied. Incapable de la moindre pensée, je contemplais le cadavre de celle que j'avais tant aimée, et, de curieuse façon, plus mes yeux s'embuaient de larmes, plus elle m'apparaissait clairement.

Ah ! si vous saviez comme mon cœur était tourmenté ! Mille flèches le transperçaient. Songez, je vous prie, aux plus grandes souffrances que vous connûtes jamais. Pensez aux fois où votre âme se déchira d'avoir perdu un être cher, et concevez les maux qui furent les miens devant cette vision. Je ne pouvais espérer le secours d'aucune parole amie. Personne ne viendrait m'arracher à la contemplation macabre de ce corps que je vénérais, de ce visage absorbé dans les songes de l'au-delà, trop pâle et trop sérieux. Aucune expression n'en venait troubler la surface, ni reproche ni sérénité. Ses cheveux étaient si clairs qu'on les eût dits tissés de neige pure. Elle était belle, mais absente, lointaine, et le fogtraïth, au fond de moi, ricanait, me suggérait de mourir ici et maintenant, au pied de mon amour, de ma faute. Car je ne doute pas à présent que ce fût lui qui fit sonner si fort dans ma chair le corn du désespoir absolu. Mon flanc était brûlant. La démence y palpitait, irradiant tout mon corps. « Meurs ! ordonnait le fragment de fogtraïth. A quoi bon poursuivre ta route ? Meurs sans tarder. Couche-toi dans la neige, ferme les yeux. Ton trépas sera doux. Tu ne trouveras aucun pardon dans le monde des vivants. Seulement des souffrances, de noires souffrances à perte de vue. Meurs ! »

Cette voix était toute puissante. Qu'il était aisé de l'écouter et de lui vouer obédience ! Comme il était bon de s'en remettre à elle, de lui délivrer le droit de choisir à ma place ! Je décidai qu'elle avait raison, et m'allongeai sur la neige sans détacher mon regard de l'apparition.

J'ignore combien d'heures, de jours, je demeurai ainsi, plongé dans une profonde hébétude. Sans doute pas autant que je le crus, car le froid m'aurait emporté. Ma raison avait abdiqué, ma volonté m'avait fui. Je ne tardai pas à me persuader que je rêvais, que ma vie était songe, et que ce songe s'achèverait sous peu.

Puis un murmure glissa sur la steppe, et j'entendis une autre voix, légère, cristalline. Elle ne venait pas de la cathédrale, mais de très loin, d'une autre région, d'un autre monde. Et cette voix tenait un tout autre discours :

« Alors, Aplecraf ? Tu es déjà vaincu ? Je plaçais en toi de plus hautes espérances. Ne fais pas l'enfant. Ce que tu vois n'est pas plus méchant qu'un mauvais rêve. Relève-toi. Le noir ne doit pas te faire peur. Relève-toi, et va vers ta destinée ! »

Je ne pus identifier l'auteur de ces injonctions. Tantôt il me semblait reconnaître les intonations de Quadrilba, tantôt celles de Gwelnayane. Parfois même, je crus avoir affaire à Descordia. Peut-être toutes ces femmes s'adressaient-elles en même temps à moi, du fond de ma mémoire. Peut-être mes amies s'étaient-elles unies, où qu'elles soient, pour souffler ensemble sur les braises de ma conscience.

Je me souvins brusquement du flacon que m'avait offert Gwelnayane. L'envie de vivre était encor loin de l'avoir emporté sur moi lorsque je résolus d'avaler une buvée, tâchant de me persuader que je ne cédais là qu'à un élan de curiosité. Estrangement, il me semblait me soumettre de cette façon aux deux voix qui, pourtant, me dictaient des conduites opposées. Je raisonnai ainsi : si la potion n'a pas d'effet, cela prouvera que j'ai raison de vouloir mourir. Dans le cas contraire, ce sera une marque que je me trompais. Je me proposais de laisser au sort le soin de décider. Je ne balançai point davantage. Les doigts engourdis par le froid, j'ouvris le flacon et le portai à mes lèvres.

Le breuvage était de plaisante couleur mais n'avait aucun goût. Mon palais ne fit aucune différence avec une simple eau fraîche. Je jugeai que j'avais été abusé, que rien ne viendrait me tirer de la résignation où j'étais.

J'entendais toujours la voix du fogtraïth, m'excitant à suivre son conseil. Cependant, je lui trouvai de méchants accents, empreints d'un déplorable pathétique. Je reportai mon attention sur la steppe. La voix de femme s'était tue, retranchée dans la nuit, comme si elle avait estimé que le combat était terminé. Je me redressai pour mieux étudier l'objet qui me donnait tant de peines et de tourments. Mais Quadrilba ne se trouvait plus au fond de la glace. La cathédrale était vide. Aucun spectre, aucun visage figé. Seulement le reflet d'un homme hagard et couvert de givre.

La fièvre de mon esprit retomba, et je réalisai combien mes os étaient gelés. Je me pris à trembler de tous mes membres. Il me fallait bouger, pour réchauffer mon sang. Quadrilba n'était pas là. Elle ne l'avait jamais été. Comment avais-je pu croire une telle absurdité ? Les enchanteries du Monde Obscur sont redoutables ! Elles sont un venin froid qui engourdit l'esprit. Quadrilba ne souhaitait pas que je meure ! Au contraire, elle voulait me voir vivre, et elle s'était adressée à moi dans l'intention de me redonner courage. Bien sûr. Car je ne doutais plus que la voix venue de l'horizon lui appartînt.

Je fouillai la neige pour retrouver mes affaires et, après les avoir rassemblées, m'éloignai de ce lieu maudit aussi vite que mes jambes purent me porter.

Âpre fut la marche qui s'ensuivit. Méprisant ma fatigue, je refusais de m'octroyer une nouvelle halte. Les quarts descendants achevèrent de m'épuiser, mon corps n'était que lassitude, mais je ne m'arrêtai point. Il ne faut pas s'en étonner: je savais que rien ne pourrait plus me relever d'un nouveau repos dans la neige. M'y coucherais-je encor que la glace formerait mon tombeau.

Plus mort que vif, je continuai mon chemin, tournant toujours mes pas vers l'ouest où mes compagnons étaient partis avant moi. Je ne connaîtrais nul salut avant de les avoir retrouvés.

J'en étais là de ces réflexions lorsque je distinguai des traces de pas dans la neige. Mon cœur fit un bond, et seule la crainte de ne pouvoir me relever me retint de me jeter à genoux. Car je songeai que je venais de découvrir une trace du passage récent de mes amis. Il ne me paraissait plus impossible de les rattraper.

Mais cet espoir retomba lorsque je m'aperçus que les pieds qui avaient marqué la neige étaient nus. Un groupe de plusieurs individus, peut-être cinq ou six, était passé par là, et l'empreinte de leurs orteils se distinguait nettement. Quel était ce nouveau mystère ? Je n'étais pas en état de m'en étonner plus que de raison, et je continuai mon chemin. Le sage rejoint parfois l'idiot en ceci qu'il sait, à l'occasion, se passer de réponses.

Comme ils allaient vers l'ouest, je suivis les pas. Mon regard était rivé sur le sol, plus par fatigue que par intérêt, et c'est ce qui me permit de découvrir une nouvelle curiosité. Un fruit qui ressemblait à une pomme reposait sur la neige, à peine carapaçonné de givre. Ceci ne laissa pas de me surprendre, et je me penchai pour le ramasser. Ce n'était pas exactement une pomme, car la peau en était différente, évoquant plutôt la rugosité d'une écorce. Je ne me risquai pas encor à y mordre mais je l'enfouis dans ma poche en prévision de la fin imminente de mes provisions. Puis je me remis en route. Ce fut pour découvrir d'autres traces de végétaux. Ici un bouquet de feuilles, vertes quoique prises dans la glace, là un morceau de bois. Ici un fruit pourri, là une motte d'herbe poussée par le vent. Rien de tout ceci n'avait pu croître en ces terres stériles. Je le savais. Cependant, je n'avais pas l'esprit suffisamment clair pour faire la déduction qui s'imposait: à l'ouest s'étendait peut-être un pays assez lumineux pour abriter cette forme de vie. Mais la porte de cet espoir resta fermée pour moi tant mes pensées avaient perdu de force.

Alors que le paysage n'avait jusque là offert à mon regard qu'une platitude désolante, une pente rapide se déroula soudain sous mes pieds. Ceci était à mon goût, car mon effort s'en trouvait allégé. Mais quelle ne fut pas ma surprise lorsque je réalisai qu'une luminosité inhabituelle m'entourait ! Je promenai le regard autour de moi, d'abord incapable d'en déterminer la cause. D'où provenait ce faible éclat jaunâtre, pareil à celui de flambeaux paresseux ? Enfin, je levai les yeux, pour la première fois depuis fort longtemps, et il me fut donné de contempler la plus surprenante merveille que l'on peut voir en ce monde ! A quelques centaines de galops de moi, tout au bas du vallon que je descendais, se dressait un immense arbre-pierre que la nuit m'avait dissimulé. Jamais je n'en avais vu de si grand, car il était deux fois plus haut que celui d'Oniriad. En son sommet reposait une vaste cité, abritée d'une coupole plus lumineuse que la plus lumineuse des estoiles ! Une ville au cœur du Monde Obscur ! Une ville rehaussée du plus éblouissant des joyaux ! Ah ! le Grand Faiseor gardait encor pour moi un miracle dans son escarcelle ! J'oubliai sur le champ l'épuisement de mes muscles et de mon esprit. Immobile, je considérai la citadelle céleste, lovée dans l'enchevêtrement de branches grises. Ses murailles étaient percées de mille fenestres qui laissaient fuir des rayons de lumière. Par quel miracle ses bâtisseurs avaient-ils capturé une estoile assez puissante pour les éclairer ainsi ? A moins que ce ne fût quelque vieux soleil fatigué... Nul doute que cette ville était habitée, et il me tardait de rencontrer ces gens. Représentez-vous la joie où j'étais de rencontrer en ces terres honnies une marque de civilisation ! Déjà, j'avais bon espoir de trouver en ce lieu un agréable asile.

Contrairement à la coutume, on ne gagnait pas le sommet de l'arbre-pierre par de longues passerelles de cordes, mais par un escalier qui, pareil à un serpent, s'enroulait autour du tronc. Ces gens-là n'utilisaient donc pas de chariots ou de chevaux. Je ne m'attardai pas à peser cet indice sur leurs mœurs. J'achevai de dévaler la pente et, arrivé au pied du colossal monument, en entamai l'ascension avec empressement. Je savais qu'elle serait longue, peut-être périlleuse, car aucune rampe ne me préserverait d'une traître poussée du vent. Les marches étaient étroites, couvertes de verglas. Mais une vigueur nouvelle s'était fait jour en moi.

Combien de temps dura cette épreuve ? Je serais bien en peine de vous l'apprendre. La flamme de mon esprit était si faible que les heures ne comptaient plus pour elle. Le vent, plus d'une fois, manqua me précipiter au fond de l'abîme obscur qui s'ouvrait à ma destre. J'avais beau me coller à la paroi, me munir des prises les plus solides que j'y rencontrais, mes pieds glissaient dangereusement vers le vide. Pour surcroît de disgrâce, il se mit à neiger. Doucement, tout d'abord, puis de plus en plus fort, me privant de l'éclat des estoiles et du dôme de la cité. Bientôt, je renonçai à garder les yeux ouverts. De toute façon, je ne pouvais rien distinguer, sinon des ombres noires ou blanches, tournoyant autour de moi, hostiles et grimaçantes.

Je tins bon. Au terme de cette ascension éprouvante, je buttai contre une lourde porte taillée dans un bois inconnu. Je rouvris les yeux pour constater qu'elle était fermée. Le désespoir me submergea aussitôt.

« Grand Faiseor, maîstre des destins ! me lamentais-je. Pourquoi te jouer de moi ainsi ? Pourquoi m'imposer tant d'épreuves si je ne peux rien changer à mon trépas ? »

Je me fis beaucoup de réflexions mortifiantes, à tel point que j'en vins à former un projet contre ma propre vie. Blotti sur le perron étroit, je songeai que mes souffrances prendraient fin si je trouvais le courage de m'élancer dans le vide.

Je n'étais pas loin de hâter ma mort par ce procédé lorsque la porte s'ouvrit d'elle-même, laissant s'engouffrer les rugissements du vent. Un enfant nu se tenait sur le seuil, qui me faisait signe de le suivre. Je crus rêver, car il me sembla que sa peau était aussi transparente que la glace. Je rampai vers le couloir qui s'enfonçait derrière lui. Il referma après mon passage, puis se pencha sur moi. On ne pouvait lire aucune expression sur son visage.

Parvenu à l'extrême limite de mes forces, je m'évanouis sans avoir prononcé un mot.

Je venais de pénétrer dans la cité des invivants.

Chapitre 14

En quelles estranges circonstances notre héros retrouve ses compagnons dans la cité des invivants

Lorsque je m'éveillai, la souvenance de ces événements tarda quelque peu à me revenir. Une brume planait devant mes yeux. Ma blessure au côté me causait de furieux élancements, et tous mes muscles étaient endoloris. Je doutai une seconde d'être vivant, puis le voile qui me masquait la vue s'estompa, et je remarquai que j'étais allongé sur une couche moelleuse, faite de longs végétaux tressés, au beau milieu de ce qui me parut d'abord être un vaste jardin. Lorsque j'eus observé plus longtemps les alentours, je compris que les plantes qui me cernaient se trouvaient là en manière d'agrément, et que je me tenais en réalité dans une pièce fermée dont le plafond, fondu dans du verre ou du cristal, reposait sur quatre larges colonnes. Le sol était de marbre blanc, immaculé, ne s'esbaant que pour céder la place à quelques vasques comblées de terre où croissaient des arbres, des buissons et des fleurs d'espèces qui m'étaient inconnues. Il y avait même un bassin empli d'une eau très claire où plusieurs hommes auraient pu se baigner.

Je me levai. Je portais les vêtements avec lesquels j'étais venu, mais mon haubert et mes armes avaient été déposés à côté de moi. Je jugeai donc que je ne courais pas de danger, et m'en saisis sans conviction. A l'instant où j'accomplissais ce geste, une voix s'éleva derrière moi, se multipliant aussitôt en innombrables échos.

« Je dois avouer que je ne pensais pas te revoir, aimable trouvère ! »

Je me retournai. Descordia était là et s'adressait familièrement à moi. Elle ajouta :

« Il faut que tu me racontes comment tu es arrivé jusqu'ici, car je suis bien étonnée de t'y voir ! »

Plein de joie, j'allai vers elle. Quel soulagement que de l'avoir retrouvée! Je la revis avec tous les transports que peut causer une amitié vive et sincère. Puis, encor balbutiant de surprise, je répondis :

« Certes, je me ferai un plaisir de te narrer le douloureux voyage qui fut le mien... mais, avant cela, je te prie... j'ignore où je suis. Apprends-moi quel est ce lieu et ce qui fait que je t'y trouve. Où sont les autres ? »

Descordia me prit la main.

« Bien sûr, pardonne-moi. Tu comprendras tantôt pourquoi je suis aussi heureuse de te voir. En attendant, je vais te renseigner. Viens avec moi, si tu m'en crois. Et désormais, parle-moi en camarade. »

Je la suivis sur le seuil de la porte.

Je pensais que n'était éclairée que la pièce où je me trouvais, et je m'attendais à découvrir un paysage obscur. Au contraire, il était baigné d'une lumière jaune et inconstante. Ceci me parut si miraculeux que je levai aussitôt les yeux, avant d'avoir seulement considéré les alentours. Le ciel de la cité n'était pourvu d'aucun soleil. En vérité, il était tout entier lumineux. L'éclat était moins intense que celui du feu, mais uniforme. De la même façon qu'Oniriad étendait ses tentures pour protéger les habitants du soleil éternel, cette ville portait un dôme plein de lueurs pour se protéger de la nuit.

Descordia lut l'étonnement dans mon regard et me confia ceci :

« Comme toi, ce spectacle nous a surpris lorsque nous sommes arrivés. Maintenant, nous en avons l'explication : je t'apprendrai donc que tu contemples là une colonie de gigantals vers luisants qui vivent et se multiplient entre deux épaisseurs de cristal. »

Quand je fus revenu de la fascination qu'exerçait sur moi ce toit vivant et lumineux, dans lequel, en effet, je pouvais distinguer quelques ondulations comme en a la vermine grouillante, j'observai enfin la cité qui s'étendait devant moi.

La demeure dans laquelle on m'avait déposé était bâtie au sommet d'un tertre, et l'on y bénéficiait d'une très bonne vue sur les somptueux jardins s'étalant devant elle. Des rangées de maisons les traversaient, qui semblaient taillées dans du cristal. De marbre et de verre, elles brillaient de tous leurs feux. Les bâtisses étaient fort belles, mais assez peu nombreuses. Les villes du Monde Jaune étaient bien plus construites, et nulle place n'y était prévue pour la végétation. Ici, chaque demeure était un palais cerné d'arbres exotiques et d'allées fleuries. Ce n'étaient partout que fontaines et roseraies, vergers et chemins pavés. Cependant, je n'aperçus nulle âme qui vive, sinon des vols d'oisels bleus assez semblables à des colombes, dont les battements d'ailes venaient parfois rompre le silence.

Encor une fois, Descordia devina mes pensées, car elle dit:

« Tout ceci s'animera tantôt, mais le second quart descendant n'est pas achevé. Prends siège avec moi sur ce banc, je vais te conter ce qui nous a menés ici »

La drague murmura deux mots dont je ne saisis pas le sens, mais par lesquels elle autorisait ses eï à aller butiner les fleurs dont il y avait abondance autour de nous. L'air était doux, et je me demandai si les vers luisants de la coupole en étaient aussi responsables, mais je m'abstins de poser la question, car j'avais grande hâte d'apprendre les aventures que mes compagnons avaient vécues en mon absence. Descordia dénoua son camail et le rejeta sur ses épaules. Elle effectua ce geste avec une sensualité que je ne lui avais encor jamais remarquée, comme si ce climat de printance réveillait la femme qui dormait en son sein noir de magie. Elle laissa un instant son regard errer sur le délicieux paysage, clignant des paupières lorsqu'une toiture de verre lui renvoyait un éclat trop vif, puis entrouvrit les lèvres, d'un air soudain très las, pour me conter leur voyage :

« Tu es certainement en peine de savoir comment tu as pu nous rejoindre alors que nous étions partis depuis longtemps lorsque tu t'es lancé à nos trousses. Je veux t'instruire des circonstances qui sont responsables de nos retrouvailles. Car contrairement aux apparences, il ne fait pas bon s'attarder en ces lieux, et je suis sans pouvoir contre ce qui nous y retient. Peut-être y changeras-tu quelque chose... Mais je vois que je te trouble par mes paroles décousues. Pour ce qui est de fabler, je n'ai point ton métier. Il me faut mieux ordonner mon récit.

« Nous t'avons laissé tandis que tu agonisais. Théodulf fut long à prendre telle décision, car il voulait connaître plus encor de cette science que tu possèdes. Je ne saurais te dire si se mêlait à ce jugement un quelconque attachement pour toi, dont il ne laissa en tout cas rien paraître. C'est Trémégor qui intercéda auprès de lui pour qu'il t'acquitte de ta dette. Selon lui, si le Grand Faiseor décidait finalement de te redonner vie, tu avais pleinement mérité qu'on te rende ta liberté. Théodulf se laissa convaincre, et demanda à Gwelnayane de t'indiquer le nom de ce village où habitait son ami. Tu aurais peut-être dû y aller, Aplecraf. Il t'aurait aidé plus que tu ne l'imagines. Tu pouvais retrouver une vie normale...Cependant je remercie les cieux de t'avoir ramené, et tu vas comprendre pourquoi.

« Nous avons longuement marché à travers la steppe. Pendant ce temps, Irquebraân fut notre chevetaigne plus que Théodulf, car aucun d'entre nous ne connaissait si bien les périls de la neige et du vent. Il est vrai de dire qu'un loup vit dans sa poitrine. Plus le froid était rigoureux, plus l'ivresse était grande dans son regard. Ce n'était plus un homme qui nous menait par ce désert glacé, mais une bête farouche, bien plus instinctive et redoutable que les deux chiens de Théodulf.

« Les haltes étaient courtes, et pénibles. Le vent transperçait nos vêtements, nous dépouillant peu à peu de notre chaleur et de notre bonne humeur. Ce furent des jours sinistres. Mais tu devines bien ce que nous avons enduré, puisque tu es passé par là, et qui plus est sans compagnie. C'est alors que nous avons aperçu la tour de glace.

« Je vois ton regard qui s'allume. J'en déduis que tu sais de quoi je parle. Tu l'as rencontrée, toi aussi, n'est-ce pas ? Comme nous, tu as commis l'erreur de t'en approcher, et tu as vu des choses... Même le raisonnable Théodulf ou le paisible Trémégor furent pris de folie devant les apparitions de la tour de glace. En son sein régnait une magie terrible, qui nous infligea d'effrayantes visions. Nous ne pûmes nous arracher à son macabre pouvoir que lorsque les plus sensés d'entre nous comprirent que le spectacle était différent pour chacun de nos regards. Théodulf, puis Irquebraân, réalisèrent que ces visions hideuses n'étaient guère que des illusions destinées à nous gâter l'entendement, et je me rangeai à leur avis. Nous avons fui aussitôt, mais sans doute était-ce trop tard. Nul n'accepta d'avouer ensuite aux autres ce qu'il avait contemplé, et tous les yeux étaient cernés de larmes gelées. La folie d'Umut le Narquois date de ce jour, car son regard ne fut plus jamais le même, et, depuis, ses paroles sont frappées du sceau de l'incohérence.

« J'ignore ce que la tour de glace donna à voir au prestre du Crépuscule, mais il n'eut de cesse, dès lors, de se tenir à l'écart, et de s'entretenir à voix basse avec des êtres absents. Par trois fois, je le surpris qui m'adressait un regard d'envie, plein de concupiscence. Je sentais que son cœur, pour une raison mystérieuse, s'était avenimé. Il nous suivait néanmoins, et ne parla pas de faire demi-tour. Nous étions encor trop troublés pour prêter vraiment attention à lui.

« Nous avions tous l'esprit un peu égaré lorsque nous parvînmes en vue de la cité des invivants. Car c'est ainsi qu'elle se nomme. Je pressentais qu'un grand malheur nous y attendait, mais nul ne voulut m'écouter. Tous étaient trop heureux de rencontrer une preuve si certaine de vie intelligente. Théodulf était animé d'une grande curiosité à l'égard de ce qui vivait sous la coupole lumineuse, et décréta que nous demanderions l'hospitalité dans cette estrange citadelle. Mes réserves furent sans effet. Ah ! Pourtant, comme j'avais raison d'être frappée de crainte !

« Nous n'avions pas encor entamé l'ascension de l'escalier que des silhouettes surgirent de la nuit. Nous accourûmes à leur rencontre, mais elles marchaient en direction de la cité et ignoraient notre présence. Théodulf les appela, en vain. Nous fûmes bientôt près d'elles, car elles n'avançaient pas très vite, et nous eûmes tout loisir de les observer. On eût dit des êtres humains, mais leur peau était translucide et laissait entrevoir le dessin de leurs muscles et de leurs veines. Ils étaient au nombre de six, tous très grands, bien que Trémégor le fût bien sûr plus encor. Mais ce qui nous causa le plus d'étonnement fut leur totale nudité. Etaient-ils insensibles au froid ? Leurs cheveux étaient longs et blonds, mais leurs corps étaient imberbes. Ils portaient sur le côté des fruits gelés dans des paniers tressés. Ils se déplaçaient avec grâce, et ne paraissaient pas nous entendre. Lorsque Trémégor, pour les contraindre à nous regarder, se dressa devant eux, ils le contournèrent sans davantage s'émouvoir de son attitude. Ils s'engagèrent sur l'escalier menant à la cité et, désespérant de leur tirer un mot, nous les suivîmes.

« Les marches étaient verglacées, et ils nous distancèrent sans peine, car leurs pieds nus collaient mieux à la glace. Devant cette difficulté, nous nous sommes encordés et n'avons progressé que très lentement vers le sommet. Lorsque, enfin, nous sommes parvenus en vue de la porte, cette dernière s'est ouverte sur un enfant de cette même race estrange. Avait-il été prévenu de notre arrivée? Il n'a pas semblé surpris par notre présence. Nous sommes entrés dans le couloir qui remontait en pente raide, et il a refermé derrière nous. Puis il nous a fait signe de le suivre, et c'est ainsi que, après avoir gravi de nombreux escaliers éclairés de flambeaux, nous avons découvert les jardins immenses et majestueux que tu contemples en ce moment même. Nous avons cru rêver. Déjà, nous nous flattions, moi la première, de réparer sous peu les forces que nous avions perdues.

« D'autres enfants nous entourèrent bientôt. Tous avaient cette chair translucide, semblable à celle des méduses de l'océan. Contrairement aux adultes que nous avions croisés, leurs cheveux étaient rasés, et l'on distinguait en transparence la matière rose de leurs cerveaux.

« Ils nous menèrent par des allées couvertes de végétations jusqu'à ce chastel de marbre et de verre, celui où ils t'ont toi-même porté hier pour te confier à mes soins. Ces enfants s'adressaient parfois à nous, mais nous n'entendions pas leur langage. Celui-ci était charmant, cependant, et des plus mélodieux. Je voulus, par certains sortilèges, saisir le sens de leurs paroles, mais leurs phrases étaient trop courtes. Du reste, les comprendre ne me semblait plus capital, car j'en étais presque venue à oublier ma méfiance. Comprends-moi, Aplecraf : il était si doux de ne plus sentir un vent glacé s'engouffrer dans les pans de ma robe !

« Les enfants nous laissèrent dans la pièce où tu viens de t'éveiller. Des hommes de leur race surgirent bientôt, également nus et sans arme. Ils ne possédaient pas les longues chevelures des porteurs de fruits, mais des crânes aussi lisses que ceux des enfants. Leurs regards étaient intelligents, et ils s'adressèrent à nous avec encor plus de parcimonie que les enfants. Après nous avoir fort attentivement considérés, ils nous régalèrent d'un repas copieux constitué de fruits et de viandes délicieuses. Nous ne laissâmes pas de nous rassasier dès que je me fus assurée que ces nourritures ne contenaient aucune drogue. On tint table fort longtemps. La halte promettait de nous être vraiment salutaire, et nous avions sujet de nous en féliciter. Nos hôtes, en dépit de notre différence de langage, nous témoignaient respect et bienveillance.

« Le repas achevé, les hommes se retirèrent pour céder la place à cinq femmes, également nues et dénuées de chevelures. A leur façon, elles étaient belles, car elles semblaient avoir été taillées dans la glace. Elles avaient des corps de statues, et s'étaient étalé quelque lotion sur la peau pour la rendre plus brillante encor. Nous comprîmes qu'elles venaient s'offrir aux mâles de notre assemblée. C'était un présent charmant, que tous trouvaient à leur goût, mais Théodulf leur interdit d'accepter cet hommage, par crainte de quelque maladie. Selon lui, il n'était pas impossible que leur peau ait perdu sa couleur du fait d'un mal inconnu et contagieux. Hélas, le temps de ces justes réticences est bien terminé...

« Oncques les femmes furent-elles renvoyées. Elles n'étaient pas sitôt parties qu'une procession formée de nombreux hommes de cette race entra. Huit d'entre eux avaient les cheveux blonds et longs. Ils se distinguaient des autres par leurs yeux vides, leur air absent, comme les premiers que nous avions rencontrés, au pied de l'arbre-pierre.

Ils portaient sur leurs épaules un trône couvert de riches broderies, dans lequel était assis un homme très gros, vêtu d'un drap blanc et orné d'un grand nombre de bijoux. Ce n'étaient pas là ses seules particularités: sa peau était certes très pâle, mais non point transparente. Cet homme appartenait à notre race, puisqu'on ne pouvait voir au travers de sa chair.

Il leva la main pour signifier qu'il allait parler, et tous autour de lui, qui le tenaient en adoration, se turent et cessèrent de faire du bruit. Lors ce roi très surprenant s'adressa à nous dans notre langue pour nous souhaiter la bienvenue. Il dit : « Amis venus de lointains pays, si vous entrez dans mon royaume en paix, c'est avec joie que nous vous accueillons. Nos demeures sont vôtres, et vous pouvez rester autant qu'il vous plaira. » A ces mots, Théodulf s'approcha du trône et dévisagea le roi qui avait parlé d'une façon qui n'avait pas manqué de nous étonner. Il resta un long temps sans rien dire, puis, la voix étranglée d'émotion, souffla comme pour lui-même : « Père... »

« Oui, Aplecraf, tu as bien entendu : le roi de cette cité n'est autre que le père de Théodulf, parti bien des années avant lui pour explorer le Monde Obscur. Ce père dont il n'eut plus jamais aucune nouvelle, qu'il croyait mort de quelque façon glorieuse, et auquel il vouait toute son admiration. Mais ce père était vivant, car il avait, comme nous, découvert cette ville et ses habitants. Par quel mystère il en était devenu le monarque, nous l'ignorions encor, mais Théodulf l'avait formellement identifié, en dépit de son obésité et de son crâne rasé. Comme il ne semblait pas en être reconnu en retour, il insista: « Vous êtes Alban de Sapre, mon père! »

« Sa voix faisait grande pitié à entendre, parce que la joie le disputait à la colère et au désespoir. Enfin, le roi, fronçant les sourcils, se pencha vers notre chevetaigne et, sans faire montre d'une émotion bien vive, répartit : « Ce fut mon nom, autrefois, il est vrai. J'en conclus que Théodulf est le vôtre. Pardonnez-moi si votre visage ne m'est point familier ; vous étiez un petit garçon la dernière fois que je vous ai vu. » Il n'en fallut pas davantage pour que tout plaisir désertât les traits de Théodulf. Vraiment, il n'avait plus l'air de s'esbaudir ! Il demanda, non sans courroux : « Que faites-vous ici, père ? Vous n'avez pas l'apparence d'un homme prisonnier. Un sortilège vous retient-il en ces lieux ? Car je ne vois aucune raison meilleure que celle-ci pour vous être tout ce temps tenu loin de votre famille ! ». Et le roi répondit : « Aucun sortilège, mon fils, ni aucune prison ! Je suis un roi très puissant et très respecté, et ceci me convient. Je conçois votre étonnement... ». Mais Théodulf ne le laissa pas achever son propos. Il s'écria : « Ce n'est pas étonnement, mais douleur et colère ! Savez-vous que ma mère, par faute de votre silence, est morte de chagrin ? Est-ce là l'homme que vous êtes, qui abandonne femme et enfant pour devenir roi dans la nuit ? Moi qui vous croyais mort pour la science… ».

« Un murmure gêné traversa l'assistance, car tous voyaient bien que la rencontre ne se déroulait pas comme elle aurait dû. Il était par trop évident que Théodulf avait des griefs contre le roi de la cité. Alban de Sapre, pour apaiser son fils, lui demanda la grâce d'être seulement entendu de lui. Il lui conta alors son histoire.

« Alban de Sapre était bien parti dans l'intention de découvrir ce que cachait le Monde Obscur. Il était riche d'idées et de théories, celles-là mêmes dont son fils est porteur à présent. Pour ce voyage, il s'était acoquiné avec un solaire du nom de Bubo Thian. Ce dernier possédait la science des armes qui manquait à Alban. Ensemble, ils surmontèrent mille périls, jusqu'à ce qu'ils arrivent devant un océan gelé. Celui-ci était bordé de si hauts reliefs qu'ils décidèrent de le longer dans le projet de trouver un accès plus propice. C'est ainsi qu'ils découvrirent la cité des invivants. Ils en gravirent les marches avec prudence mais, alors qu'ils touchaient au but, Bubo Thian glissa et fut précipité dans le vide. Oncques Alban entra-t-il seul dans la cité dont les habitants l'accueillirent avec un grand respect. Ils n'avaient jamais vu d'estranger. Ils le prenaient pour un dieu, parce que sa peau était plus puissante que la lumière, et ne s'en laissait point traverser. Pour vrai, cette situation lui convenait ; il prétendait avoir appris auprès d'eux une précieuse philosophie. A leur contact, il avait compris comme sa queste était vaine, et demeurer en leur compagnie lui avait semblé naturel. Il supplia Théodulf de ne pas le blâmer. La vie ne méritait pas que l'on se donne tant de peine. Théodulf n'avait-il pas surmonté l'absence de père dont il se plaignait ? N'avaient-ils pas fini par se retrouver ? C'était, pour Alban, la preuve que les efforts ne servent à rien, parce que le destin décide à notre place. Autant profiter des plaisirs qu'il dispose sur notre route. Or aucune cité dans le monde ne regorgeait de jouissances comme celle-ci.

« Eh oui, Aplecraf ! Le discours d'Alban de Sapre était celui-ci. Eloge de l'inconscience, de la paresse, de la simplicité d'esprit. Il fit tout son possible pour convaincre son fils, qui l'écouta parler. Il l'implora même de ne pas évoquer son passé, car il ne voulait se souvenir de rien. Il prétendait avoir tout oublié de notre monde, et de ses habitants. Il lui offrit de partager son confort avec lui, de régner ensemble sur ce peuple naïf et décadent. Il lui promit de mystérieuses extases, des nourritures sans pareilles. Puis il se tut, suant sous l'effort que ce discours lui avait coûté. Et Théodulf, calmement, répondit: « Père, j'abomine ce que vous êtes et la façon dont vous vivez. A aucun prix je ne voudrais recevoir de vous cet odieux héritage. Je vous garde rancune de m'avoir volé ce que j'avais de plus précieux: ce père que je croyais héros. Si Trémégor ne m'avait élevé à votre place, en m'apportant soutien et amitié, je ne serais sans doute pas plus vivant que ma mère à ce jour. Ne comptez pas sur moi pour alléger le poids de votre faute en me corrompant à mon tour. Cela donnerait raison à votre lâcheté. Les tentations auxquelles vous avez succombées, je les tiens en mépris. Vivez en paix avec cela, si vous en avez la force ! »

« Théodulf parlait ainsi, mais il ne partait pas. Il aurait dû refuser d'être plus longtemps l'hôte de cet homme qui avait été son père. Mais que veux-tu, Aplecraf, nous le savons, toi et moi : qui part en conquête emporte toujours des fantosmes en son sein. Retrouver, vivant et dépravé, ce père qu'il vénérait, a logé le doute dans le cœur de Théodulf. Ses propres spectres ont grandi. Sans faute, ils ont su se rappeler à sa mémoire. Quoi qu'il m'en coûte, je comprends sa souffrance, et j'ai pour lui de la compassion. Je fus un fort triste témoin de cette scène.

« Souviens t'en, Aplecraf : parfois, nos héros tombent avant nous. C'est cela, la vraie solitude.

« Théodulf était plein de ragerie, et il n'a pas voulu en entendre davantage. Il est parti, mais au lieu de rejoindre la sortie, il s'est enfoncé dans les jardins de la cité, parmi leurs parfums sucrés et envoûtants, dans les mailles de leurs charmes vénéneux. Nous avons poursuivi sans lui notre entretien avec le roi de la cité, qui ne s'est pas ému plus que de raison de cette marque d'animosité. Nous pensions tous que Théodulf avait le bon droit pour lui, mais notre curiosité nous poussait à vouloir en apprendre plus sur les habitants de cette ville, et sur ce que nous pourrions retirer de notre halte. Nous étions mal inspirés, et nous aurions mieux fait de nous enfuir sans attendre !

« Le roi nous enseigna des choses très surprenantes, qui sont celles que je vais te dire.

« Les gens qui vivent ici se nomment eux-mêmes les *Tilis Apikandre,* ce que l'on ne saurait mieux traduire que par les *invivants.* Car, dans l'idée qu'ils s'en font, la mort n'existe pas; oncques la vie, qui est son contraire, n'a-t-elle pas davantage de réalité. On ne peut se dire vivant que si le trépas nous guette, tôt ou tard. Mais ces êtres sont persuadés d'échapper à ce triste destin qui est le lot de toute créature. Pourtant, lorsqu'ils ont vécu leur nombre d'années, leurs coeurs cessent de battre comme les nôtres, et leurs corps entrent en décomposition. Mais ceci ne les interpelle nullement. Au cours d'une cérémonie, ils donnent le cadavre en pâture aux grands vers luisants de la coupole, dont les morts constituent l'essentielle nourriture. Par ce geste, ils se proposent de rendre l'individu à « la grande lumière », qui est, selon eux, le foyer des âmes. Dès qu'un enfant vient à naître, ils prétendent aussitôt que l'âme du défunt y est entrée, et qu'il est de retour. L'enfant grandit, et son entourage se charge de lui apprendre ses soit-disant souvenirs effacés, tout cette vie, toutes ces vies, qu'il est censé avoir vécues avant de revenir au monde. Chacun, ici, se considère comme le fruit d'un nombre incalculable de réincarnations. Personne n'a rien à prouver, car il suffit d'un exploit très lointain, d'une réussite vieille de plusieurs siècles, pour prétendre au respect de tous. Leur proverbe favori, d'après Alban de Sapre qui voit là une grande sagesse, est celui-ci : *Tissitan Tilis Heb Pakathyê* , « cette vie-là est pour le plaisir ».

« Tu l'auras compris : les naissances ne sont pas toujours au même nombre que les morts. Lorsqu'il y en a moins, on dit que les âmes se sont perdues, qu'elles se sont fondues à jamais dans la Grande Lumière de la coupole. Lorsqu'il y en a plus, ce qui est presque toujours le cas, on appelle ces enfants les *Kete-Tleuh,* les « âmes-en-trop ». On les condamne sans appel à ne jamais porter de nom et, surtout, à ne jamais posséder la moindre identité. Ce sont ceux qui portent les cheveux longs, et dont le regard est vide. Ils sont employés à toutes les tâches subalternes. Ils entretiennent les jardins, les maisons, sortent de la cité pour chasser ou ramasser les fruits que le vent leur amène depuis l'océan de glace qui s'étend à l'ouest, ce qui représente d'ailleurs leur source de nourriture la plus mystérieuse et la plus importante. Tu as peut-être vu certains de ces fruits gelés à la surface de la neige. Qui sait d'où ils proviennent ? Les invivants, qui n'adorent aucun dieu au sens où nous l'entendons, n'ont jamais eu la curiosité d'aller voir. Ils prétendent que ces présents leur sont faits de toute éternité par *Gagila Feûn,* la femme-au-bord-du-monde.

« Mais je n'ai pas fini de te parler des « âmes-en-trop », les « sans-nom ». Car leur sort est affreux, et m'amène à de sombres réflexions. Je n'ai pas encor découvert ce qu'il en est exactement, mais il paraîtrait que, quelques jours après leur naissance, ils soient, par quelque abominable et secret procédé, privés de l'âme qui leur fut donnée par erreur. Ceci explique leur état de servilité muette: aucune pensée n'a plus le loisir de naître dans leur esprit, ni de révolte dans leur coeur. Ce sont des esclaves dociles, dont toute l'essence humaine a été arrachée par la force. Ne me demande pas de t'en dire plus. Je ne sais rien d'autre, mais ceci suffit bien à me causer de l'effroi.

« De même, je ne m'explique pas la raison pour laquelle ces êtres à la peau imberbe et délicate ne craignent pas le froid. Il y aurait quelque magie là-dessous que je n'en serais guère étonnée, mais, si celle-ci existe, elle est d'une sorte que je n'ai jamais rencontrée, et que je ne peux comprendre. Car, d'un autre côté, ces sans-nom sont suffisamment intelligents pour accomplir seuls les tâches quotidiennes que l'on exige d'eux. Ils savent tresser, cultiver, fabriquer de grands arcs et s'en servir pour chasser, se préserver des périls du Monde Obscur où ils s'aventurent souvent. Ils sont même capables de faire preuve d'ingéniosité: pour se déplacer sur l'océan gelé qui s'étend derrière la cité, ils ont inventé de surprenants brodequins dont la semelle est pourvue d'une lame, aussi longue et étroite que celle d'une dague. Le tranchant de cette dernière leur permet de glisser sur la glace. Je suis sortie de la cité pour les voir évoluer ainsi. C'est spectacle très surprenant, et aussi très gracieux. Ils font de leur déséquilibre un élégant atout. Il faut posséder un esprit pour imaginer cela. Cependant, tous leurs égards sont matériels, concentrés sur l'exécution de leurs tâches. C'est à croire qu'ils entretiennent encor des pensées, mais privées de leurs forces vives, de cet enthousiasme nécessaire à la communication et à la réflexion personnelle. Ces sans-nom me troublent grandement. Ils éveillent en moi autant de pitié que de peur.

« Voilà où nous sommes, Aplecraf: cette cité est riche de paradoxes et de dangers, tapis derrière la beauté et le plaisir. Ah ! Je comprends à présent pourquoi sa porte reste toujours ouverte ! Elle n'a point besoin, pour se défendre, d'épées ou de murailles ! Elle accueille le conquérant, lui offre ses viandes et ses femmes, ses mille douceurs et caresses. Bientôt, l'estranger n'est plus l'objet que d'un désir : faire partie de ce peuple décadent, oublier avec lui la mort, les rigueurs de l'existence. Moi-même, Aplecraf, je sens bien que je me laisse gagner par cette torpeur collective. Pourtant, j'ai été la plus rétive. Les autres ont tous succombé. C'est pour cela qu'aucun d'entre eux n'est encor venu t'accueillir. Trémégor, le bon vivant, ne voit aucun mal à ces jouissances. Percegarde le solaire, les goûte mieux que personne. Irquebraân ? C'est un loup, et, loup, il est entré dans la bergerie. Il se délecte avec sauvagerie de cette orgie sans fin, car la bête parle en lui. Umut le Narquois, je n'ai l'ai plus aperçu depuis des jours. Quant à Théodulf, il erre à travers la cité, en proie au plus grand désarroi, refusant tout à la fois de s'abîmer dans une vie de délices méprisables et de poursuivre sa queste dérisoire. Je l'ai croisé plusieurs fois, j'ai tenté de lui parler, mais il ne veut rien entendre. C'est sa détresse qui nous met en danger, car s'il prenait la décision de notre départ, chacun accepterait de le suivre, sans doute. Au lieu de cela, il se morfond, il est défait. La foi n'habite plus son cœur.

« Tu conçois, à présent, l'embarras où nous sommes, et ce qui me causa tant de joie dans ta venue. Je nourris l'espoir, en effet, que ton arrivée change quelque chose à notre situation et qu'elle nous épargne le malheur que je prévoie.

Tu es encor vierge de l'influence sournoise de ce lieu. Tu possèdes une connaissance chère au cœur de Théodulf. Si tu lui parles, peut-être rallumeras-tu au fond de lui la flamme de l'espérance. Tu iras le voir, n'est-ce pas ? Tu dois calmer la tempête qui rugit en son âme. Nous sommes ici depuis des jours, la paresse est entrée en chacun de nous. Théodulf ne sait plus qui il est, ni ce qu'il doit faire. Parle-lui de ce qu'il rêvait d'accomplir. Les mots sont ta magie, alors choisis bien tes sortilèges. Tu es notre dernière chance de quitter cette cité un jour. »

Ainsi Descordia m'a-t-elle parlé. Je l'ai écoutée fort attentivement, et, bien que sa voix me fît récit de grands malheurs et de mauvais présages, je me plaisais à l'entendre, parce que personne ne s'était plus adressé à moi depuis de longs jours. Au fil de ses paroles, je sentais la raison me revenir, se saisir des rennes de mon esprit avec une neuve fermeté. Et je répondis :

« Fort bien, Descordia. Je ferai comme tu le souhaites. »

Puis je la remerciai de m'avoir instruit de la situation, et je m'apprêtais à lui conter mes propres mésaventures lorsqu'une clameur résonna à l'autre bout de la cité. Des cris d'alerte furent lancés un peu partout. Relevant le chef, Descordia murmura comme pour elle-même :

« Il se passe quelque chose d'anormal... »

D'un geste, elle rappela ses eï, puis se redressa. Je l'imitai. Je vis sortir des demeures des foules d'hommes et de femmes à la chair transparente qui, après avoir prêté l'oreille un instant aux cris qui traversaient la ville, se mettaient à courir dans la direction opposée à la nôtre. D'où provenait cette agitation ? Une cloche, quelque part, sonna sept coups.

« Ceci ne me dit rien qui vaille, souffla la drague. Nous devrions peut-être nous cacher quelques instants. »

Ses justes paroles flottaient encor dans l'air lorsque Trémégor surgit d'un bosquet, à peine vêtu de ses braies et d'un pourpoint de soie. Il ne portait aucune armure, et son mail de guerre ne pendait point à son côté. Il avait couru pour venir à nous, mais le son de la cloche nous avait empêché d'ouïr l'écho de ses sabots frappant les pavés de l'allée. Essoufflé, en sueur, il m'aperçut; mais ne croyez pas qu'il prit le temps de me saluer. L'air effaré, il s'exclama à notre intention :

« C'est le roi...Il vient d'être assassiné ! »

Ah ! Pour ma part, je n'eus guère le temps de trouver les délices de cette cité à mon goût ! Mon attachement à la vie était si mince que j'aurais pu, comme mes compagnons, me laisser aisément endormir par un quotidien de jouissances faciles et raffinées. Mais il ne me fut point proposé d'occuper mon existence de la sorte. Je n'étais pas sitôt arrivé, et instruit de l'endroit où mes pas m'avaient mené, que le monarque de la cité fut occis ! Ceci, vous vous en doutez bien, ne manqua pas d'être d'une grande influence sur ce qu'il advint de nous.

De tous mes compagnons, j'étais le seul à avoir conservé mes armes. Les autres s'étaient si bien considérés hors de danger, et étaient si concentrés sur les satisfactions immédiates qu'ils retiraient de cette trop longue halte, qu'ils avaient négligé de garder auprès d'eux un quelconque moyen de se protéger en cas de nécessité. C'est ainsi que, lorsque les sans-nom se présentèrent en grand nombre auprès de chacun d'entre eux, afin de les forcer à venir au palais royal, ils ne purent faire résistance. Du reste, ils ne savaient pas encor ce que cela signifiait, et ignoraient ce qui leur était reproché.

Moi-même, bien que Descordia balançât un instant à faire feu de sa magie, je n'usai point de mon épée. Trémégor, qui n'avait pas eu le temps de s'emparer de son mail de guerre, ne songea pas à se défendre à la force de ses poings. Il aurait pourtant pu allonger plus d'un sans-nom et tâcher de sang plusieurs de leurs chevelures blondes, mais ce séjour l'avait si bien assagi que, quoique très surpris, il se laissa conduire.

Nous fûmes rassemblés sur la place du palais royal, qui n'était fait que de cristal et de verre étincelant. Ses jardins n'avaient pas leur pareil, et je ne pus m'empêcher de les admirer tandis qu'on nous menait au travers d'eux. La place était pourvue de quatre fontaines, dont l'eau jaillissait jusque très haut dans le ciel. Ce lieu était le plus éclairé de la cité toute entière, parce qu'il se trouvait exactement en-dessous du sommet de la coupole, où la lumière générée par les vers luisants était la plus intense. Une foule innombrable se tenait là et, bien que nul ne fût armé, elle avait des gestes qui marquaient sa colère et son animosité.

Deux d'entre nous manquaient à l'appel : Umut et Théodulf. C'est à peine si les autres remarquèrent ma présence, tant leur attention était attirée par le spectacle qui se déroulait sous leurs yeux. Nul ne vint nous lier les mains dans le dos, mais nous sentions nos gestes épiés et mesurés. Une foule qui gronde, vraiment, n'est pas rassurante! On ne saurait se tranquilliser en songeant à la modeste force de chacun de ceux qui la composent: une foule est un être entier, un monstre aussi redoutable qu'énorme.

Le corps boursouflé d'Alban de Sapre fut amené aux yeux de tous. Huit sans-nom le portaient. Couché sur le tréteau, il avait l'air de s'être assoupi après une longue orgie. Mais il était navré de deux plaies béantes, à la gorge et au milieu de la poitrine. Des plaques de sang caillé lui tenaient lieu de vêtements. Un murmure de colère agita la foule.

Nourrissez-vous les mêmes soupçons que moi ? Je le confesse: ma première pensée fut que Théodulf avait ainsi réglé le conflit de son âme. Il avait tué son père, puis s'était enfui. Cela me paraissait d'une grande clarté. Qui d'autre aurait fait une chose pareille ? J'étais peiné de cet acte, et regrettais amèrement que mon ami y ait eu recours. Ceci me paraissait indigne de lui. Peut-être m'étais-je formé une trop haute opinion de ses desseins. Peut-être ses agissements n'avaient-ils jamais été commandés que par des souvenirs d'enfance malheureuse.

Puis Descordia me fit observer à voix basse que les deux blessures du roi étaient exactement semblables l'une à l'autre. Chacune d'elle suffisait à ôter la vie. Pourquoi avoir frappé deux fois ?

Mais l'assassin n'avait pas donné deux coups successifs. Je ne fus pas long à le comprendre : il avait tranché dans la chair d'Alban de Sapre à l'aide de deux lames simultanées. Il ne lui avait laissé aucune chance de fuir son trépas. Aussitôt, le nom du vrai coupable me fut une évidence. Qui possédait deux armes identiques, qu'il brandissait toujours de concert ? L'image d'Umut le Narquois en train de faire tournoyer au-dessus de son chef ses sabres courts refit surface en ma mémoire. A cet instant précis, sa voix résonna dans l'air depuis le palais royal, à croire que je l'avais invoquée par mes réflexions. Le cri d'Umut nous parvint à travers les salles lumineuses du palais. Nous entendîmes distinctement :

« Je suis votre maîstre, à présent ! Vous devez m'obéir ! Je vous ordonne de m'obéir ! »

Ces injonctions se perdirent dans un cri de douleur. Un long silence s'ensuivit. Puis de nouveaux hurlements de souffrance nous transpercèrent les tympans. Nous en avions le sang figé ! Quels tourments étaient-ils infligés à notre compagnon ? Nous imaginions les pires sévices qui puissent exister. Pourtant, nous étions encor loin du compte.

Umut devait bien se repentir du crime qu'il avait commis. Le palais retentissait de ses plaintes et gémissements. Quoique le sachant coupable de façon certaine, je ne m'expliquais pas ses motivations, et j'éprouvais de la pitié pour son sort misérable. Avait-il cru prendre la place de ce roi et régner à jamais sur ce pays idéal ? Il m'avait conté ce jour où, enfant, il était parti vers le Monde Obscur pour en devenir le maîstre. Ses fantasmes adolescents, sa colère de bâtard, l'avaient-ils rattrapé ? Qu'avait-il fait de la patiente bonté que les prestres du Crépuscule avaient placée en lui ? Que restait-il de l'homme qui, avec douceur, avait soigné Bilba, la sauvant du trépas ? Toutes ces questions à son sujet me torturaient tandis que les échos de sa souffrance passaient sur la foule silencieuse, la faisant frissonner de plaisir.

Cette situation dura longtemps, et nous n'osions esquisser le moindre geste. Nous avions compris, maintenant, que nous étions en grand danger. N'étions-nous pas tenus pour responsables de la mort du roi au même titre que l'homme qui était venu avec nous ?

Une seconde procession descendit les marches du palais. Un homme se tenait au milieu, dont la peau était plus claire et plus brillante que celle des autres. Il avait l'air aussi plus âgé, et il s'adressa à la foule. Je ne compris un traître mot à ce qu'il disait, mais je me souviens des dernières syllabes qui résonnèrent longtemps en moi : *Tekte Oje Sem Belberbran.*

Et la foule scanda : *Belberbran ! Belberbran ! Belberbran !*

Seuls les sans-nom, le regard dans le vague, ne prenaient pas part à la scène. Mis à part ces derniers, qui restaient à l'écart dans l'attente d'un ordre quelconque, tous avaient levé les yeux vers la coupole dont la lumière – j'en jurerais – s'intensifia.

Descordia, à qui la magie permettait de saisir l'essentiel de ce discours, profita du bruit que faisait la foule pour nous expliquer :

« On dirait qu'ils veulent donner Umut en offrande aux grands vers luisants. Voici une loi que je ne leur connaissais pas : qui prend une âme doit rendre sur le champ la sienne à la Grande Lumière. Je suis sûr que ce fou d'Umut n'avait pas envisagé cela...

— As-tu compris ce qu'ils entendent faire de nous ? » coupa Trémégor, inquiet.

Mais la drague ne répondit pas.

« Je ne serais point étonné qu'ils nous réservent le même sort, lança Percegarde. Maudit soit Umut, et les changements qui viennent d'arriver par son moyen ! »

Descordia le désapprouva :

« Tu n'as point besoin de le maudire, car c'en est fait de lui. Préoccupons-nous plutôt de notre salut ! »

Je fus pris de l'espoir qu'il lui était venu dans l'esprit un projet sur cela, mais elle n'eut pas le temps de nous en dire davantage. Umut le Narquois fut présenté aux habitants de la cité.

Sa vue ne causa aucune clameur particulière, car chacun continuait de scander le nom de *Belberbran*. La foule était presque en transe. Nous autres, en revanche, fûmes emplis d'épouvante à la vue de ce qu'ils avaient fait de notre compagnon. Certains d'entre nous ne purent retenir des cris de frayeur.

Umut avait été dénudé, mais une robe de sang le couvrait tout entier ! On avait gravé sur sa chair divers symboles, très profondément, qui étaient sans nul doute autant de messages adressés aux grands vers luisants. Ses bras avaient été cousus le long de son corps avec des fils de plomb, de même ses jambes entre elles. Il avait les yeux révulsés et bégayait d'inaudibles prières. Deux sans-nom l'aidaient à se maintenir debout au sommet des marches. Pourtant, aucun de ces hommes n'était souillé de sang. Qui donc l'avait soumis ? Qui lui avait infligé pareil traitement ? J'eusse été curieux de l'apprendre. Cependant, l'idée de rencontrer cette personne me pétrifiait de terreur. Ah ! Umut avait cher payé les visions que lui avait données la cathédrale de glace ! Que les monstres et fantosmes sont prompts à surgir lorsque l'esprit s'assoupit dans une tiédeur malsaine! Il hâte son trépas, celui qui, prêtant l'oreille à des voix malfaisantes, s'écarte du chemin de la raison et de la conscience!

La foule s'ébranla pour s'engager dans une vaste allée menant aux remparts de la ville. Les sans-nom hissèrent Umut sur leurs épaules et suivirent le cortège. D'autres sans-nom, au nombre d'une vingtaine, nous contraignirent à faire de même, fermement, mais sans violence. Comme nous ne savions pas le sort qu'on nous réservait, et que nous n'avions formé aucun plan, nous nous exécutâmes.

La route que nous empruntions longeait moult demeures et jardins avant de rejoindre, en une douce montée, le pied des remparts. C'était là-bas, assurément, que le corps vivant d'Umut serait hissé par quelque ouverture entre les deux épaisseurs de cristal de la coupole et offert en pâture aux monstres célestes. Il nous serait peut-être même donné d'apercevoir les mâchoires lumineuses et terribles des créatures qui y demeuraient. Belle lumière que celle-ci, nourrie de chair humaine et de sang ! Son éclat, vraiment, était maudit ! J'eusse cent fois préféré la nuit éternelle que de vivre sous des cieux aussi abominables. Comment mes compagnons avaient-ils fait pour souffrir, de longs jours durant, cette clarté ignoble ?

Le cortège longeait à présent une haie chargée de fleurs aux vives couleurs exhalant des parfums vaguement écœurants. La foule ne s'intéressait plus guère à nous. Elle n'avait d'attention que pour la masse grouillante de vers luisants qui, au-dessus de nous, s'agitait de plus en plus. Si le silence s'était fait, je suis certain que l'on aurait pu entendre, au travers du cristal, les bruits de frottements visqueux produits par leurs corps gluants.

Les deux dizaines de sans-nom qui nous suivaient ne participaient pas à l'extase générale. Si nous ralentissions, ils nous pressaient sans un mot, nous interdisant de nous laisser distancer.

Soudain, une forme rapide et silencieuse surgit de la haie. Une épée fendit l'air, et deux sans-nom avaient déjà le cou tranché lorsque je reconnus son propriétaire : Théodulf volait à notre secours ! Il nous avait suivis, et il avait compris que nous allions être sacrifiés ! Grâce en soit rendue au Grand Faiseor, il était parvenu à se cacher assez longtemps pour nous venir en aide !

Les sans-nom se pressèrent autour de nous. Rôn et Bilba, qui étaient derrière leur maîstre, surgirent à leur tour de la haie et bondirent sur nos gardiens. La seconde avait bel et bien retrouvé toute sa vigueur lorsque, d'un coup de dents, elle desfacia sa victime, lui arrachant lèvres et nez ! Comme on m'avait laissé mes armes, je donnai à mon tour du glaive contre les corps incolores. Ils ne savaient pas se défendre, et je n'accomplis ces gestes meurtriers qu'avec répugnance. Ils tombaient trop facilement sous mes coups, et la foule, qui continuait de s'éloigner, ne leur venait pas en aide. Théodulf avait lancé à son ami montorin son mail de guerre. Trémégor acheva de nous débarrasser des encombrants sans-nom.

« Suivez-moi, et sans tarder ! » s'écria Théodulf.

Nous nous engouffrâmes derrière lui sous le couvert de la haie.

Nous traversâmes de nombreux jardins sans être inquiétés mais, durant notre course, il nous sembla distinguer un grondement souterrain qui allait croissant au fur et à mesure de notre fuite. Je perçus dans mon esprit ce que je pris d'abord pour un mauvais pressentiment né de ma peur. Puis je compris que c'était une voix intérieure qui me lançait des invectives dans une langue inconnue. Pourtant, par quelque magie, j'en saisissais le sens. Et cette voix me répétait que nul ne pouvait sortir de la cité des invivants. Je vis, sur le visage de mes compagnons, que je n'étais pas le seul destinataire de ces menaces.

Théodulf nous mena jusqu'à la maison où mes compagnons avaient laissé leurs armes et armures. Ils s'équipèrent en toute hâte, tandis que notre chevetaigne nous faisait part du plan qu'il avait formé:

« Nous devons quitter cette ville. Nous n'y sommes plus les bienvenus. Mais nous n'irons pas bien loin, car, à l'ouest, un océan gelé s'étend à perte de vue. Nous ne pourrions poursuivre notre voyage: la marche y est impossible. Cependant les sans-nom utilisent des chausses agrémentées de lames qui leur permettent d'y évoluer à vive allure. Nous devons nous en procurer. Je sais où ils les entreposent. Allons-y au plus vite, car ce bruit, sous nos pieds, m'inquiète grandement. »

Nous quittâmes cette demeure et, courant à perdre haleine, nous nous enfonçâmes de nouveau dans la verdure. Au détour d'un chemin que bordait une rangée de petites habitations, nous passâmes près d'un tunnel qui s'enfonçait dans les entrailles de la cité. Le grondement que nous avions perçu y était particulièrement fort et angoissant. S'arrêtant quelques secondes pour lui prêter l'oreille, Théodulf nous interrogea :

« L'un d'entre vous, durant ces derniers jours, a-t-il songé à visiter les quartiers inférieurs de la ville ? »

Tous se regardèrent avec étonnement. Percegarde fut le premier à reconnaître que l'idée ne l'avait pas même effleuré :

« Les plaisirs étaient si nombreux à la surface que je n'ai pas ressenti cette curiosité... »

Et chacun de confirmer ce sentiment. Leurs esprits s'étaient si bien assoupis qu'aucun d'entre eux ne s'était interrogé sur ce que pouvait receler le cœur profond de la ville. Même Théodulf, que le trouble occupait tout entier, n'y avait pas songé. Soudain, l'idée que le centre de la cité des invivants ne ressemblât en rien aux luxueux jardins de la surface nous effleura. Ne gardait-elle pas en son ventre le secret de quelque abomination ? N'avions-nous pas réveillé cette force occulte par nos agissements ?

J'eus soudain une vision très précise de ce qu'était réellement la ville où nous étions: une grande fleur carnivore, telle qu'il en pousse en certaines contrées du Monde Jaune. Ses couleurs diaprées, le puissant parfum de son pollen, attirent irrésistiblement les papillons. Mais à peine l'insecte s'est-il posé entre les pétales pour butiner sans méfiance que ces dernières se referment sur l'infortuné, l'étouffent puis le digèrent. Quelle image effroyable! J'excitai aussitôt les autres à presser encor l'allure, et chacun goûta mon avis.

Les sans-nom vivaient en certains quartiers qui leur étaient réservés. Les habitations étaient construites plus proches les unes des autres, et de jardin, il n'y avait mie. Les sans-nom ne nécessitaient pas les mêmes fastes que leurs maîstres. Théodulf s'était aventuré là au cours de ses errances, et sut nous mener dans le bâtiment où l'on avait entreposé par dizaines des brodequins conçus pour le voyage sur la glace. Chacun se saisit d'une paire à sa taille et nous nous précipitâmes vers la porte de la cité, qui s'ouvrait non loin du palais royal, en faisant des vœux pour que la foule n'y soit point revenue.

Nous ne nous y étions pas encor rendus lorsque des sifflements infernaux s'élevèrent de toutes parts autour de nous. Ces sifflements devinrent des cris stridents qui nous glaçaient le sang, à mi-chemin entre des grognements animaux et des vagissements de bébés humains. L'épouvante entra en chacun de nous, et nous nous ruâmes vers la sortie sans plus nous soucier les uns des autres. Il ne nous fut pas donné d'apercevoir nos poursuivants, mais les buissons et les arbres étaient agités de mouvements rapides et redoutables. Nous n'étions plus que bêtes traquées. Jamais homme ne connut aussi mortelle frayeur ! Nul parmi nous, aussi vaillant fût-il, ne songea une seconde à se retourner pour faire face au danger.

Nous nous engouffrâmes les uns après les autres dans l'escalier qui descendait abruptement vers la porte de la cité où l'enfant nous avait tous accueillis. Les cris de nos assaillants ne se turent pas pour autant : ils étaient toujours derrière nous. Les murs, brillants sous la lueur maladive des torches, résonnaient de l'écho de notre course effrénée, et délivraient eux-mêmes un sourd grondement, comme si la cité toute entière, que nous traversions de haut en bas, rugissait de colère. Nous avions bien sujet de craindre son courroux !

Irquebraân, dont l'armure légère gâtait moins l'allure de sa course, fut le premier à atteindre la porte. Mais il dut s'arrêter, car l'enfant s'y trouvait toujours. Nu dans la pénombre, il nous toisait. Il était bien campé devant la sortie, et ne paraissait point disposé à nous en laisser approcher. Ce n'était pas un sans-nom, car ses cheveux étaient rasés et ses yeux étaient habités par l'intelligence. Lorsque nous fûmes rassemblés devant lui, il dit :

« Tleuh bââ klerpote jaï! »

Et Descordia, qui avait compris le sens de ces paroles, s'écria:

« Il dit qu'ils vont nous dévorer l'âme ! »

En proie à la plus grande panique, je hurlai :

« Mais de qui parle-t-il ? »

On ne me répondit pas. Je savais trop bien, en vérité, qui allait se repaître de nos âmes ! Les cris terrifiants, derrière nous, se rapprochaient. Une odeur infecte, déjà, emplissait les lieux. Rôn et Bilba s'assirent et hurlèrent à la mort.

Irquebraân, sans balancer davantage, s'avança vers l'enfant dans l'intention de l'écarter de notre chemin. Il le prit par les épaules, mais, quelque effort qu'il fasse, ce dernier ne bougea pas d'un pouce. Quelle force mystérieuse lui permettait-elle de résister ainsi à la poussée d'un homme au bras vigoureux, nous ne le sûmes jamais. Ses pieds semblaient ancrés dans le sol, comme s'il était né de cette pierre. Il répétait :

« Tleuh bââ klerpote jaï ! »

Lors Irquebraân fut pris de frénésie. Avec la violence d'un animal traqué, le regard fol et désespéré, il empoigna son fléau des deux mains et l'abattit sur le crâne de l'enfant qui s'ouvrit en deux comme un fruit. Il ne se contenta pas de ce geste barbare. Le petit corps était par terre, inondant déjà le plancher d'un sang aussi rouge que le nôtre, mais le semi-loup continuait de frapper avec un acharnement sauvage. Bientôt, il ne resta plus de l'enfant qu'une bouillie informe. Les vêtements et le visage d'Irquebraân étaient maculés de sang et de lambeaux de chair. Trémégor dut alors s'interposer pour que ce dernier accepte de lâcher sa proie.

Théodulf ouvrit la porte, et nous sortîmes dans la nuit. Le froid nous gifla; il neigeait doucement sur le Monde Obscur. Trémégor referma derrière nous, et les cris effroyables cessèrent de nous vriller les tympans. Cependant, ils devaient nous hanter pour très longtemps encor.

Nous descendîmes à vive allure les premières marches, ce qui n'était pas sans danger, car elles étaient croûtées de glace. Mais, bientôt, il fut évident que nous n'étions plus poursuivis.

Les créatures, quelles qu'elles soient, n'avaient pas pour usage de s'aventurer hors de la cité. Nous prîmes donc le temps de nous encorder, et ne quittâmes cet asile maudit qu'à pas lents et mesurés.

Lorsque nous fûmes arrivés en bas, nous nous reposâmes un instant. Trémégor lança avec bonhomie :

« Ma foi, nous l'avons échappé belle ! Je suis bien aise que nous n'ayons pas vu de plus près ces créatures. Elles me donnaient le frisson, et j'ai le sentiment que nous n'aurions plus jamais été les mêmes si elles s'étaient montrées à nous... »

Théodulf ne le laissa pas achever son propos. Il dit avec tristesse :

« Nous ne serons de toute façon plus jamais les mêmes. Cette cité nous a appris bien des choses sur ce que nous portons en nous... »

Il se tut un instant, puis reprit :

« N'allez pas croire qu'Irquebraân soit le seul coupable du crime que nous avons commis. Sa promptitude nous a été précieuse, au contraire, car nous n'aurions pu faire autrement que d'occire cet enfant. Voici le prix dont nous avons payé notre lâcheté et nos compromissions... »

Mais Percegarde témoigna son incompréhension:

« Que voulez-vous dire, sire Théodulf ? »

Et Théodulf répartit :

« Je veux dire que nous ne serons plus jamais innocents. »

Alors Descordia, laconique et mystérieuse, ajouta avec fatalisme :

« La vie même est ainsi : il faut toujours tuer un enfant pour être sauvé… »

Puis elle se remit en marche vers l'ouest, s'enfonçant chaque pas davantage dans la neige qui s'épaississait au fur et à mesure que l'on s'écartait de l'abri formé par l'arbre-pierre. Nous étions bien songeurs en reprenant la route.

À SUIVRE…

Chez d'autres éditeurs :

Romans historiques:

— *Là où la Terre touche le Ciel*, 2007.
— *Le Manuscrit de la Porte*, 2008.
— *Le Dernier Rempart*, 2008.

À paraître !

Le Bord du Monde
Livre 2
Fabrice Anfosso

Après avoir échappé de justesse aux périls mystérieux de la cité des Invivants, Aplecraf et ses compagnons poursuivent leur route vers l'inconnu. Glissant sur l'océan de glace, ils s'enfoncent toujours plus profondément dans les ténèbres au fond desquelles ils espèrent encore trouver la vérité sur la forme du monde.

Mais ce qu'ils vont découvrir dépasse tout ce qu'ils ont pu imaginer et l'obscurité ne dissimule peut-être que le début de leur véritable voyage.